충북대학교 인문사회 연구총서

수요 중심의 인력계획

김태성
저서

충북대학교 출판부

차례

표 차 례

그림차례

머리말

인적자원관리(Human Resource Management)는 조직의 노동력, 즉 인적자원을 관리하는 것으로, 종업원을 유인하고 선별하고 훈련시키고 평가하고 보상하는 업무로 구성된다(위키피디어, 2012). 인적자원관리의 세부 업무별로 합리화하기 위한 다양한 시도가 있었으나 크게 수요와 공급을 계획하고 조절하는 거시적인 관점과 일정 인원에 대한 훈련, 평가, 보상 등의 미시적인 관점으로 구분할 수 있다. 조직 차원에서의 인적자원관리에 대해 전통적으로 인력 수요는 일정한 규모로 어느 정도의 예측이 가능하고(거시적인 관점) 특정 직무를 수행하기 위해 필요한 지식에 대해서도 큰 변화가 없을 것이라는(미시적인 관점) 가정에서 접근을 해왔다. 이러한 가정은 주로 2차 세계대전 이후 전세계적으로 형성된 대량생산-대량소비로 표현되는 공급 중심의 경제 환경에 적합한 것이다. 이 당시의 인력자원관리에 대한 연구는 주로 수리적인 최적화 기법을 이용하여 효율적인 인력 계획을 하기 위한 정량적 접근방법이 주도하였다. 거대기업을 중심으로 제품을 생산을 담당할 대규모 인력에 대한 효율적 관리의 필요성이 있었기 때문이다.

하지만, 1980년대 이후에 세계화가 진전되고 경영환경의 불확실성이 커짐에 따라 안정적인 경영환경에 대한 가정은(예를 들어, 제품의 수명 주기는 어느 정도 이상 기간이고, 제품 및 서비스에 대한 수요의 추세도 안정적으로 변화한다) 더 이상 성립하지 않게 되면서 정량적인 인력계획의 효과에 대한 의문이 생기게 되었다. 외부 환경 요소의 추세가 어느 정도 예측가능하다는 가정하에 기업의 인적 자원을 효율적으로 배치하는 기존의 전략이 끊임없이 변화하는 경영 환경에서 효용성이 떨어지기 때문이다.

그런데, 최근 들어 인력 계획 문제에 대한 정량적 접근 방법에 대한 연구의 필요성이 다시 대두되고 있다. 최근 30여년간 불확실한 경영환경에 노출된 기업들이 이제는 이 불확실성에 대해 신속하게 반응할 수 있는 실행 체제의 구축(예를 들어, 공급 사슬 관리 부문의 JIT 생산 및 유연 생산)이라는 정성적 전략을 뛰어넘어 불확실성 자체를 정량적으로 관리하고자 하는 방향으로 점차 변화하고 있기 때문이다. 이러한 불확실성을 정량적으로 관리하고자 하는 방향은 인력 관리 부문에서도 나타나고 있으며, 불확실한 환경 하에 인력 관리에 대한 대응은 정성적 대응을 뛰어넘는 정량적 관리로 나아가야 경쟁 우위를 점할 수 있으리라 예상되고 있다.

또한, '서비스 과학'이라는 현재의 학술 조류에서도 알 수 있듯이 근래 들어 서비스 산업의 비중이 점차 증가하고 있고, 서비스 기업의 핵심 자원인 인력 자원에 대한 과학적 인력 관리는 서비스 기업의 경쟁력의 핵심 요소가 되어 가고 있다. 따라서, 불확실성을 고려한 인력 계획의 정량적 접근 방법은 이러한 서비스 기업의 과학적 인력 관리의 필수적인 요소가 되리라 예상된다.

본서에서는 인력자원관리 및 인력계획에 대한 거시적인 접근과 미시적인 접근을 동시에 다루고 있다. 본서의 제목이 뜻하는 '수요 중심의' 또는 '수요에 기반한' 이라는 용어는 거시적으로는 수요 규모에 부족하거나 남지 않도록 인력을 공급하는 방법을 모색한다는 의미이고, 미시적으로는 실제 수행할 직무에서 필요로 하는 지식을 교육훈련 과정에서 습득할 수 있도록 하는 방법에 대한 궁리를 의미한다.

이러한 의도를 글로 담기 위해 본서는 다음과 같이 구성되어 있다. 1장에서는 '수요 중심'이 갖는 전략적 의미를 바탕으로 본서 집필의 배경 및 목적을 기술하였다. 2장에서는 본서에서 모색되고 있는 방법들의 주된 적용 분야인 정보보호산업에 대해 최근 정책적/산업적/기술적 변화를 반영하여 정리하였다. 3장에서는 현재 정보보호 등 기술 분야에서 수행되고 있는 인력계획방안들에 대해 고찰하였다. 4장에서는 정보보호 분야를 예로 들어 기존 인력계획의 한계에 대해 분석하였다. 5장에서는 거시적 및 미시적 관점에서 수요 중심의 인력계획을 하기 위한 접근 방법을 예시하고, 6장에서 본서에서 논의된 내용의 시사점 및 활용에 대해 정리하였다.

이 책이 출판될 수 있도록 도움을 주신 많은 분들께 이 자리를 빌어서 감사를 드린다. 본서를 작성하기까지는 일정한 주제에 대해 연구를 할 수 있도록 과제를 지원해주시고, 연구에 필요한 자료를 제공해주시거나 조사에 협조해주신 분들의 도움이 필수적이었다. 연구지원 및 연구협조를 해주신 한국연구재단(구 한국학술진흥재단)과 한국인터넷진흥원(구 한국정보보호진흥원)의 관계자 여러분께 감사드린다. 또한, 마음 놓고 집필 활동에 열중할 수 있는 환경을 제공해주신 충북대학교 경영정보학과 선배 및 동료 교수님들께 감사드린다. 인문사회연구총서 발간지원사업을 통해 본서 집필에 재정적인 도움을 주신 충북대학교 산학협력단에도 감사의 말씀을 드린다. 마지막으로, 집필에 수고를 아끼지 않고 도와준 전효정 연구원과 관련 토론에 참여해 준 충북대학교 정보통신경영연구실의 졸업생과 재학생 여러분에게 감사한다.

2012년 8월 김태성

제 1 장
전략적 인력계획

제 1 절
전략적 인력계획의 필요성

인력전략(Staffing Strategy)은 인력의 공급이 수요와 일치할 수 있도록 보장하기 위한 장기적이고 일방향적인 조직의 중장기 계획의 최종목표라 할 수 있다. 필요한 인력의 수는 사업전략과 사업계획의 구현을 위해 필요한 수준이어야 한다. 한편, 인력계획(Staffing Plans)은 단기적이고 다소 전술적인 계획으로써 조직이 단기간(당해년도 수준) 내에 성취해야 할 사업목적의 달성을 위해 필요한 계획이라 할 수 있으며, 인력에 대한 수요와 공급간의 차이를 최소화하는 것을 목표로 한다.[1] 인력계획은 인력전략과는 달리 계획기간 간의 간격이 짧고 보통 계획기간 내에 목표한 종료시점 이전에 마무리된다. 일반적으로, 인력계획에는 리쿠루팅, 내부적인 이동(승진, 전보, 재배치 등), 계획된 인력손실 등에 대한 관리가 포함된다.

인력계획은 4단계에 걸쳐 이루어진다. 1단계는 조직 내에서 떠오르고 있는 인력 관련 이슈 및 직무를 정의한다. 보다 효율적인 고용을 위해서는 조직 차원이 아닌 조직 내에서 인력채용시 가장 중요하게 고려하는 기준(이슈)를 분석하고 직무(직업) 카테고리를 고려하여야 한다. 2단계는 조직 내에서 수요하고자 하는 인력의 수와 공급받을 수 있는 인력의 수에 대해 정의한다. 이것이 바로 인력계획 모델인데, 이 모델에는 인력채용시 요구사항, 필요인력 예측, 공급대비 수요 비교, 각 직무(직업) 카테고리별 인력의 수급차와 과잉공급 규모 파악 등이 포함된다. 3단계에서는 인력계획을 위한 전략을 수립한다. 인력모델에 기반하여 원천적인 인력 수급차와 과잉공급 규모를 파악하여 계산하여야 한다. 이때, 고용전략은 현재 시점 또는 어떠한 한 시점에만 집중되어서는 안되며 인력계획기간 전반적인 상황을 고려하여 수립되어야 한다. 4단계에서는 전체 인력계획기간에 걸쳐 인력전략을 수립한 후 인력전략을 이용하여 수요에 적합한 인력을 확보할 수 있는 인력 요구사항들을 정의하게 된다.

---

1) Bechet, T.P. (2002), Strategic Staffing : A practical toolkit for workforce planning, AMACOM.

〔그림 1〕 전략적 인력계획의 범위

출처 :: Bechet (2002)

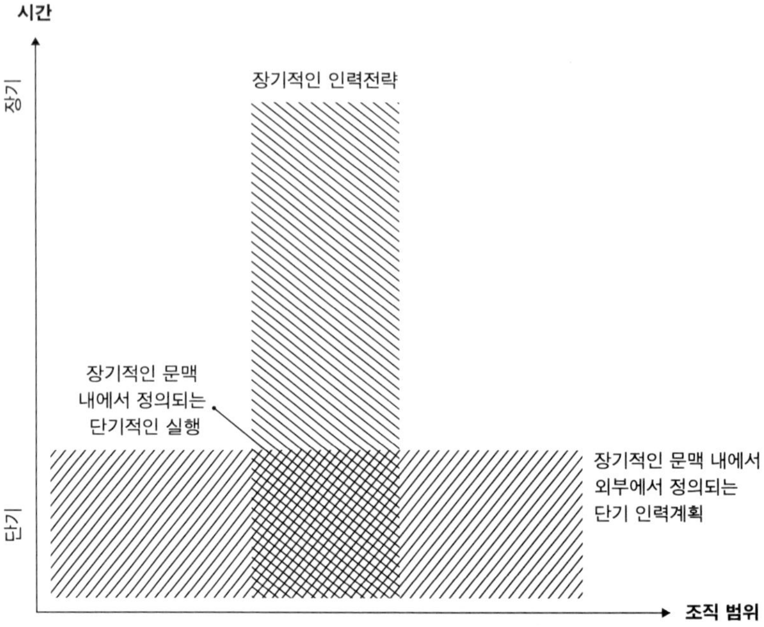

2단계에서 인력계획을 위한 모델을 수립할 때 필요한 전략적 인력계획 프로세스의 핵심은 다소 전통적이고 수량적인 모델에 기반하는데, 이 모델에서는 필요한 인력의 수준(수요), 가용인력 규모(공급), 수급차(순수 부족분) 등이 정의된다. 이 전통적인 접근법은 현재의 공급과 미래의 수요를 고려하여 수급차 또는 과잉공급분을 분석한 후 인력계획을 실행하게 된다. 그러나, 최선의 접근법은 현재의 공급(인력손실, 인력추가, 인력이동 등을 고려)에 기반하여 단기 미래 내의 공급이 어떻게 되는지를 분석하고 단기 미래 내의 수요(초기 인력계획 추정치)를 함께 고려하여 수급차 또는 과잉공급(순수 필요인력의 수)을 분석한 후 인력계획(수정된 인력계획 추정치)을 수행하도록 하는 것이다.

〔그림 2〕 인력계획에 대한 전통적인 접근법

출처 :: Bechet (2002)

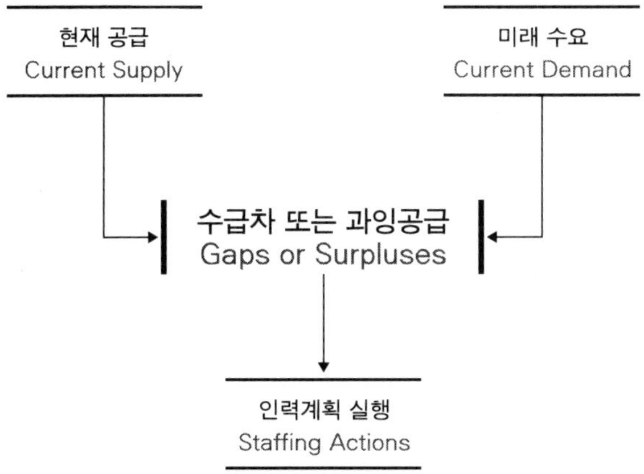

〔그림 3〕 인력계획에 대한 최선의 접근법

출처 :: Bechet (2002)

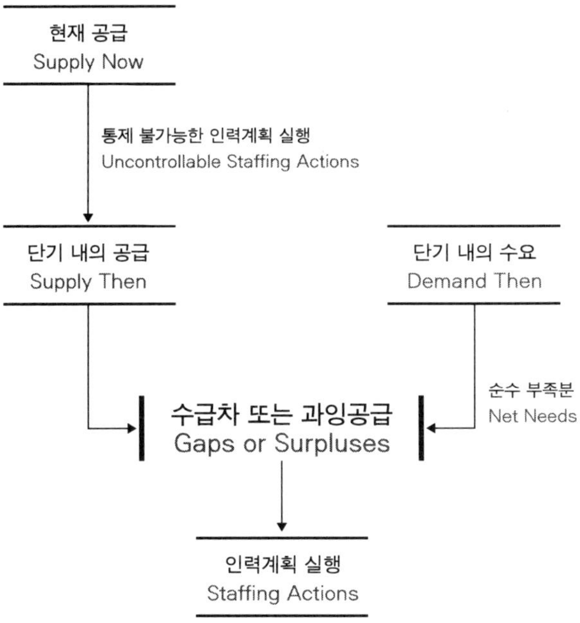

기업이 사업전략의 실행을 위해 취급하게 되는 인력계획의 핵심은 수요의 규모를 예측하고 공급의 여지를 분석하는 것이다. 즉, 인력의 수가 얼마나 부족할 것인지, 필요할 것인지, 어느 정도 손실될 계획인지, 어느 정도 공급받을 수 있을지 등 '인력의 수량'에 따른 의사결정이 일어나고 있는 것이다.

본 서에서 제시하고 있는 '수요 기반의 인력계획'에서의 '수요'는 정량적인 것보다는 정성적인 수요에 가깝다. 기업이 원하는 인력을 직무체계 또는 지식 및 기술 등을 기준으로 체계화하여 수요를 정의하고 인력계획을 수립하고 실행한다면 조직의 인력손실이나 인력이동 등의 여지를 줄일 수 있을 것이고, 수요에 적합한 공급을 받을 수 있는 여지도 생기게 되기 때문이다. 이러한 정성적 수요에 기반한 인력계획은 어느 한 조직만의 문제가 아니며 단기간 내에 체계를 잡을 수 있는 간단한 일도 아니다. 우선 '정성적 수요'라는 것을 정의하는 것조차 기업에게는 많은 인적 · 물적 비용을 발생시키기 때문이다.

국가, 기관, 기업 등은 모두 장기적인 사업운영의 목표를 고려하여 인력전략을 수립하고 이 전략에 맞춰 인력 확보를 위한 인력계획을 수립하여 실행한다. 이때, 인력을 양적으로 많이 확보하는 것도 물론 중요하지만, 질적으로도 우수한 인력을 선별하고 확보하는 것이 매우 중요하며, 이러한 인력이라고 할지라도 조직의 사업목표와 중장기적인 발전과 조직의 수요에 적합한 인력이어야 한다.[2] 따라서, 인력계획의 수립 및 운영을 위해서는 조직의 인력에 대한 정성적 수요를 파악할 수 있는 프로세스를 수립하는 것이 무엇보다도 중요하며 그 수요를 명확히 정의할 수 있는 능력 또한 필요하다.

제 2 절
본 서의 구성

본 서에서는 다소 공공재라는 성격이 강해 정부가 적극적으로 참여해 인력계획

---

2) 본 서에서는 일반 기업, 공공기관 등을 모두 포함한 개념으로 '조직'이라는 용어를 사용한다.

이 이루어지고 있는 '정보보호 인력'의 예를 들어 수요 기반의 인력계획을 위해 고려해야 할 사항들은 무엇인지, 방법은 무엇인지 등에 대해 살펴보고자 한다.

본 서의 구성은 다음과 같다. 제1장은 인력계획에 대한 연구의 필요성과 본 서의 구성에 대해 설명하며, 제2장에서는 인력의 수요처 즉 인력에 대한 요구사항을 정의하고 실제 활용하게 될 정보보호 산업의 현황에 대해 자세히 살펴본다. 제3장에서는 현재 진행되고 있는 정보보호 인력계획의 현황과 기타 기술인력(방송통신 인력(정보통신 인력), 소프트웨어 인력, 산업기술 인력, 산업기술보호 인력) 계획의 현황을 검토하여 정보보호 인력계획의 현황과 비교 · 분석해보고자 한다. 제4장에서는 국내 정보보호 인력계획의 한계에 대해 살펴보고 제5장에서는 현재 진행되고 있는 인력계획의 한계를 극복하기 위해 필요한 수요 기반 인력계획의 방법에 대해 살펴보고자 한다. 마지막으로, 제6장에서는 인력수요 분석의 중요성에 대해 살펴보고 결론을 내리고자 한다.

제 2 장
국내 정보보호산업에 대한 이해

제 1 절
정보보호 현황

우리나라는 2000년 이후 초고속인터넷망이 급속하게 전파되면서 세계적으로도 그 유례를 찾아볼 수 없을 만큼의 눈부신 정보통신산업의 성장을 일궈냈다. 제조업을 기반으로 세계적으로도 우수한 기업환경을 갖춘 산업국가로 자리매김한 우리나라는 2000년대 들어서면서 높은 기술력을 바탕으로 유례가 없는 제품들을 선보이며 세계 정보통신시장을 주도하고 있으며 자국민은 물론 세계인들에게 언제나 새로운 정보통신서비스를 제공하며 정보화시대의 세계적인 리더가 되어 가고 있다.

현재에는 많은 국가에서 광대역통신망이 보급되었지만 2000년대 초만 해도 우리나라의 광대역통신망 보급률을 부러워했으며 당시 우리나라의 광대역통신망 가입자수는 내내 세계 1위를 달렸다.[3] 이러한 분위기 속에서 우리나라 기업 및 공공기관은 정보화 시대의 선두주자로서 발빠르게 정보통신 인프라를 갖춰나가며 모든 경영환경을 전산화 · 네트워크화 하였다. 최근에는 기술 및 서비스 측면에서도 스마트폰 등 신규 모바일 기기 및 서비스의 출현과 클라우드 컴퓨팅 등의 급속한 발전으로 급변하는 IT 환경에서 정보통신서비스는 일상생활 깊숙이 파고들었다. 그러나, 정보통신의 일상생활화의 이면에는 정보화 역기능이라는 새로운 문제가 수반되었다.

국가는 해킹 · 바이러스 · 스팸 등의 다양한 정보화 역기능이 발생함에 따라 국민과 국가 인프라를 보호하기 위한 대책마련에 나섰고, 기업 및 공공기관은 안정적인 경영환경 구축을 위한 새로운 투자에 적극 나서고 있다. 그러나, 일반적인 보안인식 수준은 지극히 낮은 상태이며, 2011년 현재 정보화 예산 대비 보안예산이 10% 이상인 업체는 전체의 32.5%로 아직도 낮은 수준이다.(정보보호백서, 2012)

---

3) IMD국가경쟁력지수 기준 천명당 광대역통신망 가입자수: 2006년까지는 1위, 2007년 2위, 2008년 3위, 2009년 7위, 2010년 7위 (http://itstat.go.kr)

〔그림 4〕 정보화 예산 대비 정보보호 예산

출처 :: 방송통신위원회 · 행정안전부 · 지식경제부 (2012)

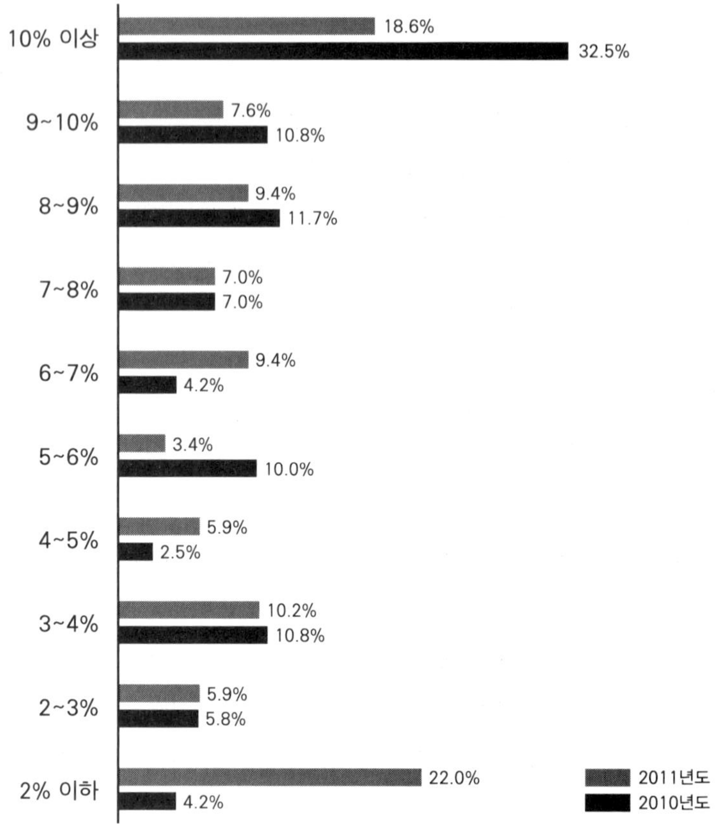

그러나, 정보통신 네트워크나 서비스에 대한 접근이 쉬워진 만큼 많은 정보들이 무분별하게 발생되었고, 이 중에는 공개되어서는 안 될 정보들이 악의적이거나 고의적인 의도로 공개되어 제3자에게 금전적 · 심리적 피해를 주는 사태도 발생하게 되었다. 또한, 해킹, 웜, 바이러스, DDoS 등과 같이 네트워크를 공격하거나 정보를 빼내거나 고의적으로 네트워크의 다운을 초래하여 기업에게 피해를 입히거나 무단으로 개인정보를 빼내어 금전적인 목적으로 재판매하거나 기업의 기밀을 빼내어 경쟁기업이나 경쟁국으로 거래하는 경우까지 발생하였다. 민간 및 공공에서의 정보시스템 구축과 네트워크화가 일반화되면서 경

영의 편리성은 확보되었지만 사이버상에서의 보안사고 등 각종 정보보호 침해 사고가 빈번하게 발생하고 있는 것이다.

〔그림 5〕 사업 연속성에 영향을 주는 보안위험

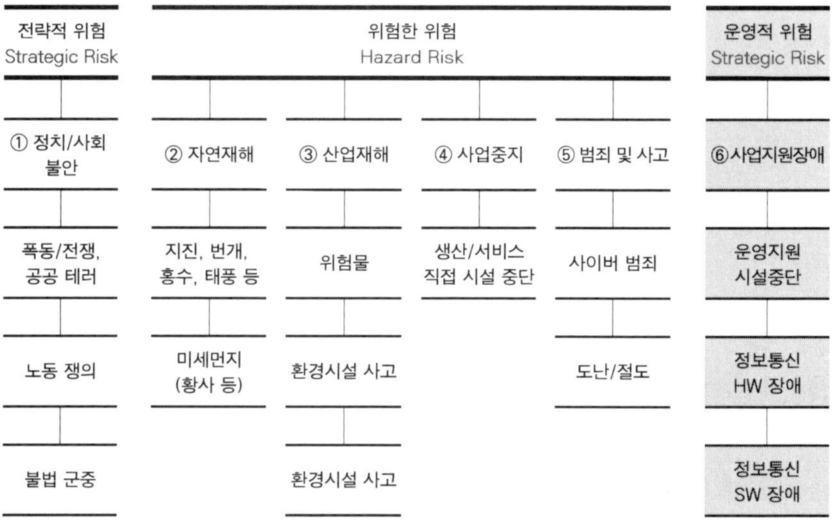

〔표 1〕 국내 주요 보안사고 발생내역

일시	기관	내용
2011.4.	현대캐피탈	· 고객 175만명 주민등록번호 등 개인정보 및 13,000명 대출 계좌번호/비밀번호 해킹
2011.4.	농협	· 시스템명령어 파괴에 따른 전산장애로 금융거래 전면 중단, 일부 고객 금융거래 기록 유실
2011.5.	리딩투자증권	· 해킹으로 홈페이지에 회원 가입한 고객의 이름, 주소, 주민등록번호 등 12,000명의 고객정보 유출, 5,000여건의 증권 계좌번호 유출
2011.6.	NH투자증권	· 2회에 걸친 고객 매매정보 유출(총 5,238 개 주식계좌, 224개 선물옵션계좌 정보)
2011.7.	SK커뮤니케이션즈 (싸이월드)	· 해킹으로 가입자 3천500만명의 개인정보 유출

특히, 대량의 개인정보를 취급하는 대형포털 및 금융기관에서의 대규모 개인정보 유출사고가 빈번하게 발생함에 따라, 이용자의 안전을 보장하고 기업의 보다 적극적인 경영활동을 도모하기 위한 광범위한 '정보보호'에 대한 요구가 커지고 있다. 금융위원회 · 금융감독원은 2011년 6월 "금융회사 IT 보안강화 종합대책"을 마련하여 발표하였으며, 2011년 10월에는 이를 뒷받침하기 위한 "전자금융감독규정"의 개정 및 시행을 예고하고, 2011년 11월에는 "전자금융거래법 시행령"이 공포되어 2012년 5월부터 시행되었다. 미국 SEC도 2011년 10월 공공기업의 보안사고내역 및 관리상황 등의 내용을 공개하도록 하는 가이드라인을 발표하였다.

제 2 절 정보보호산업의 현황[4)]

정보화촉진기본법 제2조에서는 정보보호를 정보의 수집 · 가공 · 저장 · 검색 · 송신 · 수신 중에 정보의 훼손 · 변조 · 유출 등을 방지하기 위한 관리적 · 기술적 수단을 강구하는 것으로 정의하고 있다. 즉, 정보보호는 자신 또는 정보 제공자의 자산(물리적/논리적)을 내외부의 불법적인 행위(해킹, 크래킹 등) 또는 천재지변 등의 사고로부터 보호하는 모든 과정이나 행위이다. 흔히, 정보보호는 정보보안, 지식정보보안 등의 용어와 혼용되어 사용되고 있는데, 정보보안은 주로 시스템 및 네트워크 등의 보호를 위한 기술적 관리 위주의 정보통신기술의 일부로서 협의의 개념이며, 지식정보보안은 정보보호산업을 광범위하게 정보보안 이외의 물리보안, 융합보안까지 포함하기 위해 제시된 개념이다.

현재에는 '정보보호산업'과 '지식정보보안산업'이라는 용어가 사용되고 있는데, 이로 인해 많은 혼동이 있다. 실제 산업의 규모는 커지지 않은 상황이고

4) 본 절은 한국정보보호진흥원의 "지식정보보안산업 분야별 기술수준 및 Value Chain 분석" 보고서를 중심으로 살펴보고자 한다.
- 한국정보보호진흥원, 지식정보보안산업 분야별 기술수준 및 Value Chain 분석, 2012.

지식정보보안산업으로 재편하면서 포함된 물리보안과 융합보안에 대해 정확히 정의하고 산업의 범위를 규정하는 등의 후속작업이 없어 실질적으로 기존 정보보호산업과 차이점이 없기 때문이다.[5]

본 서에서는 정보보호산업이라는 용어를 이용하여 산업 현황을 정리하고자 한다.

〔표 2〕 국내 지식정보보안 분야 국내 제품 분류

출처 :: 한국산업기술평가관리원(2011)

분류		세부제품
정보 보안	네트워크 보안	웹방화벽, 네트워크(시스템)방화벽, 침입방지시스템(IPS), DDoS차단시스템, 통합보안시스템(UTM), 가상사설망(VPN), 네트워크접근제어(NAC), 무선/모바일보안, 디지털포렌식, 통합보안관리(ESM), 위협관리시스템(TMS), 취약점분석시스템
	시스템 보안	PC방화벽, Virus백신, Anti스파이—웨어, Anti 피싱, 스팸차단SW, 보안운영체제, 통합단말보안
	응용서비스 보안	DB보안, DB암호화, 보안USB, 디지털저작권관리(DRM), 클라우드보안시스템, VoIP/IPTV/LBS보안시스템
	암호/인증	보안스마트카드, HW토큰(HSM), 일회용비밀번호(OTP), 공개키기반구조(PKI), 통합접근관리(EAM),싱글사인온(SSO), 통합계정관리(IM/IAM), 공인/사설인증툴
	보안관리	기업보안관리(ESM), 위협관리시스템(TMS), 패치관리시스템(PMS), 자산관리시스템(RMS), 로그관리/분석툴, 취약점분석툴
	기타제품	기타
물리 보안	바이오인식	지문인식, 얼굴인식, 홍채인식, 정맥인식
	영상감시	DVR/NVR, P카메라, 영상감시관리SW(관제), VideoServer, 지능형SW, 치안교통솔루션, 군사용솔루션
	무인전자 감시	무인전자경비솔루션
	탐지 및 검색	X-Ray검색기, 금속탐지기, 밀리미터웨이브/초소형전자소자탐지기

5) 일반적으로, 지식정보보안산업은 네트워크 · 시스템 기반의 정보보안 · 안전 · 안심 생활을 위한 물리보안과 보안기술과 전통산업간 융합으로 창출되는 융합보안을 포함하는 개념으로 기존의 정보보호산업에 융합패러다임을 반영하여 산업의 영역을 확대 · 재편한 개념으로 이용되고 있다. (※출처 : 지식경제부(2008)).

산업의 분류에 대해 지식경제부(2008)에서 제시한 정의 이상으로 더 세분화되어 정의된 자료는 없다. 다만, 한국산업기술평가관리원(2011)이 기술수준조사시 지식정보보안기술에 대해 공통기반보안, 네트워크 및 시스템보안, 서비스/응용보안, 물리보안, 융합보안 등 5개로 구분하고 있으며, 지식정보보안 제품에 대해 정보보안은 네트워크 보안, 시스템 보안, 응용서비스 보안, 암호/인증, 보안관리, 기타제품 등 6개로, 물리보안은 바이오인식, 영상감시, 무인전자감시, 탐지 및 검색 등 4개로 분류하고 있으며, 융합보안에 대해서는 아직까지 기술이나 제품 분류가 없다.

본 절에서는 정보보호 인력의 주요 수요처인 정보보호산업의 현황을 정보보안, 물리보안, 융합보안 등 3개 분야로 나눠 산업적인 측면, 기술적인 측면, 정책적인 측면 등을 기준으로 자세히 살펴보고자 한다.

1. 정보보안

가. 산업

국내 정보보안 분야의 규모(매출액)는 '10년 1조 2,377억원으로, 공식 통계가 시작된 '00년 1,705억원 대비 7배 이상 성장하였다.[6] 같은 기간, 우리나라의 GDP는 603조원에서 7,530조원으로 성장하였으며, 정보통신산업은 123조원에서 12,377조원으로 성장하였다.[7] '00년~'04년 연평균성장은 정보통신산업 9%, 정보보안산업은 40%. '05년~'10년 연평균성장률은 정보통신산업 6%, 정보보안산업은 13% 등으로 정보보안산업은 상대적으로 지속적인 성장을 이어왔다. 반면, 수출액의 경우, '00년 44억원에서 '10년 402억원으로 증가하였으나, 전체 매출액에서 차지하는 비중도 작고, 정보통신산업의 수출액이 '10년 175조원에 이르는 것에 비하면 매우 미미한 수준이다. 일부 수출실적이 있

6) 출처 : 한국인터넷진흥원, 2009 국내 지식정보보안산업 시장 및 동향 조사, 2009.
한국인터넷진흥원, 2010 국내 정보보안산업 실태조사, 2010.
한국인터넷진흥원, 2011 국내 정보보안산업 실태조사, 2011.

7) 출처 : www.itstat.go.kr(IT산업매출액), www.idex.go.kr(우리나라 GDP), www.kosis.kr(수출액)

는 기업의 경우 해외특허 등의 지적재산권 실적이 있으나, 대부분의 업체가 국제특허 확보 등 해외 진출의 발판을 다지지 못하고 있다. 최근에는 내수시장의 포화로 정보보안업체(네트워크/시스템, 서비스/응용)들이 적극적인 기술개발과 판로개척을 통해 수출을 확대 중이긴 하지만 정부의 적극적인 지원과 홍보가 필요하다.

나. 기술

기술개발 현황

공통기반보안은 대부분의 업체에서 공통적으로 PKI 제품군에 대해서 사용자 편의성에서 국내외적으로 경쟁력이 있는 것으로 인식하고 있다. 그러나, RSA, VeriSign 등과 같이 국제적으로 명성이 있는 업체에 비해 기술력 격차가 존재하며 이러한 격차가 쉽사리 줄지 않고 있는 상황이다. VeriSign과 PKI 간의 기술격차가 존재하는 원인에 대해 한국전자인증[8]은 신기술 적용 측면[9], 시스템 운영 및 리스크 관리의 월등함, 물리적 · 시스템적인 감리기능 탁월 등을 들고 있다. 대부분의 업체에서 PKI 시장이 이미 성숙단계에 진입했다고 인식하고 있어 KOICA 사업에의 참여 등을 통해 해외 진출을 위해 노력하고 있다.[10] 퓨쳐시스템과 같이 전통적인 암호업체로써 시작하였던 기업의 상당수가 네트워크 보안 분야로 이동하였는데, 이는 공통기반보안 분야 자체만으로 제품 출시나 자체 시장 형성에 많은 어려움이 있기 때문인 것으로 파악된다.

네트워크/시스템 및 서비스 분야의 경우, 인터넷 트래픽의 급증에 따라 보안장비 처리 성능이 고속화되고 있다. 국내 인터넷 트래픽이 연평균 27%씩 증가함에 따라, 대용량 트래픽을 처리할 수 있는 Firewall, UTM, IPS 등 네트워크 보안 솔루션에 대한 연구가 진행되고 있다. 특히, 모바일 트래픽은 연평균 78%씩 증가하고 있어, 체크포인트, 윈스테크넷, 시큐아이닷컴 등 국내외 주요

8) 국내 공인인증 서비스와 글로벌 인증 서비스(VeriSign)를 모두 제공

9) 예를 들어, 2048 키길이 변경은 VeriSign의 경우, 5년 전에 완료, 또한 인증서 복사 방지 기능 등 보안강화 신기술 적용 빠름

10) 한국정보인증, 2011년 KOICA 사업 3건(파나마, 필리핀, 카메룬) 및 자체 해외 사업 진출 2건 (에콰도로, 이란) 달성

업체들은 40G 보안 솔루션을 준비하고 있으며 100G 트래픽 처리기술도 연구중에 있다. 또한, 응용계층 및 애플리케이션에 존재하는 취약점 및 DDoS 공격 탐지기술의 성능을 고도화하기 위한 연구도 추진하고 이다. 체크포인트, 포티넷, 시큐아이닷컴, 윈스테크넷 등 주요업체들은 응용계층 공격탐지 기술개발을 통해 성능 고도화를 추진하고 있으며, 체크포인트 및 포티넷과 같은 선두 업체들은 애플리케이션 시그니처를 2,000개 이상 보유하고 있으며, 지속적으로 확대해 나가고 있다.

클라우드 서비스 이용 증가에 따라 관련 보안기술에 대한 연구도 확대되고 있다. 최근, 클라우드 컴퓨팅이 주요 이슈로 부각되고 국내 시장규모는 연평균 31%씩 증가하면서 클라우드 환경에서 필요한 보안기술에 대한 연구가 진행되고 있는 것이다. 클라우드 컴퓨팅은 2010/2011 IT 트렌드 1위이며, 특허 분석 결과에서도 클라우드 보안이 산업트렌드 1위로 나타난 바 있다. 마이크로소프트, VM웨어, 시만텍 등은 클라우드에 사용되는 하이퍼바이저 보안기술에 대해 집중적으로 연구하고 있으나, 국내 연구는 초기단계에 머물러 있다. 기존 보안기술로는 클라우드 서버내 다수 논리서버간의 해킹탐지가 불가하기 때문에 이에 대한 연구는 필수적이다. 모바일 기기 등을 언제 어디서나 접근 가능한 클라우드 환경에 적합한 상황인지형(Context Awareness) 접근제어 기술에 대한 연구도 추진되고 있다. 기존 보안기술이 제로데이(Zero-day) 공격 등의 대응에 한계를 보임에 따라 빅데이터 보안기술 개발의 필요성에 대한 공감대가 형성되고 있다. 빅데이터 시장은 2015년까지 연평균 40%식 성장할 것으로 예상되며, 국내외적으로 빅데이터 분석방법론 및 적용사례 등에 대한 연구가 활발하게 진행되고 있다. 국내의 경우, 2012년 4월 빅데이터 국가전략 포럼이 출범하여 추진계획을 마련하고 있다.

〔그림 6〕 클라우드 서비스 핵심 보안위협 도출

출처 :: 한국인터넷진흥원 (2011)

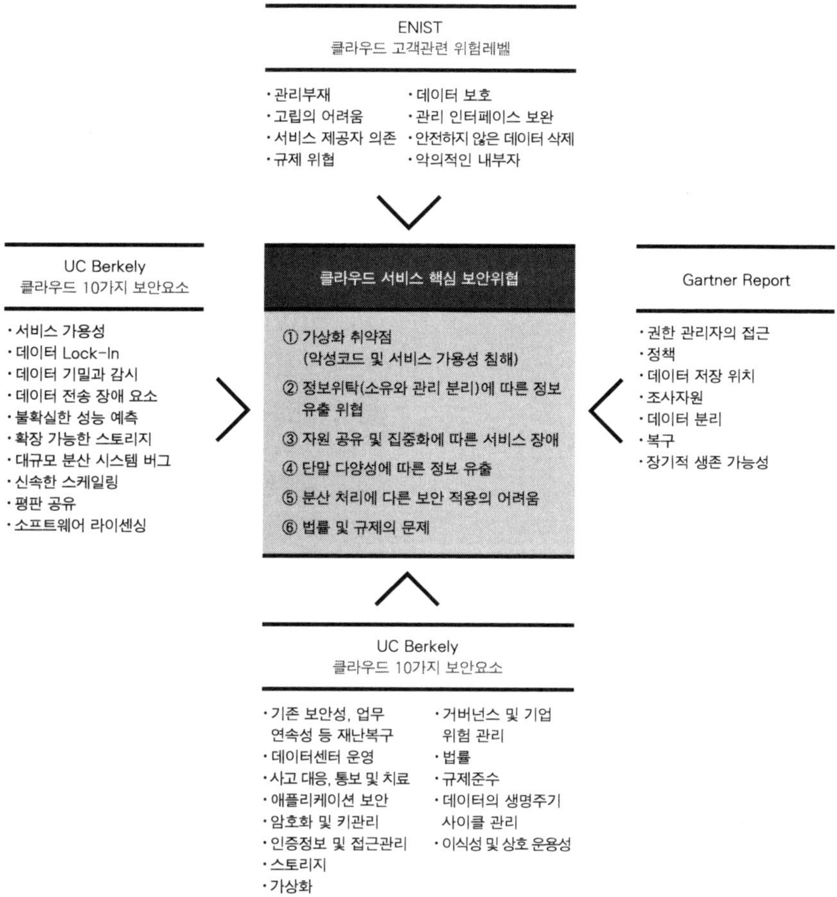

기술수준

우리나라 정보보안 분야 기술수준은 사이버공격의 진화속도 대비 기술의 대응속도는 늦어 효과적인 대응체계를 구축하지 못하고 있다는 평가를 받고 있다. 스마트폰, 클라우드 컴퓨팅 등 IT 신기술의 해외 의존도가 높고 선진국 대비 기술수준의 격차가 계속되고 있어 관련 보안 기술 수준은 아직도 기술 우위국을 추격하는 형세이다. 클라우드 컴퓨팅 기반기술의 경우 선진국 대비 4

년의 격차가 있으며, 모바일 보안의 경우 유선보안 대비 기술 수준이 상대적으로 낮다고 인식하고 있다. 시만텍, 트렌드마이크로, 인텔 등 글로벌 기업 대비 급변하는 IT 환경 및 보안위협에 대응하는 보안 신기술 개발 및 투자가 상대적으로 낮은 것도 한 요인이다. 현재 우리나라 정보보안 기술수준은 외향적으로는 미국 대비 2005년 69.4%에서 2010년 82.2%[11]로 높아졌다.(한국산업기술평관리원, 2011.)

〔그림 7〕 우리나라 지식정보보안 분야 기술수준

출처 :: 한국산업기술평가관리원 (2011)

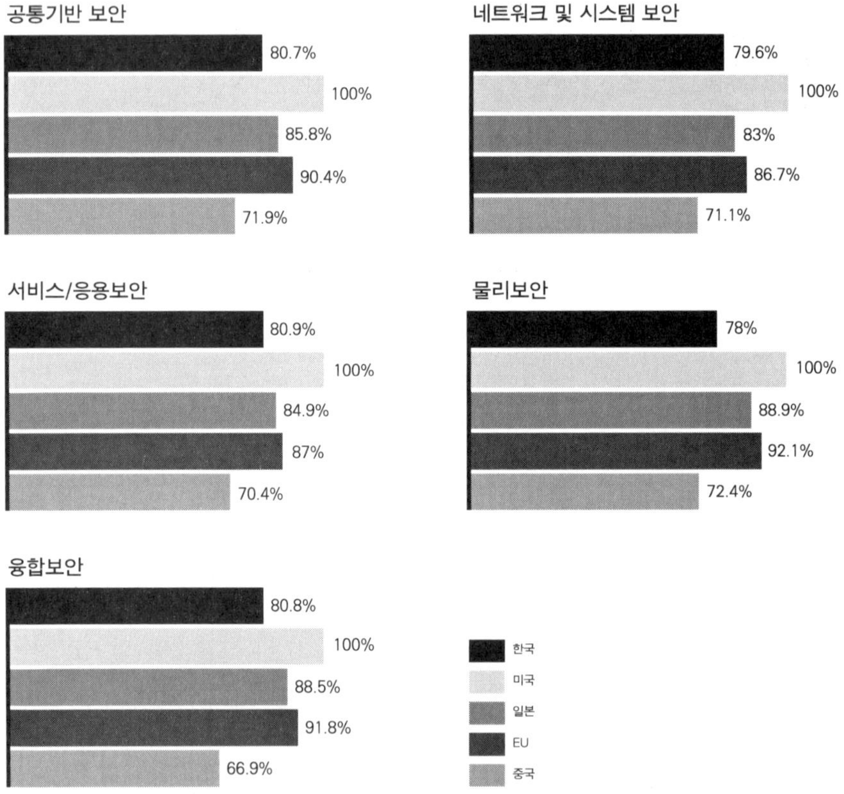

---

11) 출처 : 과학기술부 · 한국과학기술기획평가원, 2005년도 기술수준평가 보고서, 2006.
교육과학기술부 · 한국과학기술기획평가원, 2010년 기술수준평가 보고서: 95개 중점과학기술, 2011.

따라서, 실질적으로는 IT인프라의 보호를 위해 네트워크에 문제가 발생하면 임시방편으로 해결하는 단기대응 보다는 이러한 문제를 근본적으로 해결할 수 있는 장기대응 방안을 강구할 수 있는 기술 확보를 위한 접근이 필요하다. 현재, 정보보안 업체의 대부분은 정보보안 제품 및 서비스에 대해 이러한 사후약방문식 인식이 만연되어 있어 사업에 어려움이 있음을 호소하고 있으며, 인식전환을 위한 노력이 필요하다고 피력하고 있다.

〔표 3〕 정보보안 분야 기술수준

출처 :: 한국산업기술평가관리원 (2011)

중분류	소분류	상대수준				
		한국	미국	일본	유럽	중국
공통기반 보안	암호 기술	75.5%	99.3%	82.8%	89.5%	68.8%
	인증 기술	78.7%	98.8%	83.0%	87.6%	69.0%
	부채널공격방지	72.9%	98.1%	80.6%	88.6%	67.5%
	ID관리 및 개인정보보호기술	76.4%	98.2%	82.3%	88.0%	67.3%
네트워크 및 시스템 보안	접근제어	77.6%	98.8%	80.8%	85.5%	68.4%
	보안 통신	76.4%	99.7%	80.1%	84.3%	70.3%
	침입방어 기술	79.3%	98.6%	80.1%	83.7%	70.0%
	연속성 관리 기술	72.7%	97.9%	80.2%	83.8%	68.0%
	사고 대응 기술	76.2%	96.9%	82.5%	85.7%	67.8%
	보안 관리 기술	76.9%	98.8%	79.9%	84.6%	67.5%
서비스/ 응용보안	콘텐츠 보안	78.7%	98.9%	83.4%	85.8%	66.6%
	웹이메일 응용서비스 보안	81.6%	99.0%	83.3%	86.9%	70.8%
	VoIPIPTVLBS 보안	79.4%	98.5%	84.8%	84.8%	68.9%
	클라우드 보안	72.8%	99.5%	79.5%	82.5%	65.6%

다. 정책

우리나라 정보보안 관련 정책은 지식경제부가 정보보호산업의 육성 및 기술개발, 정보보호 전문인력 양성 등을, 행정안전부가 전자정부 대민서비스 보호, 주요 정보통신기반시설 보호, 공공 분야 개인정보보호 등을, 방송통신위원회가 통신사업자 등 민간 부문 정보보호 및 사이버위기 대응을 담당하는 삼원 구조로 추진되고 있다.

2009년 지식경제부는 지식정보보안산업 발전전략을 수립하여 발표하였다. 7.7 DDoS 침해사고가 발생된 2009년 방송통신위원회는 국가 사이버위기 종합대책을 수립하였으며, 행정안전부는 2010년에는 전자정부법을 전면 개정하고 2011년에는 개인정보보호법을 제정 하는 등 정보보안에 대해서는 다수의 정책이 진행됨. IT를 기반으로 하는 산업의 보안투자 확대를 유도할 수 있는 정책을 통해 정보보안에 대한 국내 수요를 확대시킬 수 있어야 한다. 보안투자의 성과를 분석하여 이윤을 추구하는 기업경영에서 보안투자가 주업무로 자리잡을 수 있도록 유도하고, 업체별 보안성과 측정 및 보안체계 구축(정보보안공시제도, 정보보호 안전진단, 정보보호 수준진단 등)을 의무화하는 방안이 필요하다.

2. 물리보안

주요 시설의 안전한 운영과 재난/재해/범죄 등의 방지를 위한 보안 제품 및 서비스인 물리보안은 2007년 이후 지방자치단체들에 의해 유비쿼터스도시(U-city)의 구현을 목표로 CCTV와 사회안전서비스(경비 등)가 널리 보급되고 전자여권의 등장 및 출입통제의 강화에 따라 바이오인식에 대한 관심이 높아지면서 비로소 정보보호산업의 주요 영역으로 인식되기 시작하였다. CCTV, 출입통제시스템 등으로 대표되는 물리보안은 산업보안은 물론 사회의 안전을 위한 중요한 도구로 인식되고 있다.

가. 산업

물리보안의 2009년 매출액은 25,173억원이며, 수출액은 8,072억원('09년 정보보안 수출액의 15배)으로 매출액의 27%를 차지(정보보안은 5%)하고 있다.[12] 국내 정보보호산업에서 물리보안이 차지하는 비중은 60% 이상으로 매우 크다.

출입통제, 영상감시, 알람 등의 물리적 보안의 개념은 오래되었지만 국내에서의 시장 형성은 다소 늦은 편이며, 물리보안업체들은 주로 OEM을 통한 수출에 주력해 왔다. 특히, 국내 지문인식 장비 주요 업체의 수출액이 2010년 3,000만 달러를 넘어섰는데, 국내 업체들은 뛰어난 기술 수준에 가격 경쟁력까지 갖춰 중남미 · 중동 등에서 높은 평가를 받고 있다. 국내 지문인식 시장의 60% 이상을 차지하는 슈프리마(2010년 기준 매출액의 70%가 수출)는 미국에도 우수한 기술력을 인정받아 2010년 240만달러의 수출을 기록, 2011년에는 유럽에 36만 유로의 수출을 계약하였다.[13]

〔표 4〕 국내 정보보호산업(지식정보보안시장) 전망

출처 :: 지식경제부 (2009)

2007년			2013년		
정보보안	물리보안	융합보안	정보보안	물리보안	융합보안
6.8천억원 (22%)	21.5천억원 (69%)	2.9천억원 (9%)	3조 5.4억원 (19%)	11조 3.5억원 (62%)	3조 5.2억원 (19%)
3조 1,200억원			18조 4,000억원		

2011년 1조 2,000억원 규모인 CCTV 시장은 2012년 1조 5,000억원 규모로 확대될 전망이다.[14] 생활안전, 법규위반단속용, 시설물관리용 등 사회안보 및 개인안전 확보를 위해 확대되고 있다. 특히, 얼굴인식출입통제시스템이 학교 내외에서의 성추행, 납치 등 어린이 범죄 예방의 보안장치로 주목받고 있다.[15] 그러나, CCTV 자체가 사생활침해라는 또 다른 문제를 야기하고 있으며, 아직

12) 출처 : 한국인터넷진흥원(2009), 2009 국내 지식정보보안산업 시장 및 동향 조사.

13) 출처 : 전자신문(2011.2.20), 국산 지문인식 수출 3000만달러 넘어서.

14) 출처 : 보안뉴스(2012.4.9), 육아전쟁으로 폭발하는 CCTV 시장.

15) 출처 : 전자신문(2011.1.12), 얼굴인식출입통제시스템 초등학교에서 인기.

은 영상품질의 문제로 야간에는 제대로 기능을 하지 못하는 한계도 있다.[16]

〔그림 8〕 CCTV 노출 횟수

출처 :: 국가인권위원회 (2010)

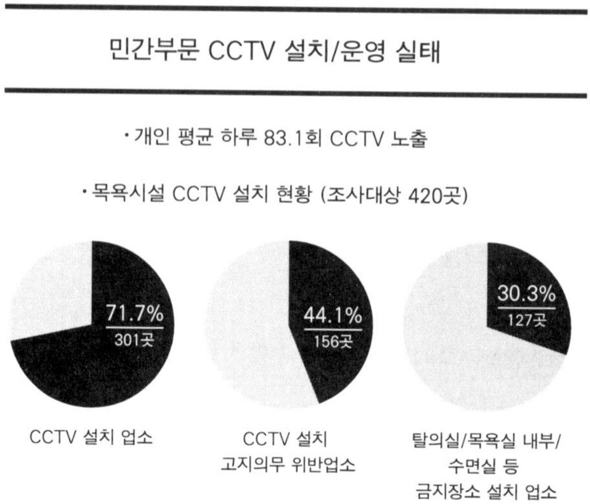

그럼에도 불구하고, 소득수준 향상, 1인 세대 확대, 여성의 사회진출 확대, 주거지의 첨단경비체계 구축 확산 등의 여러 사회적 현상에 의해 물리보안에 대한 국내 수요는 더욱 늘어날 전망이다. 일례로, 에스원, ADT캡스, KT텔레캅 등 무인경비서비스 업체들이 앞다투어 영상감시시스템을 앞세워 시장을 적극적으로 융합보안으로 확대하고 있다. 에스원은 시큐아이닷컴과 융합보안서비스 상품을 출시하며 융합보안사업을 진행하고 있으며, 에스원과 시큐아이닷컴은 통합보안시스템(UTM)과 관제서비스를 결합해 중소기업 대상으로 영업에 나섰다. 또한, ADT캡스는 ADT시큐리티, 캡스텍과 함께 전자태그(RFID) 기반의 융합보안 서비스 사업에 진출했다. KT텔레캅은 하반기 빌딩 IT 컨버전스 사업 분야를 강화하기 위해 문서보안을 비롯해 정보유출 방지 등 정보보안 솔루션을

16) 오늘날 일상생활 중에 개인은 민간 CCTV에 1인당 하루 평균 83회, 이동 중에는 9초에 한번 꼴로 노출됨(국가인권위원회(2010), 민간부문 CCTV 설치 · 운영 실태)

기존 무인경비 서비스에 접목한 사업을 추진하였다. LG CNS, SK C&C, 신세계 INC 등 IT서비스 기업도 제조 · 물류 · 유통 등 분야에서 터득한 시스템통합(SI) 구축 경험을 앞세워 u시티나 지능형빌딩시스템(IBS) 등을 타깃으로 융복합 보안시장 공략에 나서고 있다. 차기 융합보안 시장의 주도권을 놓고 물리보안 업체의 시장 선점 경쟁이 한창이다.[17]

나. 기술

기술개발 현황

CCTV와 바이오인식 업체는 좁은 내수시장과 국내 SI업체와의 저가 계약의 한계를 극복하기 위해 1990년대 후반부터 수출에 주력하고 있다. 2011년 국내 DVR/NVR과 CCTV/IP 카메라 매출은 약 7천억원으로 추산되며, 이들 제품 수출 비중은 70~80% 이상이다. 2011년 국내 바이오인식 매출은 약 1,100억원으로 추산되며, 지문의 경우 수출비중이 50% 수준이다. 국내 바이오인식산업은 지문이 약 90% 정도로 편중되어 있으며, 주요 지문인식업체는 슈프리마, 유니온시스템, 니트젠 등 업체들이 시장의 80% 이상을 차지하고 있다. 세계 CCTV 시장의 제품군 중 중고가 제품은 한국, 대만이, 저가제품은 중국이, 고가 및 대규모 시스템은 일본, 독일 등 업체에서 강점을 가지고 있다.

특히, CCTV 분야는 2000년 중후반까지 한국업체가 시장을 지배하고 있었으나, 현재 저가시장은 중국에게 내준 상태이며, 중가 이상 시장도 중국과 대만에 추격을 받고 있다. 고가 및 대규모 시장은 일본 소니, 독일 보쉬 등 다국적 기업에서 자본과 기술력 우위를 내세워 선점하고 있어서, 국내 중소기업은 이들 다국적기업에 OEM 등으로 협업하고 있는 형태이다. CCTV의 주요부품 중 국내 D1급 코덱칩은 경쟁력이 있으나 HD급은 국내업체들이 채산성을 우려로 사업을 포기하였다. 국내업체들이 HD급 코덱 및 영상처리칩을 중국, 일본업체에 의존하고 있어서 안정적인 시장 및 기술 확보에 문제가 있다. IP 카메라와 관제 S/W 등 차세대 CCTV 제품개발에 뒤쳐져, IP 카메라 분야는 대만, 영

17) 출처 : 전자신문, [Again 벤처] 이제는 융합보안시대다, 2010.9.15.

국에 뒤지고 있다.

세계 바이오인식 시장은 미국, 프랑스 등 선진국에서 주도하고 있으며, 국내는 지문인식 제품을 중심으로 동남아, 중동, 유럽 등으로 수출 영역을 넓혀가고 있다. 선진국 바이오인식업체는 M&A를 통해 몸집과 기술력을 응집시키고 있음. 2006년 미국의 지문인식업체 아이덴틱스, 영국의 홍채인식업체 이리디안, 프랑스의 얼굴인식업체 비싸지를 미국의 방산업체인 L1에서 M&A를 하고, 최근 L1이 프랑스 SAGEM에 흡수되는 등 기술과 자본을 통합하고 있다. 슈프리마, 유니온커뮤니티, 니트젠 등 국내지문 업체들이 FVC 경연에서 1위 등 상위권에 입상하는 등 지문 알고리즘과 모듈 부문에서는 세계적인 제품과 어깨를 나란히 하고 있으나, 라이브 스캐너, 모바일용 스캐너, 특수목적 스캐너 등 센서 기술은 선진국에 뒤지고 있다. 최근 국내 얼굴인식업체인 올라웍스가 미국의 Intel사에 약 350억원에 매각되었다. 그러나 대부분의 국내 얼굴, 홍채, 정맥인식 등 업체는 보다 높은 인식률이 필요하고 사용자 친화형 기술개발 미흡 그리고 협소한 내수 등으로 어려움을 겪고 있다.

기술수준

물리보안은 시장이 저가시장(중국, 대만 중심)과 고가시장으로 양극화됨에 따라, 고해상도기반 DVR, 원거리 얼굴 인식 등 부가가치가 높은 지능형 영상감시 기술 경쟁력 확보의 필요성이 증가하고 있다. CCTV, 출입통제 시스템 등 물리보안이 전체 보안산업의 76%를 점유(2009년 기준)하고 있다. CCTV와 DVR은 국외에서도 높은 경쟁력과 시장점유율을 기록하고 있지만 단순 영상기술만으로는 한계가 있다. 물리보안 분야의 기술수준은 선진국 대비 평균 75% 수준으로 정보보안 및 융합보안과 유사하다.[18] 그러나, 일부 업체들은 대표 제품의 기술수준이 경쟁제품 대비 100% 이상으로 자체 평가하고 있으며, 시장 확대의 걸림돌은 기술력 미비가 아니라 시장 기획과 마케팅 능력의 부재라고 자체 분석하고 있는 것으로 파악된다.(한국산업기술평가관리원, 2011)

---

18) 출처 : 한국산업기술평가관리원(, 2011년도 통합 산업기술수준조사, 2011.

〔표 5〕 물리보안 분야 기술수준

출처 :: 한국산업기술평가관리원 (2011)

중분류	소분류	상대수준				
		한국	미국	일본	유럽	중국
물리보안	시설 감시	73.4%	95.0%	84.4%	89.1%	65.9%
	출입 통제	77.4%	97.2%	86.9%	89.1%	70.4%
	전자파 보안 EM Security	64.8%	96.3%	85.8%	88.8%	67.3%

디지털 정보기술과 전자 보안시스템이 융합됨으로써 물리보안이 점점 더 정보시스템이나 관련 소프트웨어에 의존하게 되어가는 경향이 있어 이에 대한 기술적 대응도 필요하다. 최근 CCTV와 이동통신기술 간 융합기술 특허 출원은 2005년 이후 감소 추세를 보이다가 2009년 스마트폰 출현과 맞물려 증가하고 있다. 촬영된 영상을 분석하고 판단하는 지능형 보안 기술이 새롭게 떠오르는 가운데, 다양한 응용 서비스 기술 개발도 활발하게 진행되고 있는 것으로 파악된다(특허청 보도자료, 2011[19]).

다. 정책

2011년 행정안전부가 개인정보보호법을 제정하면서 CCTV 설치 · 운영 관련 내용이 포함되는 등 CCTV의 확산에 대응하고 있다. 그러나, 실질적으로 (구)정보통신부를 중심으로 정보보안에 초점을 맞춘 정책들이 시행되어 왔기 때문에 물리보안 산업 및 기술을 위한 별도의 정책은 아직 찾아보기 어렵다.

19) 출처 : 특허청 보도자료(2011.12.9), 내 손안의 안전 파수꾼…CCTV와 스마트폰에 대한 융합 기술의 특허 출원 증가.

〔개인정보보호법의 시행〕

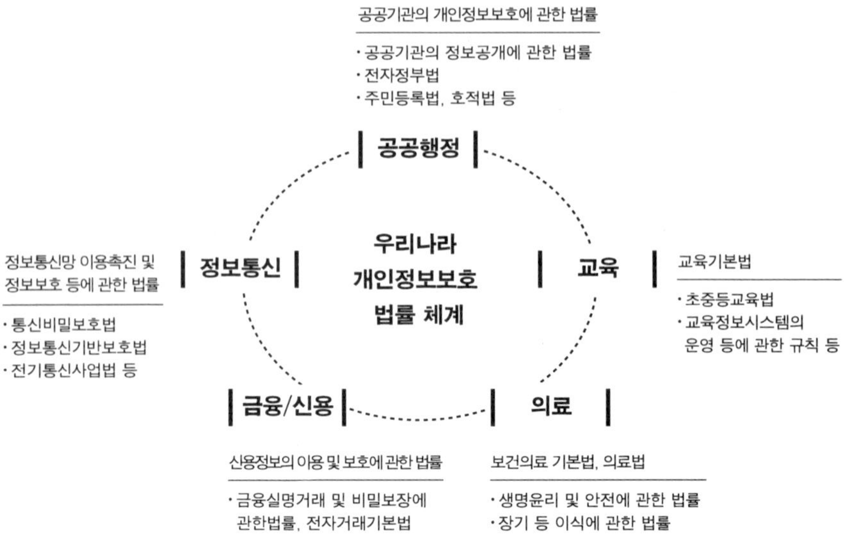

〈개인정보보호법의 적용대상〉

- 17대 국회, 18대 국회에서 개인정보보호법안 발의
  국회 행안위 상정('09.2.20), 본회의 의결('11.3.11), 포('11.3.29), 시행 ('11.9.30)
- 개인정보보호법은 '11.9.30(공포 후 6개월 경과일)부터 시행(부칙1조)
- 주민등록번호 외의 회원가입 방법(i-PIN등) 적용(법 제24조 제2항)은 '12.3.30 (공포 후 1년 경과일)부터 시행 (부칙1조)

---

3. 융합보안

기술간/산업간/기기간 융 · 복합화가 진행되면서 정보보안과 물리보안간 융합 또는 보안기술의 타산업에의 결합 등의 융합보안의 개념은 최근 등장하였다. 보안업계에서는 CCTV나 출입통제시스템 등으로 대표되는 부문을 물리보안으

로, PC백신이나 방화벽 등의 이미지를 가진 보안 솔루션 및 서비스 영역을 정보보안이라고 구분하는데, 최근에는 이 두 영역을 융합하려는 다양한 연구와 관련 제품들이 요구되고 있어 융합보안의 개념이 출현하게 된 것이다.

가. 산업

과거 물리보안 네트워크와 IT 인프라는 별개의 네트워크로 구성되어 운영되었으나, 최근 IP 카메라 등 영상감시 시스템 및 출입관리 시스템이 TCP-IP의 개방형 네트워크를 수용하게 되면서 물리보안 시스템에 IT가 적용되기 시작하였으며, 이에 따라 운영효율성 및 원가절감의 목적으로 네트워크가 컨버전스 되었다. 이렇게 정보보안과 물리보안 간의 경계가 모호해지면서 등장한 것이 융합보안이다. 유비쿼터스 사회에서는 자동차 · 국방 · 의료 · 건설 · 물류 · 항만 등 다양한 산업분야에서 안전과 신뢰성을 담보하기 위한 보안기능의 탑재가 요구되면서 융합보안에 대한 기대를 높이고 있다. 융합보안이 우리 생활 곳곳에서 기술력을 선보이고 있고 앞으로 나타날 영역도 무궁무진하다. 생체인식에서 주차관제, 무선영상전송시스템까지 출입에 각종 정보보안 기술이 조합돼 입체적인 보안시스템 구축을 이뤄내고 있다. 융합보안이 가장 활발하게 진행되고 있는 분야는 시설경비나 출입통제 분야이다. 경비인력으로 일일이 체크할 수 없는 사각지대 경비 시스템에 각종 정보보안 기술을 결합시켜 불법 출입자의 동선을 파악하는 한편 생체인식시스템과 카드키, 번호키 등을 주요 출입구에 설치해 외부인원의 출입을 통제하고 상주 임직원의 업무 영역 침해가 나타나지 않도록 하고 있는 것이다. 우리가 흔히 빌딩 주차장 입구에서 만날 수 있는 차량 번호인식시스템이나 차량 감지기, 도어록(Door Lock) 시스템 등이 IT기술을 출입통제에 접목한 융합보안 기술이라고 볼 수 있다. 학계에서도 발 빠르게 관련 학과 신설에 나서고 있다. 경기대학교는 2011년 국내 최초로 '융합보안학과'를 개설하고 25명의 신입생을 선발했다. 경기대 융합보안학과는 학석사 통합 과정의 5년제로 운영할 예정으로 실무와 이론이 충실한 보안 인재를 다양한 산학 협력을 통해 양성한다는 계획이다.

그러나, 아직 시장정의가 불명확하고 수요도 파악되지 않아 실질적으로 시장이 형성되었다고 볼 수 없으며(시장규모 파악도 불가능), 업체들도 이를 별도의 시장으로 파악하거나 대응하고 있지는 않은 것으로 파악된다. 일례로, 전력보안은 전력IT(제니스텍), 자동차보안은 자동차IT(현대모비스)로 인식되고 있다. 보안산업의 부가가치를 높이고 한 단계 더 발전하기 위해서는 먼저 융합보안산업에 대한 명확한 정의가 내려져야 한다.

나. 기술

기술개발 현황

전력 분야에서의 융합보안은 전력계통 전 과정에 있어 기존 보안솔루션 적용을 강화하는 형태로 진행되어 왔으나 가까운 미래에는 스마트그리드 및 제어시스템 보안에 대한 자체 솔루션 확보에 주력할 것으로 보인다. 전력계통의 각 영역별로 네트워크보안, 시스템보안, 응용보안, DB 보안 등으로 구분하여 기존 보안업체의 솔루션을 테스팅하여 적용하고 있다. 최근의 침해사고와 관련하여 변전영역의 네트워크접근제어 및 보안 USB, 사무 · 배전 · 변전 영역의 보안 운영체제, 사무영역의 DB 보안을 확대하고 있다. 또한, 배전 · 변전 영역의 로그저장, 배전영역의 DB보안의 중요성 부각에 따라 기존 보안솔루션 적용 또는 신규 보안솔루션 확보에 주력하고 있다. 향후, 스마트그리드 AMI와 디지털변전, SCADA 등에 특화된 산업용 보안솔루션에 대하여 기존 보안업체의 솔루션 적용보다는 자체 신규솔루션 확보에 초점을 두고 있다.

화학플랜트, 정유소 분야 등의 주요 산업+IT 융합 인프라 구축은 외산제품에 모두 밀리고 있는 상황이며, 산업+IT 융합 인프라 틈새시장인 국내 보안제품으로 연계가 이루어지지 않고 있다. 생산성 측면을 선호하는 화학 플랜트, 정유소 분야는 해외 플레이어 대비 국내 플레이어들이 경쟁력 약화로 설 자리가 없으며, 후공정 처리 및 보조 처리하는 분야에 일부 사업을 접목시키고 있다. 또한 국내 · 외 수주는 많다고 할지라도 실제 설계 엔지니어링은 해외에 위탁하는 형국이다. 따라서, 국내 플레이어들이 접목시키는 일부 분야에 국한되어 보안제품을 연계시키고 있는 관계로 융합보안을 성장시키기에는 한계가 있다. 해외 표준규격에 따른 설계보다는 해당산업 운영자의 정형화된 요구사항으로 시장 자체를 폐쇄화하였으며, 이에 따라 보안기술 발달 추세와는 병행하지 못하였으며, 나아가서는 융합보안 시장을 확대하는데 있어 어려움이 있다.

융합산업의 디지털화에 따른 보안시장은 분명 틈새시장으로는 충분하다고 보여지나, 전체적인 융합보안 로드맵과 설계 및 운영 인력이 부족에 따른 개별적인 융합보안을 추진하는 실정이다. 특히, 자동차공정제어 보안, 차량통신 보안, 전자파에 의한 차폐 등 사이버보안 문제가 될 수 있다고 생각이 들 수 있지만, 아직 이에 대한 이슈가 부각되지 않고 있기 때문에 비중있는 대책을 강구하고 있지는 않는 것으로 조사되고 있다. 차량간 통신 보안 문제도 전파통신법에 부합되는 문제가 있어서, 아직 현실화되기에는 거리감이 있다. 의도적인 것보다는 SW상의 오류가 발생하는 것으로 예상되며, 사실상 자주 발생하지도 않기 때문에 관심권에서 멀어지는 실정이다.

〔표 6〕 융합보안 분야 기술수준

출처 :: 한국산업기술평가관리원 (2011)

중분류	소분류	상대수준				
		한국	미국	일본	유럽	중국
물리보안	지능형 차량 보안	73.8%	93.1%	85.2%	89.9%	60.3%
	항공조선 보안	74.4%	97.6%	83.5%	89.0%	64.1%
	u-헬스케어 보안	75.3%	96.7%	86.4%	89.3%	62.5%
	금융 보안	83.0%	98.3%	88.0%	89.0%	66.5%
	스마트그리드 보안	76.9%	98.6%	82.6%	89.0%	65.4%
	산업제어시스템 보안	73.6%	96.3%	91.4%	89.7%	63.4%

기술수준

융합산업의 신뢰성을 보장하기 위해서 보안기술은 필수불가결한 요소이나 현 수준은 산업과 보안이 융합하는 부분에서 보안 취약점을 개선하는 데에만 초점이 맞춰져 있는 상태이다. 특히, 타 산업에서의 보안은 추가 부담으로만 인식되어 적극적인 대책마련을 위한 노력이 미흡하고 이에 따라 투자에도 매우 소극적인 상황이다. 융합보안의 트렌드는 단편적인 보안사고에 대한 대처뿐만 아니라 융복합적인 원인을 갖는 보안사고에 대응할 수 있는 체계의 마련이 필요하므로 이를 고려한 노력이 필요하다(한국산업기술평가관리원, 2011)

융합보안기술은 기술간 · 산업간 융합으로 발생되는 보안 취약성을 해결하는 보안기술로서 융합제품에 대한 신뢰성을 제공하여 제품경쟁력 강화에 기여할 수 있는 기술로 평가되고 있다. 단편적인 보안사고에 대한 대처뿐만 아니라 융복합적 원인을 갖는 복잡한 보안사고에도 통합적으로 대응할 수 있는 기술 및 제품의 확보에 대한 요구로서 등장한 것이 융합보안이라고 평가되고 있는 것이다. 자동차, 조선, 항공 분야 등 수송수단이나 의료분야에 대한 해킹 공격은 경제적 피해뿐만 아니라 생명의 위협까지 초래하므로 이러한 위험을 알리는 보안인식 강화가 곧 융합보안기술 개발의 목표가 되어야 할 것이다.

건설에 IT를 접목한 지능형 주거환경 구축에서 거주자 안전 확보를 위한 방법 · 방재대응 기술, 테러방지를 위한 차세대 공항 보안 검색시스템, u-헬스케어서비스 구현을 위한 보안기술 등이 대표적인 융합보안기술의 예가 될 수 있다. 또한, 융합제품과 IT 서비스와의 연계로 사용자의 중요한 정보가 노출될 위험이 높아짐에 따라 프라이버시 보장기술의 도입도 필요하다. 그러나, 융합보안기술은 별도영역이라기 보다 IT와의 융합으로 야기되는 필요기술로서 정보보안의 범주와 대부분 겹치므로 차별적인 기술개발전략이 필요하다.

다. 정책

지식경제부의 지식정보보안산업 발전전략(2009년)에 기존의 정보보안과 물리보안 만으로는 커버되지 않는 보안문제를 해결할 수 있는 개념으로 융합보안이 포함되었다. 정보보안에 대해서는 2000년 이후 계속 산업현황조사가 진행되어 오고 있지만, 물리보안에 대해서는 2009년 '지식정보보안산업 시장 및 현황 조사'로 시행될 당시에만 포함되고 이후에는 실시되지 않았으며, 융합보안에 대해서는 통계조사의 시도조차 없었다.

융합보안이 보안산업 성장의 촉진제가 될 것이라는 막연한 기대를 현실화시키기 위해서는 정부 차원에서 융합보안의 주요 주체가 되는 자동차 · 국방 ·

의료 · 건설 · 물류 · 항만 등의 보안수요를 구체적으로 파악해야 한다. 일례로, 항공보안은 민간항공을 대상으로 하는 항공기 납치, 항공기 폭파, 항행안전시설/공항시설 파괴 등을 자행하는 등의 불법적 방해 행위로부터 민간항공의 운항을 보호하고 승객, 승무원, 지상운영요원과 일반국민을 보호하는 것(CAO ANNEX 17 2.1.1)으로 대표적인 방법은 보안검색과 공항 특수경비로 구분되고 있어 정보보안이나 물리보안을 이용한 보안조치에 대해서는 크게 인식하지 못하고 있는 것으로 파악된다. 지식정보보안산업의 활성화 대책을 마련하기 위해서는 산업의 실태를 파악하고 산업통계 확보를 위한 대규모의 체계적인 통계조사가 우선 필요하다.

〔융합(Convergence)에 대한 이해〕

- **융합** : 기존 기술이나 제품, 서비스를 창의적으로 재조합해 새로운 가치를 창출하는 모든 활동을 의미. 융합 트렌드는 이종 기술 사이의 화학적 결합에서 학문과 산업의 결합으로 범위를 확대하고 있으며 기존 제품은 융합을 통해 시너지를 창출하고 끊임없이 진화 중
- **융합의 사례**

제품+제품 : 스마트폰, 다기능 내비게이션, 프린터 복합기

→ 유사한 기기를 결합, 공간을 절약하고 편의를 도모. 같이 연결해 사용하거나 순차적으로 이용하는 기기들을 결합하는 경우가 많음

제품+서비스 : 아이팟+아이튠즈, 디지털카메라+사진인화서비스

→ 제품 사용에서 발생하는 한계점이나 불편함을 해소하거나 기기의 활성화를 위해 관련 서비스를 결합하여 편의를 도모. 다양한 서비스 제공을 통해 제품의 부가가치를 높임

서비스+서비스 : 의료관광, 실버타운, IPTV

→ 사용자가 다양한 서비스를 한 곳에서 누릴 수 있도록 편의성을 최대화. 고객 접점의 확보가 융합서비스의 핵심이라 할 수 있음

제 3 절
정보보호 패러다임의 변화

국내외 정보보호 패러다임은 기술적 자산 단위에서 업무 프로세스, 조직 구성원의 인식 단위로 전환되고 있다(김정덕, 2011). 정보보호 산업은 1990년대는 IT시스템 보안 위주로 성장하여 왔고 2004년에는 네트워크보안 위주로 2007년에는 개인정보보호 중심으로 성장하여 왔다. 향후에는 기술보다는 관리 위주로 성장할 것으로 보여 관리인력에 대한 수요와 수요에 기반한 인력 양성이 중요성이 더욱 커질 것으로 전망되고 있다.

〔그림 9〕 정보보호 패러다임의 변화

출처 :: 김정덕 (2011)

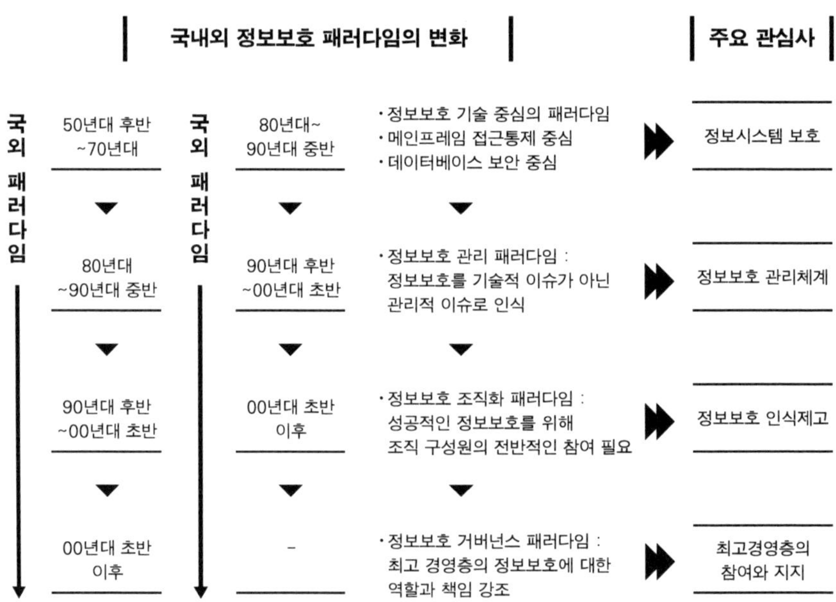

〔표 7〕 2005년 전후 사이버 위협 패러다임의 변화

구 분		2005년 이전	2005년 이후
인터넷 환경		· 개별망 기반의 국지적 서비스, 상호작용이 적은 정적인 웹1.0	· 방송통신 융합, 디지털 컨버전스, 상호작용이 많은 웹2.0
주요 사이버 위협 유형		· 해킹, 인터넷 웜, DoS 공격, 이메일 스팸	· 해킹, 스파이웨어, 봇넷, DDoS 공격, 휴대폰 스팸
공격 목적		· 호기심, 자기과시, 서비스 가용성 침해	· 데이터 탈취를 통한 금전적 이득, 불법 유해정보 유포, 저작권 침해
주체별 보안 이슈	국가	· 기반기술, 국지적 네트워크 보안	· All-IP망 기반 범국가적 인프라 보호
	기업	· 웹사이트 변조, 서비스 장애	· 이용자 정보 및 내부정보 유출
	개인	· 피해자	· 피해자인 동시에 가해자

또한, 정보보호 보안사고의 유형은 공격의 형태와 규모 면에서 많은 변화를 보이고 있으며 이는 기업 비즈니스 환경의 내부적 · 외부적 변화와 깊은 관련을 갖고 있다. 인터넷 위협도 단순해킹 수준에서 점차 대형화 및 조직화되어 가고 있다.[20] 자기과시 목적의 단순 해킹, 웜 · 바이러스 등은 감소추세이나 국가기밀, 기업 및 개인의 금품탈취를 위한 영리목적성 공격은 증가하는 추세에 있다. 사이버공격에 의한 피해가 현실세계와 밀접하게 연계되고 있으며, 국가안보 및 경제안정 등을 위협할 수준으로 피해규모가 대형화되고 있다. 내부자에 의한 공격 규모는 아직도 큰 상태이며, 내부자로 인한 피해 중에서 악의를 지닌 내부자에 의한 의도적 공격의 규모가 상당수 존재하는 것으로 알려지고 있다.[21]

최근, 정보보호 산업은 IT 보안기술 및 지식정보보안산업으로 확대됨에 따라 국가 차원의 공익성이 높은 정보인프라산업으로서 정보통신 사업자 중심의 제품 및 서비스 수요가 일반사업자 대상으로 확대되어 가고 있다. 또한, 개인정보의 과다 수집으로 인한 침해사고가 증가하고 개인정보 노출로 인한 피해도 증

20) 출처 : 국회입법조사처, 7 · 7 DDoS 사고 대응의 문제점과 재발방지 방안, 2009.

21) 출처 : Richardson, R., 2010/2011 CSI Computer Crime and Security Survey, Computer Security Institute, 2011.

가 추세에 있어 사업자 뿐만 아니라 개인까지도 정보보호 제품 및 서비스에 대한 수요를 넓혀가고 있으며[22], 국가안보를 위해 중요한 위치를 차지하는 공공부문에서의 사이버 보안 침해사고도 꾸준히 늘고 있어 공공부문에서의 보안의식 강화 및 정보보호 제품 및 서비스에 대한 수요도 계속될 것으로 보인다.[23]

정보보호 분야의 미래 패러다임의 방향에 대해 여러 보고서에서 논의되고 있다. 우선, 2006년 시스코(Cisco)는 "Cisco smart business roadmap - security" 보고서를 통해 보안은 기업의 유연한 네트워크 기술관련 계획수립에 활용가능하며, 내/외부의 위협으로부터 보호해야 하고, 조직원 및 원격근무자 모두의 보안성이 확보된 네트워크 연결성을 제공해야 하고, 기업자산의 보호를 위한 물리적 보안도 필요하고, 기업 및 고객 데이터가 적절하게 보호되고 있음을 보장해야 한다고 주장하고 있다. 또한, 2006년 유럽연합(EU)은 "Beyond the horizon: Thematic Group 3 - Security, Dependability and Trust" 보고서를 통해 유비쿼터스시대의 도래로 보안이슈도 침투성(pervasiveness)이 요구된다고 주장하였으며, 단기적으로는 암호, 가상보안, 네트워크 보안, 식별과 인증, 생체인식, 정보시스템 보안 등에 대한 연구가 필요하며, 장기적으로는 나노기술 및 바이오 컴퓨팅 보안에 대한 연구(양자암호, 나노기술보안, 인텔리전트 더스트 보안 등)가 필요하다고 지적하였다. 2006년 랜드연구소(Rand Corporation)는 "The global technology revolution 2020"에서 대분류의 하나로 정보통신의 미래에 대해 논하면서 정보기술 분야에 있어 보안이슈는 매우 중요한 문제라고 주장하였다. 유비쿼터스화에 따라 사람에 대한 다양한 타입의 정보가 양산되고 개개인이 매우 많은 센서에 연결되게 되면서 프라이버시와 익명성은 매우 중요한 이슈가 될 것이며, 생체인식 기술도 널리 활용될 것으로 전망하였다.

2006년 IDC는 "Secure enterprise threat management through an integrated security framework" 보고서에서 오늘날 IT 운영자들이 직면한 보안 이슈들을 짚어보고자 한다고 주장하면서 기업의 보안을 위한 보안전략은 메

22) 출처 : 서울파이낸스, 전자금융 보안사고 '빈발'…대책 마련 시급, 2009.7.17.

23) 출처 : 디지털데일리, 국가 · 공공부문 사이버 침해사고 매년 급증, 2009.9.28.

시징 보안, 보웹 보안, 종단보안(endpoint security), 네트워크 보안 등으로 나눠 수립해야 한다고 하였다. 또한, 2007년 VTT는 "Technology roadmap of security research" 보고서를 통해 VTT의 관심분야 중 하나는 공공안전과 보안이며 향후 투자를 집중해야 할 대상은 중요한 사회기간인프라에 대한 안전문제, 기업가들의 안전한 활동에 대한 보장, 보안 기술 및 서비스 등(로드맵의 대상은 에너지시설, 정보네트워크, 수자원공급시설, 교통 및 운송수단, 시민보호, 제품 및 시스템의 정보보안 등)이라고 주장하였다.

2008년 유럽연합(EU)은 "The future of the Internet"에서 인터넷을 기반으로 전사회적인 변혁이 일어날 것으로 내다보면서 미래인터넷 구현을 위한 중요한 이슈 중 하나가 바로 '보안문제'를 해결하는 것이라고 주장하였다. 2008년 IBM은 "IBM security technology outlook: An outlook on emerging security technology trends"를 통해 2년~5년 사이 출현할 것으로 예상되는 보안기술 트렌드를 전망하였다. IBM이 제시한 9개 트렌드는 가상환경보호, 수송보안을 위한 대체방법, 위험 및 준수문제 관리, 정보보안, 진화하는 네트워크의 보호, 모바일 기기의 보안, 물리보안 등이다. 한편, 2009년에는 "Introduction the IBM security framework and IBM security blueprint to realize business-driven security"라는 보고서에서 비즈니스에 기반한 보안 프레임워크 구성을 위한 방법을 제시하였다. 여기서 IBM은 보안은 조직내 비즈니스 활동과 동떨어져 생각할 수 없으며, 보안을 비즈니스 프로세스를 보호하고 강화하는 수단으로 활용해야 할 것이라고 주장하였으며, 보안대상으로 인력과 신분확인, 데이터와 정보, 애플리케이션과 프로세스, 네트워크/서비스 및 종단, 물리적 인프라 등을 제시하였다. 2009년 IDC는 "Utilizing professional services to cut costs by minimizing deployment risks"라는 보고서에서 전체적인 IT 투자가 줄고 있지만 보안의 중요성은 더욱 증가할 것이라고 내다봤다. 그 이유로 기업내 정보자산에 대한 보호의 필요성의 증가로 네트워크 인프라 분야에서의 보안 애플리케이션의 필요성이 더욱 증가하기 때문이라고 지적하였다.

2009년 체크포인트(CheckPoint)는 "Comprehensive endpoint security" 보고서를 통해 종단(endpoint)에서의 보안의 중요성에 대해 강조하였다. 대표적인 종단은 네트워크에 연결하고자 하는 조직원들의 랩탑이나 PC이며, 대표적인 보안방법으로 데스크탑 파이어월, 프로그램 통제, NAC, 브라우저 가상화 등을 제시하였다. 또한, 2009년 아카텔-루슨트(Alcatel-Lucent)는 "Creating the trusted, dynamic enterprise: An enterprise security blueprint"에서 통신보안은 새로운 비즈니스 모델을 지원하는 핵심이라고 주장하면서, 기업보안의 3가지 요구사항은 위험관리, 데이터보호, 비용통제 등이라고 제시하였다. 아카텔-루슨트의 보안 청사진은 사용자 중심적 보안을 구현하고자 하는 기업들을 안내할 것이라고 주장하였다. 2009년 마이크로소프트(Microsoft)는 "Business-Ready Security"를 통해 비즈니스를 준비하는 보안의 대상으로 협동 솔루션 보안, 메시징 솔루션 보안, 종단솔루션 보안, 신원확인 및 엑세스 관리 솔루션, 정보 보호 솔루션 등 5가지를 제시하였다.

제 3 장
국내 정보보호 인력계획의 현재

제3장에서는 현재 정부 차원에서의 정보보호 인력계획이 어떻게 진행되고 있는지에 대해 살펴보고자 한다. 2002년 정보통신부가 정보보호 중장기 기본계획[24]을 발표하면서 정보보호 인력에 대한 수급차를 해소하고 전문적인 능력을 갖춘 인력을 확보하기 위한 방안을 중심으로 인력계획이 이루어져 왔다. 그러나, 실질적으로 2002년 이후 정보보호 산업의 규모가 기대만큼 성장하지 못했고, 이에 따라 정보보호 업체들도 인력에 대한 수요를 명확히 밝히지 못한 채 단순 코딩 인력 중심의 수요를 보여왔고 정보보호학과나 정보보호전공을 통한 전문적인 인력의 공급은 충분하지 않아 인력에 대한 수요와 공급이 질적으로도 양적으로도 일치하지 못하고 있다.

이에, 제3장에서는 정보보호 인력의 정의 및 범주와 현재 종사자수에 대해 살펴보고, 정부 주도의 인력양성사업과 정규 교육기관 등을 통한 인력양성이 어떠한 방향으로 진행되고 있는지에 대해 살펴보고자 한다.

제 1 절
정보보호 인력

1. 정보보호 인력의 정의

일반적으로 정보보호 인력은 정보보호에 관한 고도의 지식과 기술수준을 가지고 미래지향적으로 정보보호 업무를 수행할 수 있는 능력을 가진 인력으로 정의된다. 정보보호 인력에 대한 대표적인 정의로는 미국 표준기술연구소(National Institute of Standards and Technology, NIST)가 SP 800-16을 통해 "정보보호 전문인력이란 정보보호에 관한 고도의 지식과 기술수준을 가지고 미래지향적으로 정보보호 업무를 수행할 수 있는 능력을 가진 인력"이라고 정의

24) 출처 : 정보통신부, 중장기 정보보호 기본계획, 2002.

한 것이 있다.[25] 그러나, 정보보호 관련기관들 간에 합의된 정보보호 인력에 대한 정의는 없으며 같은 맥락에서 정보보호 인력의 범주에 대해서도 합의된 바가 없다. 각 기관별 정보보호산업 및 인력현황 파악을 위한 실태조사에서도 딱히 정해진 기준없이 매해 상이한 분류와 기준에 의거한 조사가 반복되고 있어 정보보호 인력에 대한 통계치 확보에 어려움이 있는 것이 현실이다.

또한, 최근 정보보호산업이 지식정보보안산업으로 확장 · 발전되고 있는 추세에 있음에도 불구하고 산업에 대한 정의와 범주는 법률에 규정되어 있지만 지식정보보안인력에 대해서는 역시 명확히 정의 내려진 바 없다.

앞서 다른 분야의 인력연구 현황에서도 살펴보았듯이, 인력에 대한 정의 및 범주는 산업에 대한 정의와 범주에 기반하여 내려지는 경우가 많다. 즉, 정보보호 산업 종사인력을 곧 정보보호 인력으로 보는 것이다. 이 기준으로 한다면 "정보보호 인력은 지식정보보안 제품 및 서비스를 생산하고 제공하는 기업에 종사하는 인력"으로 정의할 수 있다.

2. 정보보호 인력의 분류

앞서 살펴보았듯이 아주 오랫동안 정보보호 인력은 특정한 기준 없이 정보보호에 대한 전문성을 갖추고 정보보호 업체에 종사하는 인력으로 정의되어 왔다.[26]

한국정보보호진흥원의 「2008 정보보호산업 시장 및 동향 조사」에 따르면, 정보보호 인력은 직종별로는 연구 및 개발직, 관리직, 영업직, 기타 관련직으로 분류되며, 수준별로는 특급, 고급, 중급, 초급으로 분류된다.[27]

---

25) An IT security professional is one who integrates the principles of the IT security field in a forward-looking manner to keep up with technology trends and their evolving security implications. (※출처: NIST, Information Technology Security Training Requirements: A role- and performance-based model, Special Publication 800-16, 1998.)

26) 출처 : 한국정보보호진흥원, 2008 정보보호산업 시장 및 동향 조사, 2008.

27) 엔지니어링 사업대가의 기준(지식경제부공고 제2008-109호(2008.6.3.) 개정공고)에서 명시하고 있는 「기술자의 등급 및 자격기준」 사용

〔표 8〕 2008년 정보보호 인력의 분류

출처 :: 한국산업기술평가관리원 (2011)

구분	연구 및 개발직	관리직	영업직	기타 관련직
세세구분	· 암호 인증기술 · 시스템 네트워크 · 응용기술 서비스	· 정보시스템 관리 · 정보보호 컨설팅	· 정보보호 영업직	· 정보시스템 감리/인증 · 정보보호 교육, 기타

한편, 2008년 한국정보보호진흥원[28]은 「유비쿼터스 환경에서의 정보보호 정책 방향」이라는 연구에서 정보보호 분야의 직무체계 개발을 통해 정보보호 인력을 정보보호 직무를 수행하는 인력으로 정의하고 정보보호 인력을 직무군별로 나눠 인력 현황을 파악하였다. 이 연구에서 제시된 정보보호 분야 직무군은 전략 및 기획, 마케팅 및 영업, 연구개발 및 구현, 교육 및 훈련, 관리 및 운영, 사고대응, 평가 및 인증 등 7개이다.

〔표 9〕 정보보호 분야 직무 분류

직무군	직무
전략 및 기획	· 위험 분석
	· 정보보호 정책 및 계획 수립
	· 개인 정보보호 관리
마케팅 및 영업	· 마케팅 매니지먼트
	· 기술 영업
연구개발 및 구현	· 연구개발
	· 구현
교육 및 훈련	· 일반인 및 사용자 교육
	· 전문가 교육

28) 출처 : 한국정보보호진흥원, 유비쿼터스 환경에서의 정보보호 정책 방향, 2008.

관리 및 운영	· 프로젝트 관리
	· 정보인프라 보안관리
	· 물리적보안
사고 대응	· 모니터링 및 대응
	· 디지털 포렌식
	· 업무 지속성 관리
평가 및 인증	· 평가인증 및 품질보증
	· 정보시스템 보안감사

최근에는 '지식정보보안산업'의 개념이 출현함에 따라 전통적인 정보보호 산업이 물리보안과 융합보안을 포함하며 영역을 확장함에 따라 지식정보보안 인력에 대한 정의 및 분류가 산업 중심으로 이루어지고 있는 추세에 있다. 한국인터넷진흥원의 「2009 국내 지식정보보안산업 시장 및 동향 조사」에 따르면[29], 지식정보보안인력(정보보호 인력)은 정보보안 관련 업무 종사인력, 물리보안 관련 종사인력, 융합보안 관련 업무 종사인력으로 분류된다. 그러나, 「2011 국내 지식정보보안산업 시장 및 동향 조사」에서는 물리보안과 융합보안에 대한 산업 영역에 대한 정의가 명확하지 않은데 따른 조사의 어려움으로 인해 정보보안 관련 업무 종사인력에 대해서만 조사하여 발표하였는데, 정보보안이 정보통신 즉 네트워크에 기반한 제품 및 서비스 관련 업무 종사인력이라는 점을 고려하였을 때 기존의 정보보호 인력의 범위와 같은 것으로 이해하면 된다.

29) 출처 : 한국인터넷진흥원, 2011 국내 지식정보보안산업 시장 및 동향 조사. 2011.

〔표 10〕 2009년 정보보호 인력의 분류

출처 :: 한국인터넷진흥원 (2009)

구분	세세구분
정보보안 관련 업무 종사인력	· 정보보안 연구 및 개발직
	· 정보보안 관련 관리직
	· 정보보안 영업직
	· 기타 정보보안 관련직
물리보안 관련 업무 종사인력	· 물리보안 관련 제품개발직
	· 물리보안 관련 영업직
	· 물리보안 기술지원직
	· 물리보안 생산직
	· 관리 및 기타
융합보안 관련 업무 종사인력	-

3. 정보보호 인력의 현황

한국정보보호진흥원(KISA)이 2011년 실시한 「2011 국내 정보보호산업 실태조사」에서는 국내 정보보안 산업 관련 기업을 대상으로 정보보안 기업의 일반적 특성, 매출 현황 및 전망, 인력 및 고용현황, 기술개발 현황 등을 주요 내용으로 조사하여 발표하였다.[30] [31] [32] 2011년도 정보보안 관련 236개 업체에 종사하는 인력은 모두 26,458명으로 조사되었으며 이들은 정보보호 관련 이외 IT 분야 인원을 포함하는 것으로 순수 정보보호 인력은 총 8,589명으로 파악된다.

정보보안(정보보호) 업체 근무자 중 '정보보안(정보보호)' 전공자는 전체의 6.1%이며, IT 관련학과 전공자는 57.9%로 나타났다. 성별로는 남자나 78.6%이며 여자가 21.4%로 남자가 여자에 비해 4배 정도 많은 것으로 조사되었다. 정

30〕 융합보안 산업은 제외, 정보보안 및 물리보안 산업만을 대상으로 조사

31〕 2008년 조사에서는 2008년 현재 정보보호 인력은 5,006명으로 조사되었음

32〕 출처 : 한국인터넷진흥원, 2011 국내 정보보안산업 실태조사, 2011.

보보안(정보보호) 인력 중 '암호 및 인증기술' 업무에 종사하는 인력은 1,931명으로 전체의 22.5%, '정보시스템관리' 인력이 1,803명으로 전체의 21.0%, '시스템 및 네트워크 기술' 인력이 1,764명으로 20.5%를 차지하여 이 세 분야의 비중이 높은 것으로 나타났다. 정보보안(정보보호) 관련 인력 중 특급인력은 전체의 15.2%, 고급인력은 23.9%, 중급인력은 28.7%, 초급인력은 32.2%로 조사되었으며, 한 회사당 특급인력은 5.5명, 고급인력은 8.7명, 중급인력은 10.4명, 초급인력은 11.7명으로 나타나 고급 이상의 전문인력의 확보가 필요한 것을 알 수 있다.

〔표 11〕 2011년 정보보호 인력의 현황

출처 :: 한국인터넷진흥원 (2011)

구분	세부분류	특급	고급	중급	초급	합계
정보보안 연구 및 개발직	암호 및 인증 기술	327	420	530	654	1,931
	시스템 및 네트워크 기술	325	377	511	551	1,764
	응용기술 및 서비스	92	213	276	283	864
정보보안 관리직	정보시스템 관리	189	430	527	657	1,803
	정보보안 컨설팅	103	198	175	183	659
정보보안 영업직	정보보안 마케팅	202	290	280	277	1,049
기타 정보보안 관련직	정보시스템 감리 및 인증	19	35	45	31	130
	정보보안 교육	13	12	21	8	54
	기타	37	76	100	122	335
합계		1,307	2,051	2,465	2,766	8,589

4. 정보보호 인력 연구 현황

정보보호 인력에 대한 연구는 2002년 舊정보통신부의 '중장기 정보보호 기본계획'에서 전문인력 양성이 핵심 정책과제로 제시되면서 시작된 것으로 파악된다.[33] 2002년까지 정보보호 인력은 정보통신인력의 일부로 취급되어 왔으나, 사회적으로 여러 가지 정보화의 역기능 문제가 발생하면서 전문화된 정보보호 인력 양성의 필요성이 제기된 것이다. 이후, 단기적이고 단발적이지만 정보보호 인력에 대한 연구는 주로 한국인터넷진흥원(KISA)[34]을 중심으로 진행되어 오고 있으며, 인력양성정책연구(2002)[35], 인력수급실태조사(2003~2009)[36], 직무체계개발 및 전문지식/기술 도출(2007[37], 2008[38], 2009[39]), 교육프레임워크개발(2009)[40] 등의 정보보호 인력 양성정책 개발을 위한 단계적인 인력 연구가 진행되어 오고 있다. 또한, 인력현황 파악은 정보보호산업협회(KISIA, 現지식정보보안산업협회)[41] 주관으로 '정보보호산업 시장 및 동향 조사[42]'를 통해 이루어지고 있지만, KISIA 회원사인 정보보호 전문업체(지식정보보안산업 전문업체)를 대상으로 해당업체 종사인력에 대해서만 파악하고 있으므로 실질적으로 국가적인 정보보호 전문인력 실태조사라고 할 수는 없다. 인력의 수요 및 공급 현황을 명확하게 파악하기 위한 통계체계를 마련하고 보다 정확한 현황파악을 위한 조사를 시행하고 이에 기반한 장기적인 수급 전망을 해야 한다. 또한, 수요 기반형 인력양성을 위한 교육정책을 개발하고 직무능력을 향상시키기 위해 정보보호 분야의 정책 및 인력 전문가는 물론 타 분야의 전문가와 정보보호 분야에서 오랜 기간 종사한 인력의 현장 감각에 기반한 직무체계의 개발도 필요하다. 즉, 많은 전문가들이 참여해야 하고 그만큼 연구기간도 길

---

33) 출처 : 정보통신부, 중장기 정보보호 기본계획, 2002.

34) 출처 : www.kisa.or.kr (한국인터넷진흥원)

35) 출처 : 한국정보보호진흥원, 정보보호 인력 수요예측 모형 개발 및 수급 전망조사, 2002.

36) 출처 : 한국정보보호진흥원, 2003년도 정보보호 인력 수급실태조사, 2003.

37) 출처 : 한국정보보호진흥원, 정보보호 직무체계 개발 및 인력수급 실태조사, 2007.

38) 출처 : 한국정보보호진흥원, 정보보호 직무수행기준 개발 및 인력수급 실태조사 2008.11.
출처 : 전효정, 유혜원, 김태성, "정보보호 분야 직무별 필요 지식 및 기술 분석", Information Systems Review, 10(2), 253-267, 2008.8.

39) 출처 : 유혜원, 전효정, 김태성, "정보보호 분야 지식 및 기술 수요", 정보보호학회지, 19(1), 23-28, 2009.2.

40) 출처 : 한국인터넷진흥원, 국가 정보보호 교육 프레임워크 개발, 2009.

41) 출처 : www.kisia.or.kr (지식정보보안산업협회)

42) 2009년부터는 '지식정보보안산업 시장 및 동향 조사'라는 이름으로 실시되고 있다.

어야 하며 많은 비용이 소요된다. 그러나, 정보보호 인력에 대한 연구는 정보보호에 대한 단발적인 관심만큼이나 사업비나 사업기간 면에서 매우 소규모로 진행되고 있으며 이마저도 산발적으로 이루어지고 있는 현실이다.

국내 정보보호 인력 양성을 위해 가장 필요한 것은 부처간의 합의를 통해 체계적이고 합목적적인 인력양성 목표 및 정책을 발굴하는 것과 이를 장기적으로 추진할 수 있는 단일화된 추진주체를 마련하는 것이다. 현재, 국내 정보보호 분야의 산업발전과 인력양성을 위한 정책은 지식경제부, 행정안전부, 방송통신위원회 등 3개 부처가 주로 관여한다. 산업발전을 위한 정책시행은 지식정보보안산업협회(KISIA), 산업기술보호협회(KAITS) 등을 통해서 국내 정보보호 인력 양성을 위한 교육 및 정책시행은 한국인터넷진흥원(KISA), 국가정보원(NIS), 산업기술보호협회(KAITS) 등을 통해서 주로 시행되고 있는 것으로 파악된다. 정보보호 인력 양성을 위한 추진주체의 마련은 부처간 협력사항이므로 시일이 걸릴 사안이라 할지라도, 정보보호 인력 양성을 위한 체계적인 인력양성 정책에 대해 논의하고 필요한 연구를 수행하는 것은 매우 시급한 일이라 할 수 있다. 이러한 노력이 부처간 협력을 통한 명확한 인력양성 대상과 목표를 가지고 다년간의 대규모 연구사업으로 진행될 수 있다면 정보보호산업 발전과 전문인력 확보를 위한 촉매제가 될 것으로 기대된다.

5. 정보보호 인력 양성사업

국내 정규교육기관에 의한 인력양성에 대해 현재 파악되고 있는 2012년 현재 전문대학에 3개, 4년제 대학교에 17개 등에 정보보호 과련 학과가 설치되어 있으며 대학원 과정은 16개이다. 각 학과 및 전공의 자세한 교육과정은 [부록 1]의 자료를 참고하기 바란다.[43]

43) 2012년 정보보호 백서 자료를 기준으로 각 학교별 홈페이지를 검색하여 재확인하였다. (2012년 10월 기준).

〔표 12〕 전문대학교 정보보호 관련 학과 현황

(단위 : 명)

학교명	학부/학과/전공명	설립 년도	재적 학생수	'12년 배출
한국재활복지대학	컴퓨터정보보안과	2007년	42	13
조선이공대학교	컴퓨터보안과	–	–	–
대덕대학교	컴퓨터정보학과	–	–	–
서울호서전문대학교	사이버해킹보안과	–	–	–
혜전대학교	인터넷보안과	–	–	–

〔표 13〕 대학교 정보보호 관련 학과 현황

(단위 : 명)

학교명	학부/학과/전공명	설립 년도	재적 학생수	'11년 배출
경기대학교	융합보안학과	2011년	25	–
고려대학교	사이버국방학과	2011년	30	–
서울여자대학교	컴퓨터학부 정보보호학전공	2002년	256	37
세종사이버대학교	정보보호시스템학과	2002년	299	65
광주대학교	사이버보안 경찰학과	2010년	434	56
건양대학교	정보보호학과	2003년	228	40
대전대학교	해킹보안학과	2011년	138	–
목포대학교	정보보호학과	2002년	214	14
우석대학교	정보보안학과	2006년	144	6
호원대학교	사이버수사경찰학부 사이버수사경찰학전공	2006년	458	26
백석대학교	정보통신학부 정보보호전공	2003년	397	103
순천향대학교	정보보호학과	2001년	273	49
중부대학교	정보보호학과	1996년	194	26
호서대학교	정보보호학과	2002년	286	28
영동대학교	정보통신 사이버경찰학과	2006년	183	7
동양대학교	컴퓨터정보전학과	2000년	264	25
동명대학교	정보보호학과	2005년	360	23

〔표 14〕 대학원 정보보호 관련 학과 현황

(단위 : 명)

학교명	학부/학과/전공명	학위과정 개설현황	설립 년도	재적 학생수
경기대학교 일반대학원	산업보안학과	석/박	2000년	10
아주대학교 대학원	지식정보보안학과	석사	2003년	47
한세대학교 대학원	IT학과	석/박	2003년	34
고려대학교 정보보호대학원	정보보호학과, 금융보안학과, 사이버보안학과, 공공보안정책학과	석/박	2001년	98
동국대학교 국제정보대학원	정보보호학과	석사	1997년	218
성균관대학교 정보통신대학원	정보보호학과	석사	1995년	155
숭실대학교 정보과학대학원	정보보안학과	석사	2004년	46
전남대학교 대학원	정보보호협동과정	석/박	2000년	44
과학기술연합대학원 대학교	정보보호공학	석/박	2004년	3
대전대학교 일반대학원	전산정보보호학과	석/박	2005년	4
목포대학교 대학원	정보보호기술학 협동과정	석사	2002년	4
전북대학교 대학원	정보보호공학과	석/박	2003년	5
한서대학교 정보산업대학원	컴퓨터정보공학과	석/박	2002년	3
순천향대학교 산업정보대학원	정보보호학과	석사	1999년	1
경북대학교 일반대학원	정보보호학 학과간 협동과정	석/박	2001년	3
부경대학교 대학원	정보보호협동과정	석/박	2001년	11

대학교에서의 정보보호 관련 학과들은 정보통신부의 IT인력양성사업 지원으로 2002년부터 개설되기 시작하였으며, 중부대학교가 1996년 컴퓨터안전관리학과를 신설한 것을 제외하면 대부분의 학교가 2001년 이후에 정보보호 관련 학과를 설치하였다. 이후, 정보보호의 중요성에 대한 인식이 사회 전반에 확산되면서 정보보호에 대한 지식을 습득하고 전달하는 주체가 정보보호학과 이외에 전통적인 학과(전산학과, 정보통신학과, 컴퓨터 공학과, 컴퓨터 과학과 등)로 확대되고 있어 정보보호학과의 추가적인 개설은 많지 않으나, 산업보안 등

새로운 정보보호 수요 측면의 교육을 담당하는 학과가 신설되어 정보보호학과의 범주는 확대되고 있다.

현재 정부가 진행하고 있는 정보보호 전문인력 양성사업은 주로 지식경제부에 의해 주도되고 있다. 과거 과학기술부, 산업자원부, 정보통신부, 교육부 등에 의해 개별적으로 진행되던 인력양성사업이 지식경제부로 통합되었기 때문이다. KISA 아카데미의 교육과정은 지식경제부와 행정안전부의 지원을 받아 수행되지만, 고용계약형 석사과정이나 ITRC(대학IT연구센터[44])와 RIC(지역혁신센터[45]) 등이 지식경제부의 지원으로 이루어지고 있다.

특히, 한국인터넷진흥원의 'KISA 아카데미(http://academy.kisa.or.kr)'는 국내 인터넷 · 정보보호 인력 양성을 목표로 지식정보보안산업 핵심인력양성(디지털포렌식, 지식정보보안 컨설턴트, 보안관제, 최근 보안이슈), 정보보호 일반/전문 교육(정보보호 실습과정, 사업자 개인정보보호교육, CISO/CPO 양성교육, 최근 보안이슈), 인터넷 · 국제협력 교육(개도국 초청연수, 도메인 등록대행자 교육, IPv6 보급 관련 전문인력 양성 등)을 운영하고 있다.

〔표 15〕 정부지원 고급인력양성사업

(단위 : 명)

주관 기관	교육과정명	착수년도	과정내용
지식경제부 (RIC)	경기대학교 산업기술보호 특화센터	2008년	· 기술개발, 기술융합, 기술공급, 기술평가인증, 교육, 인력양성 등 산업기술보호 선도 (경기대학교 일반대학원 산업보안학과)
지식경제부, 한국인터넷 진흥원	고용계약형 지식정보보안 석사과정	2009년	· 금융보안 (고려대, 아주대) · 홈네트워크보안 (동국대, 아주대) · 모바일보안(동국대, 아주대) · 지식서비스보안(연세대, 충북대)

44) ITRC : Information Technology Research CenterInformation (대학IT연구센터)

45) RIC : Regional Innovation Center (지역혁신센터) - 과거 산업자원부의 TIC(Technology Innovation Center, 지역기술혁신센터)와 과학기술부의 RRC(Regional Innovation Center, 지역협력연구센터)가 통합된 모델

지식경제부, 한국인터넷 진흥원	지식정보보안 전문인력 양성과정 (대학과정 아님)	2009년	· 정규과정(디지털포렌식, 지식정보보안 컨설턴트, 보안관제), · 수시과정(Skill-up 과정, 지식정보보안 보습과정)
지식경제부 (ITRC)	고려대학교 스마트그리드 보안연구센터	2010년	· 스마트그리드를 안전하게 구축하기 위한 보안 기술과 정책 연구과제 수행
지식경제부 (ITRC)	충남대학교 인터넷침해 대응기술연구센터	2003년 (2011 년 종료)	· 코어 네트워크 보안, 액세스 네트워크 보안, 서비스 보안, 조기경보 및 예측
지식경제부 (RRC, RIC)	한남대학교 민군겸용 보안공학연구센터	2003년	· 보안공학기술 연구 및 산업화 기지 구축

또한, 한국인터넷진흥원은 2009년부터 '고용계약형 지식정보보안 석사과정'을 운영하고 있는데, 금융보안, 홈네트워크보안, 모바일보안, 산업보안(지식서비스보안, 정보보호경영) 등 4개 주제에 대해 1개 이상의 석사과정을 계약형태로 지원하고 있다. 기업과 대학이 컨소시엄을 맺어 공동으로 사업을 제안하는 방식으로 대학이 인력을 선발하여 교육을 진행하는데 기업의 의견과 수요를 반영하고 기업 현장인력의 강사활용, 학생의 인턴쉽 활용, 산학협력 R&D 과제 수행 등 운영에서도 기업과 대학이 공동으로 참여하도록 하고 있다. 즉, 기술개발인력 양성을 목표로 금융보안, 홈네트워크보안, 모바일보안, 산업보안 등을 주요 주제로 사업이 진행되고 있다.

한편, 교육과학기술부는 'R&D · 인력양성사업'을 통해 기초 · 원천, 우주, 핵융합 · 가속기, 학술 · 인문사회, 인력양성 및 국제협력 분야의 연구를 촉진하기 위한 프로그램을 운영하고 있다. 교육 · 인력양성사업으로는 BK21과 지역혁신인력양성사업 등이 대표적인데, 교육과학기술부의 정보보호를 전면에 내세운 별도의 전문인력 양성사업은 없지만 과학기술의 일부인 정보보호기술에 대해 R&D 사업의 지원을 통해 일부 간접적인 인력양성이 진행되고 있다고 볼 수 있다.

〔표 16〕 교육과학기술부 R&D 및 인력 양성사업

구분	지원대상
이공분야 기초연구사업	· 일반연구자지원사업, 리더연구자지원사업, 선도연구센터지원사업, 중점연구소지원사업 등
원천기술개발사업	· 바이오 · 의료기술개발사업, 차세대 정보 · 컴퓨팅기술개발사업, 21세기 프론티어 연구개발사업 등
원자력연구개발사업	· 원자력기술개발사업, SMART 건설 관련 안전성 항상 연구사업 등
우주기술개발사업	· 우주핵심기술개발사업, 다목적실용위성개발사업 등
핵융합 · 가속기	· 대학중심 핵융합기초연구 및 인력양성지원사업, 양성자기반공학기술개발사업 등
국제협력사업	· 글로벌연구역량강화사업, 국제화기반조성사업 등
인문사회분야 학술지원사업	· 학문후속세대지원, 대학중점연구소지원, 인문사회과학연구(SSK)지원 등
교육 · 인력양성사업	· 2단계 연구중심대학교(BK21) 육성, 지역혁신인력양성사업, 녹색성장분야 전문대학원 육성사업, 미래기초과학 핵심리더 양성사업 등

산업인력에 대한 재교육 중심의 정보보호 분야의 민간교육기관(사설학원 등)에서의 교육에 대해서는 [부록 2]를 참고하기 바란다.

제 2 절
기타 기술인력

1. 방송통신 인력(정보통신인력)

가. 방송통신 인력의 정의 및 범주

방송통신인력은 기존의 정보통신인력을 지칭하는 것으로서, 기존의 정보통신부의 업무가 방송통신위원회, 지식경제부, 행정안전부 등으로 분할됨에 따라

2008년까지는 정보통신인력으로 2009년부터는 방송통신인력으로 통계조사가 이루어지고 있다(방송통신위원회 · 한국정보통신진흥협회, 2010; www.itstat.go.kr). 따라서, 방송통신인력에 대한 연구는 기존의 정보통신인력을 주제로 한 연구를 모태로 하며, 인력에 대한 정의나 구분 또한 이와 궤를 같이 한다.

우선, 방송통신인력은 방송통신산업 인력, 방송통신관련산업 인력으로 구분되며, 방송통신직종인력은 방송통신산업 인력 중 연구기술직, 방송직, 사무관리직, 생산직 인력과 방송통신관련산업 인력 중 연구기술직, 사무관리직, 생산직 인력으로 구성된다. 방송통신산업인력은 정보통신부문 상품 및 서비스 분류체계에 포함되는 사업체의 방송통신분야에 종사하는 상시종사자이다. 기존 연구에서, 정보통신인력은 산업과 직업의 두 가지 차원으로 구분되어 정의되었다.[46] [47]

〔그림 10〕 정보통신인력의 범주

출처 :: 정보통신연구진흥원 (2001)

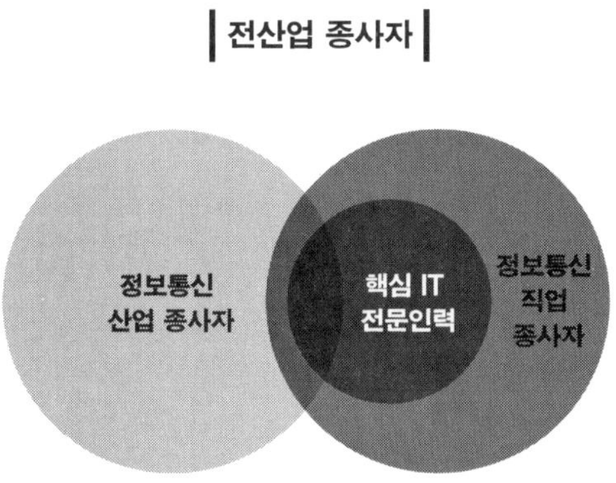

'정보통신산업 종사자'의 경우는 전체 산업의 종사자 중에서 통상적으로 정보통신산업으로 분류되는 산업에 종사하는 인력을 의미하는 반면, '정보통신 직업 종사자' 또는 '정보보호 전문인력'으로 분류되는 인력은 산업이 아닌 직업에 따라

46) 출처 : 정보통신연구진흥원, 정보통신인력의 특성과 수급실태 및 전망, 2001.

47) 정보통신산업은 정보통신과 관련한 제품을 개발 · 제조 · 생산 또는 유통하거나 이에 관련한 서비스를 제공하는 산업으로 정의된다. (※출처: 법제처, 정보통신산업진흥법(법률9981호), 2010.)

서 분류하는 방식으로 정보통신 관련기술과 전문지식의 보유 및 활용여부가 중요한 판단기준이 된다. 그러나, 정보통신 직업을 구분하는데 있어 가장 큰 문제점 중 하나는 직업상 정보통신기술을 자주 사용하는 인력과 정보통신인력을 구분할 수 있는 기준이 없다는 것이다. 이를 구분한다고 하더라도 이것이 실제로 인력의 현황이나 전망 등 분석을 위한 통계자료로 활용되기에는 어려움이 있다.

〔그림 11〕 정보통신 인력과 정보통신 활용인력의 구분 방법

출처 :: 정보통신연구진흥원 (2001)

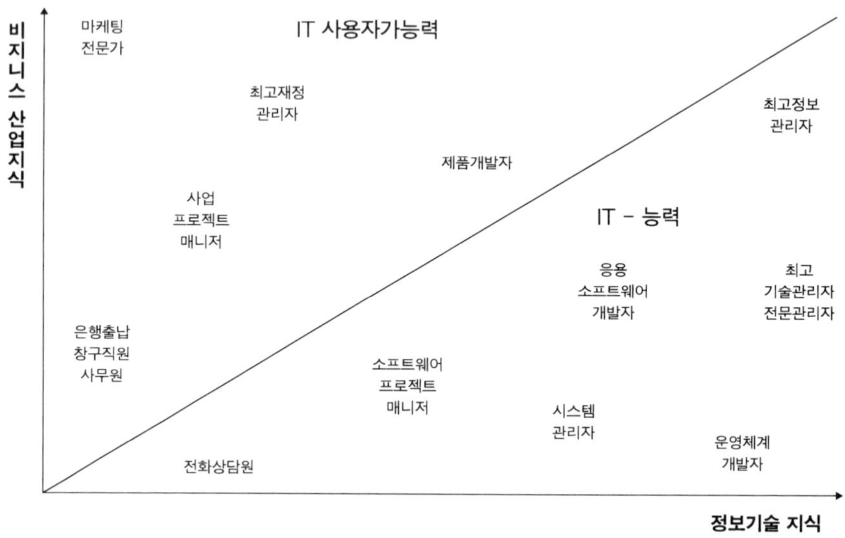

나. 방송통신 인력의 현황

방송통신위원회 · 정보통신산업협회(KAIT)의 「2011년 하반기 방송통신부문 인력동향 보고서」에 따르면[48], 2011년 방송통신인력은 32만 명으로 연평균 성장률 2.1%를 기록하며 성장한 것으로 나타났다. 2011년 방송통신인력이 전체 산업인력에서 차지하는 비중은 2.1%이며(전체 산업인력은 1,565만 명), 2005년 2.2%의 비중을 차지한 이후 다소 감소한 상태이다.

48) 출처 : 방송통신위원회 · 정보통신산업협회, 2011년 하반기 방송통신부문 인력동향 보고서, 2012. 2008년까지는 "정보통신부문 인력동향 보고서"로 진행됨 (www.itstat.go.kr)

〔표 17〕 방송통신산업(정보통신산업) 인력 현황

*출처 :: 통계청 경제활동조사 (www.itstat.go.kr)

**전체산업인력은 전체산업의 상시 종사자수(상용근로자+임시근로자)

***전체산업 내 방송통신인력비중 = 방송통신인력/전체산업 상시종사자

(단위 : 명)

구분	2005년	2007년	2009년	2011년	연평균 증감률 ('05-'11)
전체산업 취업자*	22,856	23,433	23,506	24,244	1.0%
전체산업 인력(A)**	12,973	13,792	14,491	15,651	3.2%
방송통신산업 인력(B)	283	293	307	321	2.1%
비중(B/A)***	2.2%	2.1%	2.1%	2.1%	

다. 방송통신 인력 연구 현황

방송통신 인력 즉 정보통신 인력에 대한 연구는 정보통신 산업이 국가적인 산업 발전의 주도적인 산업으로 자리하게 되면서 본격적으로 시작되었으며, 과학기술 인력[49]이나 엔지니어링인력에 대한 연구와 함께 주요 인력연구의 대상이 되었다. 정보통신 인력 양성에 대한 연구는 1989년 정보통신정책연구원(KISDI)을 중심으로 시작된 것으로 파악되며[50], 2000년 초 정부 인력양성 사업의 통합관리로 인해 정보통신연구진흥원(IITA, 現정보통신산업진흥원(NIPA))의 주관 아래 국무총리실 산하 한국직업능력개발원(KRIVET)을 중심으로 진행되어 오고 있다.

정보통신 인력 양성에 대한 연구는 정보통신 인력을 범주화하고 그 정의를 구체화하는 데에 출발하여 인력의 정의와 범주에 기반하여 인력의 수요와 공급 실태를 조사하는 것으로 발전하였다.[51] 이렇게 정확한 인력에 대한 통계치 확보 기반이 마련되면 후속 작업으로 장기적인 산업발전을 위한 중장기 인력 수요 및

49) 과학기술정책연구원(STEPI)를 중심으로 연구되어 오고 있다.

50) 출처 : 정보통신연구진흥원, 정보통신 분야 인력 수급 측정, 양성 및 기술자격제도에 관한 연구, 1989.

51) 출처 : 정보통신정책연구원, 정보통신인력의 특성과 수급실태 및 전망, 2001.
정보통신정책연구원, IT 전문인력 양성정책의 평가와 향후 정책방향, 2002.
정보통신정책연구원, IT 인력의 유동성 실태조사 및 경력경로에 관한 조사연구, 2003.
정보통신정책연구원, IT인력 수급차 분석 및 전망연구, 2004.
한국노동연구원, IT 전문인력 수급실태조사, 2004.

공급 전망을 위한 연구가 진행되었다.[52] 2004년에는 한국직업능력개발원 주관으로 정보통신인력 연구가 진행되면서 정보통신 분야 직무체계가 개발되었으며[53], 이를 기반으로 한 공급실태 조사[54]가 계속 진행되고 있으나, 공급실태조사 또한 명확한 직무체계에 기반하여 조사가 진행되고 있지는 않다.

주제 1 : 방송통신 인력 양성의 필요성

1990년대 이후 정보통신 분야의 급속한 발전으로 첨단 정보통신기술의 우위 확보 및 이의 산업화에 대한 노력을 기울여 왔으며, 주요국 간의 기술경쟁도 심화되었다. 특히, 정보통신 산업은 에너지가 적게 들고 고급인력을 필요로 하는 분야로서 국내여건에 가장 적합한 형태의 산업이다. 따라서 1990년대부터 2000년대 초반까지는 정보통신 산업의 고급 인력 배출을 위해 많은 노력을 기울였다.

구체적으로는 정보통신 관련 학과를 중심으로 대학교 및 전문대학의 공급 현황과 교육체계를 조사하는데 집중하였다. 나아가 인력양성을 위한 노력으로서 인력양성체계, 양성과정, 목표 및 방침 등 전문인력 양성의 개념적 체계를 확립하였다. 이로써 인력의 공급난을 해결하고 정보통신 산업분야 연구개발에 종사할 우수한 석 · 박사급 전문 고급인력을 조속히 배출하기 위해 노력하였다. 대표적으로, 정보통신 전문인력 양성사업(1995)[55]에서는 국내 정보통신 산업의 급속한 성장과 국제화, 개방화에 따른 국내 정보통신 산업의 고급 인력수요가 급증하고 있으므로 이러한 수요에 부응하여 한국과학기술원에 신설된(1992년도) 정보 및 통신공학과의 교육환경을 조기 구축하도록 지원하여 정보통신 분야 전문인력 양성을 촉진시켜야 한다고 하였다. IT교육훈련 및 자격제도 현황조사(2001)[56] 연구는 정규 · 비정규 교육기관에서의 정보통신 인력 공급 현황을 조사하고 IT 자격제도 운영 현황에 대한 분석을 통해 개선방안을 제시하였

---

52) 출처 : 정보통신정책연구원, IT 전문인력 수급전망 방법론에 관한 연구, 2004.
한국직업능력개발원, 정보통신기술의 발전에 따른 중장기 인력수요 전망, 2004.

53) 출처 : 한국직업능력개발원, 국가직무능력표준 개발사업IV : 직무체계 시안개발(IT 분야), 2005.

54) 출처 : 한국직업능력개발원, IT 전문인력 공급실태 조사, 2004, 2005, 2006, 2007, 2008, 2009.

55) 출처 : 정보통신연구진흥원, 정보통신 전문인력 양성사업, 1995.

56) 출처 : 한국직업능력개발원, IT 교육훈련 및 자격제도 현황 조사, 2001.

다. IT 전문인력 양성정책의 평가와 향후 정책 방향(2002)[57]에서는 지식기반 경제 시대를 맞아 일정 수준 이상의 IT인력을 배출할 필요성이 증대됨에 따라 질적 수준이 높은 IT인력에 대한 양성 정책의 필요성을 인식하고 있다. 이에 따라 인력 양성 사업의 전략을 제시하고, IT분야에 대한 정부의 투자를 중심으로 한 평가도 함께 연구하였다.

주제 2 : 방송통신 인력 수급실태 및 전망

정보통신산업의 발전이 가시화됨에 따라 기존의 전문인력 양성정책에 대한 연구를 꾸준히 진행하면서 정보통신 관련학과 졸업생들에 대한 동종업계의 진출률에 대해서도 관심을 기울이게 되었다. 즉, 단순한 인력 공급에 치중 하였던 과거와는 달리 실질적인 정보통신산업에 진출하는 인력에 대해 관심을 갖고 수요 공급의 실태를 조사하기에 이르렀다. 수급실태 조사에 기반한 통계치 확보가 가능해짐에 따라, 미래의 수요와 공급을 예측하기 위한 모형을 개발하고 이에 기반한 인력양성 정책을 마련하기 위한 연구가 진행되었다. 이것은 궁극적으로 양적으로 확대하기 보다는 질적 수준을 제고한 인력 배출을 위한 노력의 일환이라고 볼 수 있다.

대표적으로, 정보통신 인력의 특성, 수급실태 및 전망(2001)[58] 연구는 정보통신 인력의 범위 및 특성을 제시하고 이에 기반하여 정보통신 인력의 현황을 분석하고 수요를 전망하여 제시하였다. IT인력 통계인프라 정비방안 연구(2004)[59]는 IT인력을 산업/직업/공급 측면에서 재정의하고 IT인력 관련 통계를 점검하고 개선방안을 도출하였다.

주제 3 : 방송통신 인력 SCM

2003년을 기점으로 정보통신산업 인력의 배출을 위한 노력에서 더 나아가, 체계적인 관리를 위한 연구가 진행되기 시작했다. 전문인력에 대한 정확한 통계 생성을 위해 유관기관 간 합의를 도출하여 IT인력의 정의를 재정립하고 학과, 기술,

---

57) 출처 : 정보통신정책연구원, IT 전문인력 양성정책의 평가와 향후 정책방향, 2002.

58) 출처 : 정보통신정책연구원, 정보통신인력의 특성, 수급실태 및 전망, 2001.

59) 출처 : 정보통신정책연구원, IT인력 통계 인프라 정비방안 연구, 2004.

직업 분류체계를 정립하여 합리적인 인력정책의 토대를 마련하고자 하였다. 이는 그동안 문제가 되어왔던 수급불일치 문제를 해소하고 정확한 전문인력의 수급전망을 위한 연구라 할 수 있다. 따라서 수요와 공급이 일치하는 사회적인 분위기를 만들고, 인력 배출시 수요에 맞는 공급계획을 수립할 수 있도록 정책적 지원방안을 마련하고자 하였다. 2000년대 중반이후 계획되고 있는 대부분의 IT 인력 수급실태 조사 및 인력전망 연구가 대부분 이에 포함된다.

또한, 체계적인 인력양성을 위해 수요에 기반한 인력양성의 필요성에 대해서도 연구되었다. 산업사회 변화에 적합한 재능대학 IT계열의 전공 개선 및 교육과정 개발(2009) 연구가 대표적인 예이다.[60]

〔그림 12〕 방송통신 인력(정보통신 인력) SCM

출처 :: 대한민국정부 (2007)

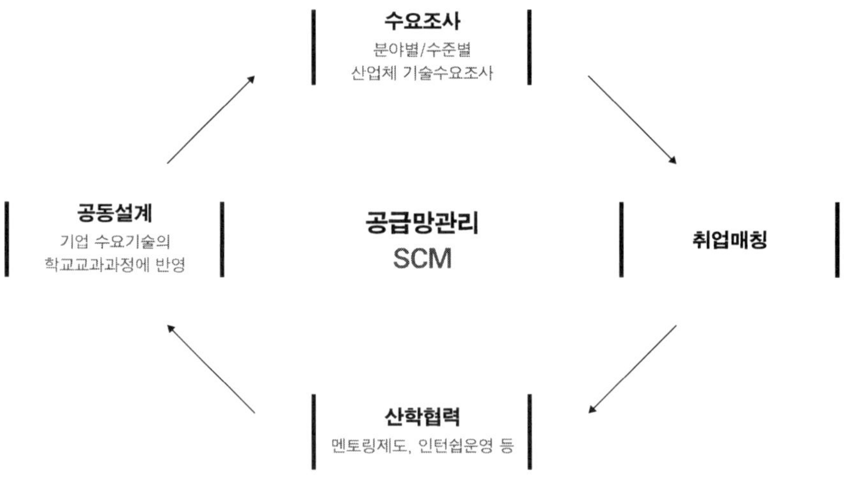

*SCM: 수요만족을 목표로 공급망 상에서 행해지는 모든 활동의 최적화 기법

60) 출처 : 한국직업능력개발원, 산업사회 변화에 적합한 재능대학 IT계열의 전공 개선 및 교육과정 개발, 2009.

2. 소프트웨어인력

가. 소프트웨어 인력의 정의 및 범주[61]

소프트웨어(Sofware, SW)는 컴퓨터 · 통신 · 자동차 등의 장비와 그 주변 장치에 대하여 명령 · 입력 · 처리 · 저장 · 출력 · 상호작용이 가능하도록 하게 하는 지시 · 명령(음성이나 영상정보 포함)의 집합과 이를 작성하기 위하여 사용된 기술서기타 관련 자료로 정의된다. 이를 기반으로, 소프트웨어 산업은 SW의 개발 · 제작 · 생산 · 유통 등과 이에 관련된 서비스 및 정보시스템 구축 · 운영 등과 관련된 산업으로 그 범위가 정해지고 있다. 전통적으로, 패키지SW, IT서비스, 임베디드SW 등 3개 분야로 독립형(패키지SW)이자 중간자(임베디드SW)임 서비스형(IT서비스) 산업으로 그 특징이 설명되고 있다.

이에, SW 전문인력이란 IT서비스, 패키지SW, 디지털콘텐츠, 임베디드SW 등의 업종에서 SW 관련 직종에 종사하는 인력으로 특히 SW 관련된 전문 지식과 기술을 보유한 인력을 말한다.[62] [63]

〔표 18〕 소프트웨어 인력 현황

※부족률(%)=SW부족인력/SW적정인력(현재SW전문인력×SW부족인력)

출처 :: 한국소프트웨어진흥원, 국내 SW 인력동향 보고서, 2009.

구분		SW 전문인력	SW 부족인력	부족률(%)전 체
전체		96,967명	9,380명	8.8%
수준별	초급	31,303명	2,720명	8.0%
	중급	37,259명	5,122명	12.1%
	고급	28,405명	1,538명	5.1%

61) 출처 : 지식경제부 · 정보통신산업진흥원, 2011 소프트웨어 산업 연간보고서, 2012.

62) 예: SW 개발, 구축, 운영, 기획 등

63) 출처 : 한국소프트웨어진흥원, 국내 SW 인력동향 보고서, 2009.

나. 소프트웨어 인력의 현황

한국소프트웨어진흥원(KIPA, 現정보통신산업진흥원(NIPA)[64]) 주관으로 실시되어 온「국내 SW 인력동향 보고서」에 따르면, 2008년을 기준으로 국내 SW기업에 종사하는 SW전문인력은 9만 6,967명인 것으로 나타났다. SW인력의 수준별로는 초급이 8.0%, 중급이 12.8%, 고급이 5.1% 부족한 상황이며, 분야별로는 패키지SW 11.0%, IT서비스 8.8%, 임베디드SW 7.7%, 디지털콘텐츠솔루션 6.0%의 인력이 부족한 것으로 나타났다.

다. 소프트웨어 인력 연구 현황

소프트웨어 인력에 대한 학술적인 연구는 진행된 바가 거의 없는 것으로 파악된다. 정보보호 인력과 마찬가지로 일부 정보통신인력의 범주 안에 포함되어 연구되고 있는 것이 현실이며, 한국직업능력개발원이 2005년 개발한「IT 직무체계」에서도 대분류 직무군의 하나로 'SW 개발 및 구현'으로 포함되어 있다.

현재 파악되고 있는 대표적인 소프트웨어 인력에 대한 연구로는 2003년 정보통신연구진흥원(IITA, 現정보통신산업진흥원(NIPA))이 소프트웨어산업의 발전을 위해 인력수급불균형 격차 해소 및 인력 육성 방안을 제시한「S/W 전문인력의 실무능력향상 및 활용도 제고를 위한 정책방안연구」[65]가 있다. 2006년에는 한국직업능력개발원이「국내 S/W인력의 Skill 표준 작성 연구」[66]를 통해 국내 SW 인력의 직무표준(skill standard)을 개발하여 제시하였으며, 이는 국내 SW 인력의 효과적인 관리와 정비체계 마련에 있어 지침서 역할을 하고 있다. 2008년에는 한국소프트웨어진흥원(KIPA, 現정보통신산업진흥원(NIPA))을 중심으로「패키지SW 분야 SW직무수행능력표준」[67]이 개발되었는데 직종은 기획, 프로젝트 관리, 아키텍처, SW구현, SW품질, 기술서비스, 영업 및 마케팅 등 7개 군으로 분류되었다.

---

64) 2009년 8월 정보통신연구진흥원, 한국소프트웨어진흥원, 한국전자거래진흥원 등을 통합하여 설립

65) 출처 : 정보통신연구진흥원, S/W 전문인력의 실무능력향상 및 활용도 제고를 위한 정보방안연구, 2003.

66) 출처 : 한국직업능력개발원, 국내 S/W인력의 Skill 표준 작성 연구, 2006.

67) 출처 : 정보통신연구진흥원, 패키지SW 분야 SW직무수행능력표준, 2008.

3. 산업기술 인력

가. 산업기술 인력의 정의 및 범주

지식경제부는「산업기술인력 수급동향 실태조사보고서」에서 산업기술 인력을 전문대졸 이상의 학력을 가지고 있는 이공계 전공자로서 사업체에서 연구개발 및 기술관련직에 근무하고 있는 인력을 의미하는 것으로 정의하고 있다.[68]

〔표 19〕 과학기술 인력과 산업기술 인력의 비교

출처 :: 유민화 (2007)

구분	과학기술 인력	산업기술 인력
교육수준	전문대학 졸업 이상	전문대학 졸업 이상
전공분야	자연계, 공학계, 의약학계, 농림수산학계	자연계, 공학계
직업분류	표준직업분류 (통계청)	고용직업분류 (고용연구원)
활동범위	기업, 대학, 국공립연구소, 기타 교육기관, 중앙 및 지방정부, 공공기관	기업
산업범위	전 산업	제조업 등

나. 산업기술 인력의 현황

산업기술 인력 실태조사는 2003년부터 시행되었다. 10인 이상 규모의 사업체 중 10,511개 표본사업체를 대상으로 실시된「2011년 산업기술인력 수급동향 실태조사」결과[69], 2010년도 산업기술 인력은 총 근로자 수 3,907,978명(10인 이상 사업체)의 16%인 626,636명으로 꾸준한 증가추세를 보이고 있는 것으로 나타났다.

68〕 출처 : 지식경제부, 2011 산업기술인력 수급동향 실태조사 보고서, 2011.

69〕 www.index.go.kr (e나라지표)

〔표 20〕 산업기술 인력 현황 (전체)

출처 :: www.index.go.kr

*산업기술 인력 : 전문대학 졸업 이상의 학력을 가진 이공계 전공자로서 사업체에서 관련 연구개발 · 기술업무에 종사하고 있는 인력

**부족인원 : 사업체의 정상적인 경영과 생산시설의 가동, 고객의 주문에 대응하기 위하여 현재보다 더 필요한 인원

***부족률 = {부족인원/(현원+부족인원)}×100

총 근로자 수(a)	산업기술 인력 수(b)	산업기술인력 비율(b/a)	부족인원 수	부족률
3,907,978	626,636	16.0%	28,181	4.3%

〔표 21〕 산업기술 인력 현황 (사업체 규모별)

(단위 : 명)

규모별		사업체 근로자 수(A)	산업기술인력			
			현원(B)	비중 (B/A)	부족 인원(C)	부족률 (C/(B+C))
중소 사업체	10인~29인	905,837	95,545	10.5	10,473	9.9
	30인~99인	1,028,036	149,546	14.5	9,614	6.0
	100인 ~299인	825,152	117,975	14.3	5,286	4.3
	소계	2,759,025	363,066	13.2	25,373	6.5
대규모 사업체	300인 ~499인	288,186	41,838	14.5	936	2.2
	500인 이상	860,767	221,732	25.8	1,872	0.8
	소계	1,148,953	263,570	22.9	2,808	1.1
합계		3,907,978	626,636	16.0	28,181	4.3

또한, 2010년말 기준 산업기술 인력의 부족인원은 28,181명으로 전년 대비 5,292명 감소하였으며 부족률도 전년 대비 0.9%p 감소한 4.3%로 나타났다. 소프트웨어 개발·공급업(5,796명)과 기계(3,241명), 화학(2,753명) 순으로 부족인원이 많은 것으로 조사되었다. 산업연구원은 산업기술 인력에 대해서 전반적인 취직난에도 불구하고 일부 전문분야에서는 구인난을 겪고 있는 것으

로 파악하고 있으며, 인력양성체제의 축이 되고 있는 산학협력 인력양성체제가 체계적으로 구축되지 못하고 있고 첨단 전략분야 인력정책에 대한 범정부 차원의 총괄 조정기능이 미흡하여 부처 간의 조정도 원활하지 않은 상태인 것으로 진단하고 있다.[70]

다. 산업기술 인력 연구 현황

산업기술 인력은 매우 광범위한 인력으로서 산업종사인력이고 우리나라의 실질적인 산업발전을 위한 기반인력이기 때문에 수급실태 조사에 기반한 부족인력 파악과 수급차 해소를 위한 정책방안 마련에 초점이 맞춰져 있다. 따라서, 인력의 수급차를 해결하고 산업체의 수요에 적합한 인력을 양성하여 배출하는 것을 목표로 하므로 인력에 대한 심도있는 연구보다는 통계치 확보 등 지식경제부를 중심으로 한 현황조사와 정책개발이 이루어지고 있다. 현재, 지식경제부와 산업연구원(KIET)을 중심으로 산업기술 인력 양성사업이 실시되고 있으며, 지식경제부를 중심으로 산업기술 인력 수급실태조사가 이루어지고 있는 정도이다.

4. 산업기술보호 인력

가. 산업기술보호 인력의 정의 및 범주

산업기술보호 인력은 산업보안에 대한 폭넓은 이해를 바탕으로 산업보안을 위한 기술적, 관리적, 물리적 보안기법에 대한 전문적인 지식을 가진 인력으로써 산업보안 업무를 수행할 수 있는 인력으로 정의된다.[71] 여기서, 산업기술이란 산업기술 또는 용역의 개발 · 생산 · 보급 및 사용에 필요한 제반 방법 내지 기술상의 정보 중에서 관계중앙행정기관의 장이 소관 분야의 산업경쟁력 제고 등을 위하여 법령이 규정한 바에 따라 지정 또는 고시 · 공고하는 기술로 정의된다.[72]

---

70) 산업연구원, 산업기술인력 양성 정책, 2008.

71) 출처 : 산업기술보호협회, 산업기술보호 전문인력 양성 및 육성정책 연구, 2008.

72) 출처 : 법제처, 산업기술의 유출방지 및 보호에 관한 법률(법률 8900호), 2008.

나. 산업기술보호 인력의 현황 및 연구 현황

국가적으로 크고 작은 산업기밀 유출사고로 인한 금전적이고 국가적인 막대한 손실이 계속되고 있음에도 불구하고, 실질적으로 산업기술 보호를 위한 인력에 대해 명확하게 파악하고자 하는 노력은 진행되고 있지 않은 것으로 파악된다. 다만, 산업기술보호 인력의 양성과 산업기술보호를 위한 전문적인 교육은 한국산업기술보호협회(KAITS)를 통해 점차 확대되고 있는 추세이다.[73]

73) 출처 : www.kaits.or.kr

제 4 장
국내 정보보호 인력계획의 한계

제 1 절
해소되지 않는 수급차의 문제

인력의 수급차는 수요(demand)와 공급(demand)이 일치하지 않음으로써 발생되는 문제로서 수요할 인력의 수와 공급될 인력의 수가 맞지 않아 발생되는 과잉공급이나 공급부족의 문제뿐만 아니라, 인력시장에 기업이 원하는 또는 기업이 바로 활용가능한 인력이 없는 문제도 포함된다.

인력의 수치적인 과잉이나 부족의 문제는 정부가 나서서 일정 부분 해소해 줄 수 있는 측면이 있지만, 정성적인 부족의 문제는 정부라도 묘안이 없는 문제라 할 수 있다. 이는 기업이 장기적인 사업계획의 실행을 위해 필요한 인력의 수준(경력, 학력 등)과 능력(지식 및 기술 등)을 명확히 정해놓고 이러한 기준에 맞는 인력을 채용할 수 있어야 하는데, 이의 기준이 될 수 있는 표준화된 지식 및 기술 체계가 없고 기업 내부의 업무를 체계화한 직무체계를 수립하여 활용하는 기업이 거의 없기 때문에 사실상 대부분의 기업이 명확한 인력을 채용하고도 실제 업무에 활용하는데 어려움을 겪거나 아예 인력을 확보하지 못하는 상황이 반복되고 있는 것이다. 또한, 인력의 공급을 담당하는 대학(원)도 교과과정 수립에 아예 기업 관계자들을 참여시키거나 학생들의 인턴쉽 참여를 독려하면서 기업의 수요에 부합되는 인력양성을 위해 노력하고는 있지만, 사실상 효과가 있는지에 대해서는 기업과 대학(원) 모두가 의문점을 갖는 상황이다.

제 2 절
정보보호 인력 양성체계 부재

주제는 다르다 할지라도 모든 인력 관련 연구의 목적은 한결같다. 즉, 해당 주제에 대해 연구하는 목적은 모두 실행력 있고 현실성 있는 인력계획을 수립하고 인력양성 정책을 개발하여 제안하는 데 도움을 주고자 하는 것이다. 정보보호 인력에 대한 연구도 마찬가지이다.

그러나, 국가적으로 정보보호의 필요성에 대한 인식은 높을지라도 실질적으로 산업의 배가적인 성장과는 무관한 상황이며 이로 인해 정보보호 전문인력 양성에 대해서도 국가적인 주목을 받지는 못하고 있다. 이는 국가, 기업, 개인 모두가 정보보호 침해사고나 정보유출사건 등이 터져 직접적이고 가시적인 손실이 나야 정보보호를 위한 조치를 취하는 사후약방문식 또는 단기적이고 일시적인 정보보호 조치(제품 및 서비스 사용)를 반복하고 있기 때문이다. 따라서, 국가나 기업 모두 장기적인 비용이 드는 정보보호 전문인력 양성 및 확보를 위한 체계적인 사업의 실행과 정기적인 재교육과 보안관리가 필요한 정보보호 부서의 상시운영을 꺼려하는 것이고, 이로 인해 인력은 좋은 대우를 바라기 어려운 정보보호 분야에 들어오기를 꺼려하고 결국 사고가 발생하면 전문인력을 확보할 수 없어 사건이 커지거나 재발하는 문제가 계속되고 있다.

보다 체계적인 정보보호 인력 양성을 위한 노력이 필요하다. 국가 전반적인 정보보보호 수준을 향상시키고 산업의 발전을 꾀하기 위해서는 신규인력을 훈련 · 교육할 수 있는 인력양성사업의 활성화가 필요하며 정보보호 분야로의 유입을 도모할 수 있는 다양한 인력유인책도 필요하다. 기업에서도 기존 인력에 대한 지속적인 재교육의 노력과 인력확보 및 유지를 위한 노력이 필요하다.

제 3 절
정보보호교육의 체계성 부족

정보보호는 국가의 안정적인 정보인프라 확립을 위한 기반으로서 국가 차원의 공익성이 높은 분야이다. 이제까지 정보보호 산업은 독자적인 정보보호 제품 및 서비스가 정보통신 제품 및 서비스의 내장재 및 부품재 형태로 변화해 왔으나, 보안 위험성이 사회 전영역으로 확산됨에 따라 정보통신사업자 중심의 제품 및 서비스 수요가 일반사업자 대상으로 확대되고 있다. 또한, 정보보호의 초점이 '기술개발 및 확보'에서 구현된 시스템 및 기술 기반하에 얼마나 잘 '관리(기술적 예방 · 조치, 전문인력 배치 등)'할 것인가로 옮겨지고 있다.

더 이상 기술 중심의 교육은 의미가 없다. 특정한 기술전문인력의 양성만으로는 전체 국가적 · 사회적인 정보보호 수요를 충족시킬 수 없으며, 정보보호 수준의 향상도 기대하기 어렵다. 실제로 정보보호 기업은 암호를 개발할 인력보다는 일반적인 보안관리가 가능한 수준의 인력 또는 일반 코딩이 가능한 수준의 프로그래머 등을 필요로 한다. 따라서, 이제까지 진행되어 온 정보보호 교육의 대상과 범위에 대해 다시 생각해 봐야할 때이다. 정보보호 하면 무조건 암호나 포렌직 등의 기술을 가르치려 하기보다는 일반적인 기술소양과 더불어 인식교육에 대한 교육도 필요하다는 생각을 가져야 하며, 산업인력의 양성과 함께 일반 국민에 대한 인식교육의 확대도 고려해야 한다.

한국인터넷진흥원(KISA)이 국내 정보보호교육의 활성화를 위한 실행력 있는 정책과제 도출을 목표로 민간기업과 일반국민을 대상으로 2011년에 실시한 정보보호교육 실태조사(기업편, 개인편) 결과를 살펴보면 정보보호 교육체계 개발을 위한 연구의 필요성은 더욱 분명해진다.[74]

정보보호 실태조사 기업편의 대상기업은 정보보호 전담조직 및 전담인력을 운영 중인 사업체이다. 우선, 정보보호교육을 시행하고 있다고 응답한 사업체는 전체 대상업체의 18.6%에 불과하였다. 이는 인터넷 기반의 보안사고 및 산업기술유출의 위험성이 매우 높아지고 있는 현실 속에서도 민간기업에서의 정보보호교육의 필요성 및 중요성에 대한 인식은 매우 낮다는 것을 보여준다. 업종별로는 '금융 및 보험업'이 71.8%로 교육률이 가장 높았으며 다음으로는 '정보서비스업'이 37.2%, '기타 서비스업'이 27.3% 순으로 교육률이 높은 것으로 나타나, 상대적으로 생성 · 보관 · 폐기의 대상이 되는 민감한 고객정보를 다뤄야 하는 금융업에서 직원에 대한 정보보호 교육의 필요성에 대해 높게 인식하고 있음을 알 수 있다.

---

74) 출처 : 한국인터넷진흥원 (2012), 2011년 정보보호 실태조사 : 기업편.

〔표 22〕 정보보호 교육 프로그램 실시대상

출처 :: 한국인터넷진흥원 (2012)

교육대상 / 교육형태	CEO 등 경영진 대상	정보보호 책임자급	IT 및 정보보호 실무자	컴퓨터를 사용하는 일반 직원	개인정보 관리자
의무교육으로 실시	57.5%	64.5%	60.5%	56.1%	73.8%
필요한 경우에 선택적으로 실시	33.0%	27.8%	32.3%	42.4%	26.2%
미실시	9.5%	4.6%	5.5%	1.4%	-
해당없음	-	3.1%	1.7%	-	-

정보보호 교육을 의무교육으로 실시하고 있는 사업체 중 '개인정보 관리자' 대상의 교육이 전체 교육대상의 73.8%로 가장 높게 나타나 개인정보관리에 대해 업체들이 매우 민감하게 반응하고 있음을 알 수 있다. 정보보호 교육을 실시하는 업체 중 연 2회 이상 교육을 실시하는 비율은 역시 '개인정보 관리자'에 대한 교육이 가장 많았으며, 연 1회 실시하는 업체 중에서는 'CEO 등 경영진 대상'의 교육이 가장 높은 비율을 차지하는 것으로 나타났다. 업체들의 프로그램별 교육시간은 '2시간 미만'의 비중이 가장 높았으며, '2시간 미만' 교육을 하는 업체들 중 '컴퓨터를 사용하는 일반 직원'의 비율이 54.3%로 다른 직원에 비해 상대적으로 높았다. '정보보호 책임자급'의 40.1%가 '2시간~5시간'의 교육을 받아 해당 범주에서 가장 높은 비율을 기록하였으며 'IT 및 정보보호 실무자'가 39.5%로 그 뒤를 이었다.

〔표 23〕 정보보호 교육 프로그램 교육횟수

출처 :: 한국인터넷진흥원 (2012)

교육대상 / 교육횟수	CEO 등 경영진 대상	정보보호 책임자급	IT 및 정보보호 실무자	컴퓨터를 사용하는 일반 직원	개인정보 관리자
연 1회	49.4%	41.0%	40.5%	46.8%	39.1%
연 2회 이상	50.6%	59.0%	59.5%	53.2%	60.9%

〔표 24〕 정보보호 교육 프로그램 교육시간

출처 :: 한국인터넷진흥원 (2012)

교육대상 교육형태	CEO 등 경영진 대상	정보보호 책임자급	IT 및 정보보호 실무자	컴퓨터를 사용하는 일반 직원	개인정보 관리자
2시간 미만	50.0%	44.2%	40.2%	54.2%	45.4%
2시간~5시간	36.0%	40.1%	39.5%	30.4%	37.6%
5시간~ 10시간	8.7%	10.0%	13.5%	9.1%	11.0%
10시간~ 20시간	2.9%	3.6%	4.8%	2.9%	4.8%
20시간 이상	2.1%	1.7%	1.6%	3.2%	1.1%
모름/무응답	0.4%	0.4%	0.4%	0.2%	0.1%

한편, 2011년 정보보호 실태조사 개인편[75]의 조사 대상은 전국 12세~59세 개인 인터넷 사용자로 하였다. 2011년 조사에서는 개인정보보호법의 발효효과에 대한 분석을 목표로 개인정보보호 관련 교육 참여 경험에 대해서만 조사하였다. 조사 대상 중 개인정보보호 관련 교육에 참여한 경험이 있다고 응답한 비율은 9.2%로 나타났다. 개인정보보호 관련 교육에 대한 참여여부는 성별로는 큰 차이를 보이지 않았으나(여성 9.0%, 남성 9.3%), 연령별로는 12~19세에서의 참여가 상대적으로 높게 나타났다(12~19세 19.3%, 20대 6.9%, 30대 9.0%, 40대 5.8%, 50대 5.0%). 2008년 조사[76]에서는 보다 포괄적인 항목에 대하여 정보보호 교육의 실태에 대해 조사하였다. 2008년 1년간 정보보호 관련 교육을 받은 경험이 있는가에 대해서 전체 응답자의 85.5%인 3,421명이 받은 적이 없는 것으로 나타나 주요 인터넷서비스 수요자인 일반국민들의 정보보호교육의 필요성 및 중요성에 대한 인식이 매우 낮음을 알 수 있었다. 정보보호 관련 교육을 받은 경험이 있는 579명 중 44.7%가 오프라인 형태의 교육을 받았으며 38.9%가 온라인 형태의 교육을 받은 것으로 조사되었으며, 전

75) 출처 : 한국인터넷진흥원, 2011년 정보보호 실태조사 : 개인편, 2011.

76) 출처 : 한국인터넷진흥원, 2008년 정보보호 실태조사 : 개인편, 2008.

체 응답자의 84.3%가 대표적인 공공기관이 제공하는 정보보호교육을 위한 온라인학습장인 한국인터넷진흥원의 '보호나라' 및 '정보보호기술온라인학습장'에 대해 전혀 인지하고 있지 못한 것으로 나타났다. 또한, '보호나라' 및 '정보보호기술온라인학습장' 중 하나라도 알고 있다고 응답한 628명 중 70.2%인 441명이 알고는 있지만 이용한 경험은 전혀 없는 것으로 조사되었다. '보호나라' 및 '정보보호기술온라인학습장'을 이용한 경험이 있다고 응답한 187명의 31%가 필요한(유용한) 교육 컨텐츠를 얻을 수 없었다고 응답하였으며, 20.9%가 최신의 교육 컨텐츠를 얻을 수 없었다고 응답하였다. 한편, 보호나라 및 정보보호기술온라인학습장을 이용한 경험이 없다고 응답한 441명에 대해 그 이유를 조사한 결과, 응답자의 36.7%가 정보보호에 대한 학습의 필요를 느낀 적이 없다고 응답하였으며, 29%가 해당 사이트가 운영되고 있는지 알지 못했다고 응답하여 일반국민의 정보보호교육에 대한 적극적인 의지가 거의 없는 것으로 파악된다. 그러나, 전체 응답자 4,000명 중 67%가 정보보호 관련 교육에 대해서는 필요하다고 인식하고 있는 것으로 조사되었다. 정보보호 관련 교육이 필요하다고 생각하는 이유는 무엇인지에 대한 조사에서는 정보보호 관련 교육이 필요하다고 응답한 2,682명 중 76.5%가 개인자산을 보호하기 위해서라고 응답하였으며, 11.3%는 정보보호 관련 법적 책임 및 권리를 이해하기 위해서라고 응답하였다. 교육방법에 대해서는 정보보호 관련 교육이 필요하다고 응답한 2,682명 중 40.1%가 국가 차원에서 운영하는 무료 온라인 학습장 이용을 34.5%는 학교 및 직장의 교육 프로그램 이용을 꼽았다. 교육내용에 대해서는 정보보호 관련 교육이 필요하다고 응답한 2,682명 중 56.2%가 정보보호에 대한 이해 및 중요성에 대한 인식교육을 24.4%는 기초적인 정보보호기술의 구현을 위한 기술교육을 꼽았다.

제 5 장
수요 기반 인력계획의 방법

제5장에서는 인력의 수요와 공급간 차이를 해소하기 위해 기업수요에 맞는 정보보호 전문인력을 양성하기 위한 수요 기반의 인력계획의 방법에 대해 살펴보고자 한다.

첫째로, 직무체계의 개발이 필요하다. 직무체계는 해당 분야의 직무를 체계화하여 제시하는 것으로써 어떠한 직무의 인력이 얼마만큼 필요하며, 각 직무별 인력이 갖추어야 할 기본적인 지식 및 기술이나 그 수준은 어느 정도가 되어야 하는지를 알려주는 척도라 할 수 있다. 따라서, 기업이 인력에 대한 수요를 정의하는 가장 좋은 기준이 될 수 있는 것이 바로 직무체계라 할 수 있다.

둘째로, 직무체계가 개발되면 각 직무별로 필요한 지식 및 기술을 분석하여야 한다. 그 분석의 방법은 해당 분야와 가장 유사한 성격을 갖는 분야를 포함하여 국내외에서 논의되고 있는 지식 및 기술을 망라하여 산업 현장에서의 실제 활용되는 정도를 필요 정도와 숙련 정도로 구분하여 조사하는 것이다. 표준화된 지식 및 기술(Common Body of Knowledg, CBK)을 활용하면, 기업은 인력에 대한 수요를 보다 명확히 정의할 수 있게 되며, 인력은 기업이 원하는 방향으로 또는 본인이 목표하는 직무나 기업에 적합할 수 있도록 교육 · 훈련의 방향을 설정할 수 있다.

셋째로, 교육체계의 개발이 필요하다. 교육체계는 교육의 대상과 범위를 확장한 개념으로 국가, 기업, 개인 모두의 적극적인 참여와 활용이 필요하다. 표준화된 교육체계를 통해 인력에 대한 수요와 공급의 안정화를 꾀할 수 있으며, 보다 수요에 적합한 인력의 공급을 보장할 수 있게 된다.

제 1 절
직무체계의 개발[77)]

---

77) 본 절은 한국정보보호진흥원의 "정보보호 직무체계 개발 및 인력수급 실태조사" 보고서와 "정보보호 직무수행기준 개발 및 인력수급 실태조사" 보고서 및 정보보호학회논문지에 게재된 "정보보호 분야 직무체계 개발" 논문을 중심으로 살펴보고자 한다.
출처 : 한국정보보호진흥원, 정보보호 직무체계 개발 및 인력수급 실태조사, 2007
출처 : 한국정보보호진흥원, 정보보호 직무수행기준 개발 및 인력수급 실태조사, 2008.
출처 : 전효정, 김태성, 유진호, 지상호, "정보보호 분야 직무체계 개발", 정보보호학회논문지, 19(3), 143-152, 2009.6.

한국표준직업분류에서 정의한 바에 따르면, 직무수행의 기본단위는 일(task) 또는 작업이다. 일이란 특정 목적을 달성하기 위하여 수행되는 일련의 과정으로 논리적으로 독립되고 완결된 일정량의 업무(work)라고 할 수 있다. 다시 말해 합목적성과 어느 정도의 완결성을 가진 경제활동의 최저 업무단위이다. 직위(position)란 한 사람에 의해 수행되고 있는 특정한 투입물과 산출물을 생산하는 활동과 관련된 일(task)의 집합으로 산업적인 측면이 강조되며 일을 수행하는 사람을 중심으로 보는 개념이다. 특정 생산 활동에 종사하는 모든 사람은 하나 이상의 직위를 갖고 있으며, 이는 직무수행과 관련된 의무와 일정한 권한을 포함하고 있다.

직무(job, skill)는 '한 사람이 수행하는 일의 집합체이며, 그 속에 아무리 많은 일이 포함되어 있더라고 한 명의 사람이 수행한다면 그 일은 하나의 직무를 구성한다'라고 말할 수 있다. 직무는 한 사람이 생산 활동과 관련되어 수행하는 업무를 중심으로 보는 개념으로 선발, 훈련, 과업배분의 기본단위이고 직업조사와 연구 및 분류의 기초라고 할 수 있다. 만일 여러 사람이 동일한 임무(duty)와 일(task)을 수행하고 있다면 그들은 동일한 직무로 분류된다.

조직 내에서 직무의 수는 직위의 수와 같거나 적게 된다. 유사한 직무를 모아서 하나의 범주화하는 것, 즉 유사한 직무의 집합이 직업(occupation)이다. 직업은 하나의 사업장 이상에서 발견되며 한사람 이상의 작업자에 의해 수행되는 공통된 직무들의 묶음으로 특정한 직업은 작업목적, 작업방법, 중간재료, 최종생산물, 작업자의 행동, 작업자의 특성 등의 관점에서 볼 때 유사한 관계에 있다.

직종(occupation)은 유사한 직업들의 집합을 말하거나 직업간 비교를 할 때 사용된다. 기업 내에서 이루어지는 직무순환은 보통 동일 직종을 중심으로 이루어진다. 직렬은 직무의 종류가 유사하고 책임과 어려움의 정도가 다른 직급의 계열을 말한다. 경찰직, 소방직, 법제직, 외부직 따위에서 채택하고 있으며, 승진이나 강임은 원칙적으로 동일 직렬 안에서만 인정한다. 직군은 성질이 유사한 직무를 한데 뭉뚱그려 군으로 묶은 것을 말한다. 예를 들어, 토목직, 건

축직을 토건직으로, 경찰직, 소방직을 공안직으로 묶는다.[78] 직무 (skill)는 자영업을 포함하여 특정한 고용주를 위하여 개발 종사자들이 수행해야할 일련의 업무와 과업을 의미하는 반면, '직업'은 유사한 직무의 집합으로 정의되는데, 여기서, 유사한 직무란 주어진 업무와 과업이 매우 높은 유사성을 갖는 것을 말한다.[79]

다시 말해, 직무체계는 직무를 명확화 · 체계화 · 표준화하는 작업이다. 즉, 추상적인 직무를 국가, 기업, 개인이 일치된 커뮤니케이션을 할 수 있도록 해주는 틀을 말한다. 따라서 직무체계는 어떠한 측면에서는 직무표준(skills standard) 또는 직무분류(skills classification)와 유사하다.

직무체계는 노동시장의 흐름과 직접적으로 연결되는데 특히 고용, 자격, 훈련 등과의 관련성이 높다. 따라서 직무체계가 개발되면, 정보보호 분야 인력수급의 효율성을 향상시킬 수 있을 것으로 기대된다. 직무체계의 개발은 인력수급 전망의 단위를 현재보다 세분화하여 현재 정보보호 분야 노동시장의 현황 파악과 신성장동력 등과 관련된 미래시장을 위한 인력수급 및 교육훈련 정책의 방향성을 구체적으로 제시할 가이드라인으로서의 역할을 하기 때문이다. 즉, 정보보호 인력에 대한 체계적인 조사는 산업현장의 수요를 정확히 파악하고 그 수요에 맞춰 인력을 맞춤형으로 공급할 수 있는 원체인(one-chain) 인력공급시스템을 개발할 수 있는 기반을 확보할 수 있게 된다. 또한, 정보보호 분야의 직무를 체계적으로 정리하여 제시함으로써 인력공급기관은 산업체의 수요를 간접적으로나마 파악할 수 있다. 이를 통해 산업체는 체계적인 인력훈련 계획의 수립이 가능하며, 교육 · 훈련 기관은 현장 수요에 기초한 교육훈련 과정의 개발이 가능하다.

자격 및 인력수급 체계 정립을 위한 인프라 정비의 핵심 요소인 직무체계는 다음과 같이 매우 다방면으로 활용될 수 있다. 첫째로, 각종 조사 및 인력수급을 위한 기초 자료로 활용 가능하다. 직무체계는 직무 중심의 분류와 함께 직

---

78) 직업분류 체계상에서는 보통 직업 수준으로 세분류 이하를 보며, 그 이상(소분류)은 직종의 개념으로 보는 것이 일반적이다.

79) 출처 : www.nso.go.kr

무에 대한 정의 및 수준 등이 제시되므로, 체계적 틀에 의한 직무조사가 가능하기 때문이다. 둘째로, 교육 · 훈련과정의 참조자료로 활용 가능하다. 개설하고자 하는 교육 · 훈련 분야의 목적 · 수준 · 훈련내용을 해당하는 직무 유형에서 찾아서 참조 가능하기 때문이다. 셋째로, 고용주에게는 신규인력 채용 및 기존인력 재배치를 위한 기본골격이 된다. 직무체계는 직무유형별 정의, 지식, 도구, 주요활동 등을 명세화하기 때문에 고용주와의 의사소통에 도움이 되기 때문이다. 넷째로 근로자에게는 개개인의 경력개발, 구직, 진로탐색 등을 위한 기초자료로 활용 가능하다. 구직활동 및 진로에 반영 가능하고 직무유형별 표준화된 경력개발 경로 파악이 가능하기 때문이다.

1. 관련연구 현황

국내는 물론 국외에서도 정보보호 분야 직무체계의 개발사례는 아직 없는 것으로 파악된다. 다만, 정보보호 관련 직무를 포함하는 정보통신(IT) 분야의 직무체계가 다수 개발되어 있으며 실질적으로 산업현장에도 적용되면서 업데이트 되고 있다.

〔표 25〕 국외 직무체계 연구 현황

구분	내용
일본 JST, IT 직무표준	· 일본의 IT 분야 스킬 프레임워크 · 기존 IT 관련 서비스의 제공에 필요한 능력을 체계화한 지표 · 마케팅, 세일즈 등 11가지 직종을 구분하여 제시 · 경력과정을 명확하게 하기 위해 7단계의 직무수준 제시
미국 NWCET, IT 직무표준	· IT 직무표준 · IT기술자의 교육개혁, 교육과 사업과의 연계 강화 등이 목표 · 데이터베이스 관리 및 개발 등 총 8개의 IT 관련 직무군을 제시. 직무군은 다시 41개의 작업기능으로 구분됨

영국 SFIA, IT 직무체계	· 카테고리와 하위 카테고리를 통해서 두 단계로 IT 분야의 직무를 구분 · IT 분야의 직무를 분류하고 직무의 수행수준 정도를 가늠할 수 있는 직무체계의 참조모델로 개발됨 · 총 5개의 카테고리, 16개의 하위 카테고리 등으로 구성됨

본 절에서는 한국직업능력개발원(KRIVET), 일본 과학기술부(JST), 미국 신기술인력센터(NWCET), 영국 정보시대직무체계개발협회(SFIA) 등에서 개발한 정보통신 분야 직무체계 개발 사례에 대해 소개하고자 한다.

가. 한국직업능력개발원 (2005)[80]

2005년 한국직업능력개발원은 정보통신인력에 대한 직무체계를 개발하였다. 이 직무체계는 기본적으로 영국 SFIA의 분류체계를 기본틀로 하였다. 그러나, 아직까지도 IT인력에 대한 수급현황조사에서도 이 틀은 사용되지 않고 있다. 직무를 기준으로 한 실태조사에 한계가 있음을 보여주는 대목이라고 할 수 있다.

〔표 26〕 한국직업능력개발원의 IT인력 직무 구성

직무군		직무 (skill)
대분류	중분류	
A.전략 및 기획	기획	전략 및 계획수립
	컨설팅	IT컨설팅, BT 컨설팅, 솔루션 컨설팅(제품)
	감리	SI 감리
B.관리 운영	프로젝트 관리 및 지원	프로젝트 관리, 품질관리(보증)
C.영업 및 마케팅	영업 및 마케팅	SI영업, 솔루션 영업(SW), 시스템 영업, 마케팅 매니지먼트

80) 한국정보통신연구진흥원 · 한국직업능력개발원, IT Skill 체계 개발 연구, 2005.

D.SW 개발 및 구현	시스템 개발	시스템SW 패키지, 패키지 SW, 응용SW, 통신SW 개발/구현, 임베디드SW, 데이터베이스
	웹 및 콘텐츠 개발/구현	웹 개발, 게임 애니메이션, 모바일 콘텐츠, 웹 디자인
E.HW 설계/개발 및 구축	전자 회로 설계 및 구현	디지털 회로 설계/개발 등 5개
	반도체/전자 부품소자 설계/개발/생산	반도체 소자 설계/개발, 디스플레이소자 설계/개발, 광전소자 설계 개발 등 10개
	통신 시스템 설계/개발 및 구축	방송통신망 설계/개발 등 8개
	HW 설계/개발 및 구축	메인장치 설계/개발, 주변장치 설계/개발
F.지원 서비스	교육훈련	사용자 교육, 기술 교육, 안전교육
	기반 서비스	네트워크, 정보보호 및 보안
	운용	통신 시스템 운용 및 유지보수, 전산 시스템 운용
	사용자 지원	기술지원, 매뉴얼 및 문서 작성

나. 일본 (IPA[81], 2008)

일본의 IT 분야 스킬 프레임워크는 기존 IT 관련 서비스의 제공에 필요한 능력을 체계화한 지표로써, 산업체, 교육현장 등에서의 IT서비스 및 교육훈련 등에 유용한 정보제공 및 인력양성 등의 목적으로 고안되었다.

일본의 IT 스킬 표준은 IT 인력 육성의 일환으로 개발된 것으로 비즈니스에서 요구하는 성과의 지표를 정리한 캐리어편(달성도 지표[82] 제시)과 성과의 달성에 필요한 스킬을 정리한 스킬편(스킬 숙달도[83] 제시)으로 구성되어 있으며, ISO 등의 국제 표준을 참조해 정리되었다. 특히, 캐리어편의 달성도 지표는

81) 출처 : www.ipa.go.jp
(일본 경제산업성 산하 독립행정법인 정보처리추진기구 IT인재육성 본부 IT스킬 표준 센터)

82) 전문 분야별로 실무 능력을 객관적으로 평가하는 지표

83) 비즈니스 수행시 필요한 각 스킬 항목마다 숙달 정도를 정의한 지표

직종별 능력 수준을 크게 비즈니스 공헌도와 전문가[84]로서의 공헌도를 구분하여 종합 평가함으로써 전문가로서 필요한 과제 해결의 경험 및 실적의 정도를 7단계 직무수준으로 제시하고 있다.

전체적으로 일본의 IT 분야 스킬 프레임워크는 직종을 컨설턴트나 프로젝트 매니지먼트, IT스페셜리스트 등 11가지로 분류하고 직종 마다 전부 상세한 전문 분야를 제시하고 있다. 이 체계의 횡축이 되는 직종에 대해서는 각 직종에 있어서의 업무를 실행하기 위해서 필요한 스킬의 차이나 서비스 공정의 차이를 중시해 구분하였다.

또한, 직무수준은 해당 직종 및 전문 분야에 있어 전문가로서의 가치창출을 위해 필요한 스킬(skill)의 정도를 표현하고 경력과정을 명확하게 하기 위해 7단계의 직무수준을 제시하고 있다. 캐리어 체계상에서 색상이 칠해진 부분이 그 직종과 전문 분야이다. 반면, 색상이 없는 공백의 부분은 시장에서 해당 레벨이 형성되어 있지 않은 것을 나타낸다.

다. 미국 (NSSB(2000), NWCET(2003)[85])

미국은 NSS법(National Skill Standards Act of 1994)에 의해서 국가직무능력표준위원회(National Skill Standards Board, NSSB[86])를 설립하여 15개 유망산업에 대한 국가직무표준을 제정하였으며 후에 22개 분야로 세분화하였다.[87]

---

84) 전문가 정의 : 비즈니스를 성공적으로 수행하여 산업계에 공헌하는 인재로서 전문적인 기술을 습득하고 있으며 이를 고객의 요구 충족에 적용시켜 비즈니스 성과를 달성함. 즉, 단지 높은 수준의 기술뿐만이 아니라, 비즈니스 성과를 달성하는데 필요한 리더십, 커뮤니케이션, 협상 등의 기술을 함양해야 하며, 후진 육성을 위해서도 힘써야 함

85) 출처 : NWCET, Building a Foundation for Tomorrow: Skill Standards for Information Technology, 2002.

86) 출처 : www.nssb.org (미국 국가직무표준 제정기구)
2003년 별도 기구로 승인 (National Skills Board Institute)

87) Agriculture, forestry, and fishing / Construction / Administrative services / Education and training / Finance / Insurance / Healthcare / Human resources / Manufacturing, installation, and repair / Mining / Hospitality, amusement, and recreation / Arts and entertainment / Retail, wholesale, and real estate / Human and personal services / Public administration / Legal and protective services / Scientific and technical fields / Telecommunications / Computers / Transportation / Utilities / Environmental and waste management

NSSB는 2003년 국가직무능력표준기구(National Skill Standards Board Institute, NSSBI)로 발전하였다. 특히, NSSB는 6개 산업분야[88]의 직무표준을 집중 개발하였는데 정보통신은 그 중 하나이다. NSSB에 의해 개발된 IT 분야의 직무 체계는 68개 기술 분류와 7가지 중점 직무를 제시하고 있다. 7가지 중점 직무는 데이터베이스 개발 및 운영, 디지털 미디어, 네트워크 디바이스, 네트워크 인프라, 프로그래밍, 기술문서 작성, 웹 개발 및 운영 등이다.

〔표 27〕 미국 NSSB의 IT 직무 구성

출처 :: NSSB (2000)

직군	주요 업무기능 (critical work function)
데이터베이스 개발 및 운영	· 데이터베이스 분석 및 설계 · 데이터베이스 개발 및 구현 · 데이터베이스 관리 및 유지보수 · 데이터 보증 제공 · 데이터베이스 고객 및 사용자 서비스 제공 · 데이터베이스 테스트
디지털 미디어	· 디지털 미디어 개발을 위한 분석 · 디지털 미디어를 위한 시각적/기능적 설계 제공 · 디지털 미디어 제품 개발 및 획득 수행 · 디지털 미디어 설계 구현 · 디지털 미디어 애플리케이션 테스트
네트워크 디바이스	· Troubleshoot Problems · 고객 서비스 및 지원 · PC/네트워크 디바이스 설치 및 업그레이드 · LAN 관리 및 보안 유지 · LAN 및 네트워크 장비 기능 최적상태 유지 · 업무환경의 보안상태 유지
네트워크 인프라	· 네트워크 인프라 Troubleshooting 수행 · 네트워크 HW/SW 최적화 · 신규설비 설치 및 확장 · 네트워크 보안 구현 및 모니터링 · LAN 설계

88) NSSB 선정 6개 산업부문 : 1) 제조업, 2) 판매서비스업, 3) 교육훈련, 4) 음식료 및 여행, 5) 유틸리티 및 환경과 폐기물 관리, 6) 통신, 컴퓨터, 예술, 오락, 정보

프로그래밍	· 애플리케이션 개발을 위한 분석 · 애플리케이션 설계 · 애플리케이션 개발 · 애플리케이션 타당성 확보 및 테스트 · 애플리케이션 구현/지원 및 유지보수
기술문서 작성	· 문서화 요구사항 분석 · 문서화되어야 할 요소(정보)개발 · 문서 설계 · 문서 개발 및 작성 · 문서 발간
웹 개발 및 운영	· 웹 개발을 위한 콘텐츠 및 기술적 분석 수행 · 웹 애플리케이션/사이트 개발 및 설계 · 웹 사이트/애플리케이션 구현 및 유지보수 · 웹 환경 관리 · 웹사이트 품질관리를 위한 테스트

NSF의 지원을 받는 NWCET(National Workforce Center for Emerging Technology)[89]도 IT 직무표준을 개발 · 관리하고 있고, 2003년에 3번째 버전이 발표되었다.[90]

〔표 28〕 미국 NWCET의 IT 직무 구성

출처 :: NWCET (2002)

직무군	작업기능
데이터베이스 관리 및 개발	· 데이터베이스 분석 및 설계, 데이터베이스 개발 및 수행, 데이터베이스 관리와 유지보수, 보안관리 수행, 서비스 제공
디지털 미디어	· 분석, 시각 및 기능 설계, 미디어 제작, 설계의 수행과 테스트
기업 시스템 분석 및 통합	· 고객의 요구사항을 인지/문서화, 시스템 솔루션 결정, 시스템의 구성에 관한 전략적 지휘/감독, 높은 수준의 기술관리, 시스템 구현
네트워크 설계 및 관리	· 분석과 설계, 네트워크 구조화와 구성, 테스트, 모니터링과 네트워크 관리, 네트워크 관리 및 유지보수

89) www.nwcet.org (미국 국가유망기술인력센터)

90) NWCET, Building a Foundation for Tomorrow: Skill Standards for Information Technology (SmartSkills 2003), 2003.

프로그래밍 및 SW 엔지니어링	· 분석, 구조 개발, 프로그램의 설계 및 개발, 프로그램 구현, 프로그램 테스트, 프로그램의 유효성 검증, 제품의 배포
기술 지원	· 기술적 문제점/고장 수리, 고객서비스 제공, HW/SW의 설치/조정/업그레이드, 시스템의 운영/모니터링/유지보수
기술문서 작성	· 프로젝트의 필요사항 분석, 연구/조사, 문서 설계, 문서 저작, 출판과 포장
웹 개발 및 관리	· 콘텐츠와 기술 분석, 애플리케이션/사이트 개발, 애플리케이션/사이트 설계, 애플리케이션 유지보수, 웹 환경 관리, 기업의 웹 관련 활동 관리

2002년 발표된 2번째 버전[91]에 따르면, NWCET의 분류는 일반 교육과정의 개발, 직원의 고용과 평가, 대학기관과 전문 자격증 프로그램 등의 설계에 도움을 줄 수 있도록 구성되어 있다. 궁극적으로 NWCET는 직무분류를 통해 IT기술자의 교육개혁, 교육과 사업과의 연계 강화, IT교육과정 개발에 의한 고교나 대학, 직업전문교육기관의 연계 등을 목표로 하고 있다.

NWCET는 데이터베이스 관리 및 개발 등 총 8개의 IT 관련 직무군을 제시하고 있으며, 직무군은 다시 41개의 작업기능(work function)으로 구분되며, 각 작업기능은 직무군에 해당하는 직무의 수행목표를 간략하게 서술하는 형태로 구성되어 있다.

라. 영국 (SFIA[92], 2008)

SFIA(Skills Framework for the Information Age) 협회[93]에서 개발한 IT 직무체계는 카테고리와 하위 카테고리를 통해서 두 단계로 IT 분야의 직무를 구분하고 있다. 기본적으로 IT인력에 대한 교육훈련을 목표로 하며 나아가 근로자 개개인의 경력관리에 활용되는 것을 목표로 고안되었다.

IT분야의 직무를 분류하고 직무의 수행수준 정도를 가늠할 수 있는 직무체계

91) NWCET, Building a Foundation for Tomorrow: Skill Standards for Information Technology, 2002.

92) 출처 : www.sfia.org.uk
(Skills Framework for the Information Age, 영국 정보통신직무체계개발협회)

93) SFIA 협회는 2003년 7월에 e-skills UK, BCS(British Computer Society), IEE(Institute of Electrical Engineers), IMIS(Institute for the Management of Information Systems) 등 IT 관련 주요단체 4개 기관이 모여 만든 협회

의 참조모델로 개발된 SFIAplus4(v4)[94]에서는 총 6개 카테고리에 20개의 하위 카테고리로 구성되어 있으며, 세부직무별로 IT관련 종사자가 수행하는 작업들에 대한 책임과 권한, 업무 스킬을 자세히 구분하기 위해 7단계로 수준을 세분화하여 제시하고 있다.

〔표 29〕 영국 SFIA의 IT 직무 구성

출처 :: scripts.bcs.org/sfiaplus/sfia.htm

구분	설명
카테고리 및 하위 카테고리	· 스킬들을 편의를 위해 카테고리 및 하위 카테고리로 묶어 광범위한 일(work)의 범위를 묘사
스킬(Skil)l	· 작업 공간 내에서의 인지할만한 IT 숙련 정도의 범위
스킬 자원(Skill Resource)	· 스킬과 관련된 SFIAplus가 정의하는 8가지 상세 설명
코드(Code)	· 스킬을 구분해내기 위해 도움을 주는 코드
업무(Task)	· 레벨별로 스킬을 구분
업무 숙련도	· 업무를 설명하기 위해 SFIAplus가 정의하는 6가지의 추가 구성

SFIA의 직무수준은 업무를 수행함에 있어 수준에 따른 직무의 자율성, 영향력, 복잡성, 업무능력 등을 매우 구체적으로 명시하고 있어 조직 내 필요한 인력의 구체적 스킬과 수준은 물론, 조직원의 경력관리, 교육훈련 및 평가를 좀 더 효과적으로 수행할 수 있도록 해주고 있다.

SFIA는 성과(performance)와 수준을 연계한 체계이며 산업현장을 중심으로 한 프레임워크로써 절차 중심의 분류체계라는 특성을 갖는다. 즉, SFIA의 카테고리의 순서는 일종의 업무 절차가 반영된 것이라고 할 수 있다. 즉, 전략 및 계획 수립 직무의 경우 뒤이어 나오는 사업 변경, 솔루션 개발 및 구현 등의 선행 직무임을 감안하여 작성되어 있다.

94) 출처 : scripts.bcs.org/sfiaplus/sfia.htm

2. 정보보호 분야 직무체계 개발 사례

정보보호 인력의 직무체계의 개발 사례는 2007년 이전까지는 진행된 바가 없었던 것으로 파악된다. 다만, 2005년 정보통신연구진흥원(IITA, 現정보통신산업진흥원(NIPA))이 한국직업능력개발원(KRIVET)에 위탁하여 개발한 정보통신인력 직무체계에 일부 포함된 정도이다.

정보보호의 중요성이 날로 강조되고는 있지만 실질적으로 정보보호 관련 업무를 전담하여 수행하는 '정보보호 전문인력'에 대한 인식은 매우 낮다. 정보통신부는 정보화촉진기본법(법률 제8031호)[95] 제2조에서 "정보보호라 함은 정보의 수집 · 가공 · 저장 · 검색 · 송신 · 수신 중에 정보의 훼손 · 변조 · 유출 등을 방지하기 위한 관리적 · 기술적 수단 즉 정보보호시스템을 강구하는 것"이라고 정의하고 있다. '정보보호'의 실현을 위해서는 개인과 기업의 핵심자산인 '정보'를 보호하는 직무를 전담할 수 있는 전문적인 지식과 기술을 습득한 정보보호 전문인력의 육성 및 관리가 필요함에도 불구하고 실질적으로는 전문성을 가늠할 수 있는 잣대조차 마련되어 있지 않다. 직무체계는 직무군과 군별 세부직무로 크게 구분되며 세부직무별로 상세한 직무명세를 정의하게 된다. 아울러, 각 세부직무별로 수행에 필요한 직무수준(단계)를 정의하게 된다. 따라서, 직무체계의 개발은 크게 해당 산업(직종)의 직무를 구분하고 직무명세를 작성하는 것과 각 직무별로 직무수준을 정의하는 작업으로 구성된다.

따라서, 직무체계의 개발은 인력의 직무(업무)를 구분하고 해당 직무의 수행을 위해 필요한 지식 및 기술의 수준을 표준화하여 제시하는 체계를 확보함으로써 인력의 수요와 공급 양면에 모두 활용할 수 있도록 해준다. 본 서에서는 한국정보보호진흥원이 2008년 진행한 정보보호 분야 직무체계 개발 사례에 대해 살펴보고자 한다.

---

95) 출처 : 법제처, 정보화촉진기본법(법률 제8031호), 2006.

〔그림 13〕 정보보호 분야 직무체계 개발 프로세스

출처 :: 한국정보보호진흥원 (2008)

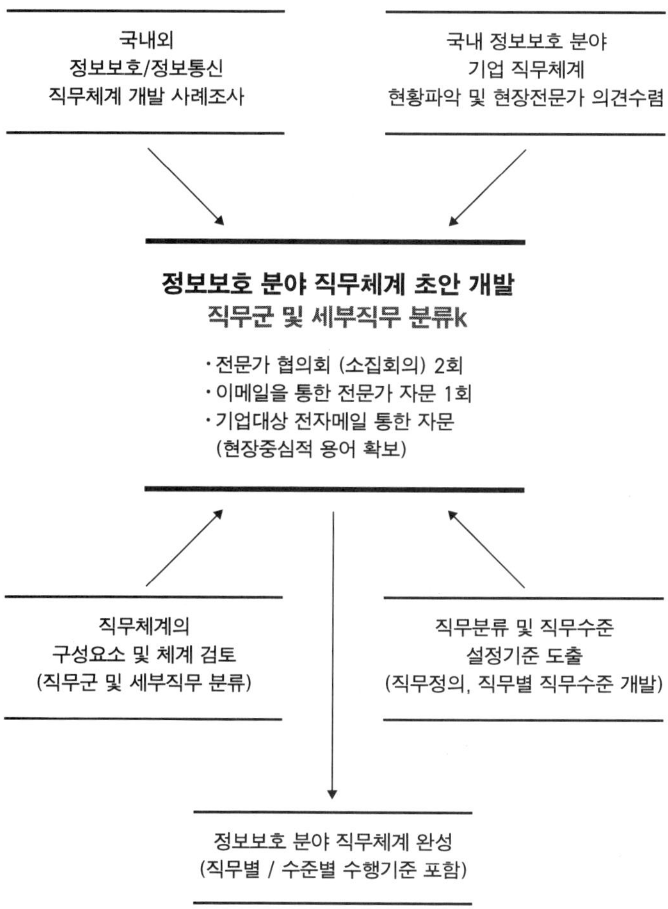

우선, 정보보호 분야 직무체계는 다음과 같은 프로세스에 의해 개발되었다. 직무체계의 개발을 위해 우선 국내외의 정보보호 분야(정보통신 분야 포함)의 직무 및 분류체계와 관련된 문헌을 분석하였다. 다음으로는 보다 현장감있는 직무체계 개발을 위해 정보보호 분야 전문기업이 자체적으로 개발하여 운영하고 있는 직무체계 자료를 확보하여 분석하였다. 국내외 문헌분석과 전문업체 직무체계 분석이 끝나면 이를 바탕으로 정보보호 분야의 직무체계 개발 기

본방향을 설정하고 정보보호 분야 직무체계 초안을 개발하여 전문가 협의회의 자문을 거쳐 수정 · 보완하였다. 전문가 협의회는 정보보호 분야의 정책 및 인력 전문가와 현장 종사자로 구성하여 2차례의 소집회의의 형태로 자유스러운 토론회의를 통해 진행하였다. 이메일을 통한 전문가 자문은 자문회의 결과를 반영한 정보보호 분야 직무체계(안)에 대한 전문가들의 최종의견을 묻는 형태로 진행되었다.

또한, 정보보호 분야의 직무체계는 다음의 조건을 만족시키는 것을 원칙으로 개발되었다.

- 산업 또는 기술 분류가 아닌 직무의 직능유형에 기초한 분류여야 한다.
- 기술특성에 의존하는 정보보호 직업의 특수성을 반영하여 현실 적합성을 높여야 한다(기술특성은 직무분류의 제2 분류원칙으로 활용).
- 정보보호 분야가 시간에 따른 변화가 매우 크다는데 어려움이 있으므로, 주기적인 직업분류를 수행하되 분류의 효율성을 높이기 위하여 부분적인 변화를 신속히 반영할 수 있도록 분류 틀을 구성해야 한다.
- 정보보호 인력의 전체 산업 내에서의 역할에 대해 정의하기 위해 필히 한국표준직업분류(KSCO)와의 연계를 고려해야 한다. 한국표준직업분류에서 사용하고 있는 직업분류 용어를 최대한 활용하도록 한다.

직무체계(안)이 마련된 후 협의회 구성원 이외의 정보보호 분야의 전문가를 대상으로 의견수렴을 위한 공청회, 워크샵, 전자메일을 통한 조사 등을 실시하게 되는데 당시 한국정보보호진흥원은 연구기간이 짧아 공개적인 공청회 등은 진행하지 않았으며, 전자메일을 통한 지속적인 전문가 의견수렴만 진행하였다. 전문가 의견 수렴 과정에서의 주요 검토사항은 정보보호 분야 직무체계(안)가 제시하고 있는 직무명과 상세직무별 설명이 현장에서 실제 사용되고 있는 용어로 설명되었는지, 실제 직무수행 순서와 어느 정도 일치하는지, 실제 직무 내용과 종류가 모두 반영되었는지 등 실질적인 직무내용과 직무순서 등이다. 수차례의 기업 대상의 전자메일을 통한 의견수렴을 통해 용어와 직무순서를 현장 중심적으로 수정하였다.

정보보호 분야 직무체계가 어느 정도 확정된 후 직무별로 직무수행기준을 개발하였다. 원칙적으로 직무수준의 개발 또한 전문가들과 현장 근로자들의 전문적인 지식과 실제 현장에서의 다년간의 경험을 바탕으로 개발되어야 하므로 아주 오랜 기간의 회의와 협의를 통해 개발되는 것이 원칙이며, 가장 좋은 방법은 현장 근로자들과의 장기간에 걸친 심층인터뷰이다. 그러나, 정보보호 분야 직무체계의 경우 연구예산과 연구기간의 부족으로 국내외 직무체계 문헌연구 결과와 전문업체 직무체계 분석 결과를 토대로 하여 개발되었다.[96]

직무수준은 전문인력의 경력년수와 학력을 기준으로 구분하였다. 경력년수는 정보보호 · 정보통신 및 관련 전공의 전문대졸을 기준으로 학사, 석사, 박사 학위자의 경우 각각 2년, 4년, 7년 경력을 추가로 인정하는 것으로 정하였다. 또한 전체적인 흐름은 정보통신기술자의 전공학과의 범위 및 경력인정방법[97]에 따라 IT전문인력의 기술수준 및 경력년수 구분을 채택하였다. 이때, 경력년수는 정보보호와 직 · 간접적으로 관련된 IT분야에서의 경력을 모두 포함한다.

수행기준[98]은 직무체계의 각 세부직무별 특성과 전문성을 반영한 수행 기준서로서 수요 지향적인 교육훈련 과정 및 경력 경로 개발을 위해 세부직무별 직무수준을 명세화한 것이다. 따라서, 정보보호 분야 직무 수행기준은 직무체계와 맞물려 그에 대한 명확한 정의가 선행된 후에 개발된다. 기본적으로 직무수준은 각 세부 직무별로 그 수준의 단계를 달리하여 표현되며, 이것은 각 세부 직무의 각기 다른 특성과 수행 내역을 반영하여 표현되기 때문이다.

---

96) 정보보호 분야 직무 수행기준의 내용은 한국직업능력개발원의 「IT Skill 체계 개발 연구」의 4가지 직무수준 정의에 해당하는 자율성, 영향력, 복잡도, 업무능력을 반영하여 직무수준의 방향을 정하였으며, 이를 기반으로 정보보호 직무체계에 적합한 형태의 직무수준 내용이 7단계에 걸쳐 개발되었다.

97) 정보통신부, 정보통신기술자의 전공학과의 범위 및 경력인정방법 (정보통신부고시 제2005-42호), 2005.

98) 직무체계(Skills Framework)는 산업현장의 직무에 근거하여 직무분류 및 직무수준을 설정하고 직무수준별 수행기준을 제시하는 것 (출처: 한국직업능력개발원, IT Skill 체계 개발 연구, 2005)

[표 30] 정보보호 분야 직무수준의 기본 방향

직무수준	수행 특성	경력년수	기술수준
7	· 정보보호의 구현 · 유지를 위한 최종 의사결정 · 조직내 정보보호정책 수립 · 운영	15년 이상	고급
6	· 정보보호 컨설팅 및 솔루션/시스템 개발 프로젝트 총괄 기획 · 관리 (중간관리, 준영업) · 정보보호 위협요소 및 보안사고 대응전략 수립	12~15년	
5	· 정보보호 컨설팅 및 솔루션/시스템 개발 프로젝트 참여 및 독자 수행 (대규모 프로젝트 리더) · 정보보호 위협요소 및 보안사고 대응전략 수립 및 구현	9~12년	
4	· 정보보호 컨설팅 및 솔루션/시스템 개발 프로젝트 참여, 모듈별 단독 수행 (소규모 프로젝트 리더) · 정보보호 위협요소 및 보안사고 통제 · 관리	7~9년	중급
3	· 정보보호 컨설팅 및 솔루션/시스템 개발 프로젝트 참여, 업무지시에 대한 과업의 일부분 수행 · 정보보호 위협요소 모니터링 결과 분석 및 레포팅	5~7년	
2	· 정보보호 시스템 및 솔루션 개발 프로젝트 참여, 보조 역할 · 정보보호 위협요소 단순 모니터링	3~5년	초급
1	· 공인교육기관에서 교육이수, OJT 실시	3년 미만	

주) 1. 경력년수는 정보보호/정보통신 및 관련 전공의 전문대졸을
기준으로 하며, 학사 2년, 석사 4년, 박사 7년 추가 인정

2. 전체적인 흐름은 IT전문인력의 기술수준 및 경력년수 구분을 채택한 것임.

참고) 정보통신부, 정보통신기술자의 전공학과의 범위 및 경력인정방법 (정보통신부고시 제2005-42호), 2005.

3. 경력년수는 정보보호와 직 · 간접적으로 관련된 IT분야에서의 경력을 모두 포함

4. 직무수준별 정의는 (업무처리의)자율성, (조직 내 의사결정에의)영향력, (수행직무유형의)복잡도, (경력, 학력 수준에 따른)업무수행능력 등을 기준으로 정의

[표 31] 정보보호 분야 직무체계

직무군	직무	직무별 상세정의
1. 전략 및 기획	위험 분석	정보자산에 피해를 끼칠 수 있는 보안 위협을 확인하고, 정보자산의 취약성에 따라 발생할 수 있는 위험의 정도와 피해의 규모를 평가하고, 이를 감소시킬 수 있는 통제 방법을 도출하는 직무이다.
	정보보호 정책 및 계획 수립	정보보호 정책을 수립하고, 정보보호 정책을 구현하기 위한 방법을 상세화하는 직무이다.
	전략 및 기획	개인 프라이버시 보호를 위한 정책 개발 및 구현을 책임지며, 개인정보보호 관련 법/제도의 준수를 위한 업무를 수행하는 직무이다.
2. 마케팅 및 영업	마케팅 매니지먼트	정보보호 시장분석을 통해 신규 시장/고객을 발굴하고, 고객에 맞는 제품(서비스, 시스템, 솔루션)을 기획하는 직무이다.
	기술 영업	영업활동을 통해 잠재고객을 발굴 · 관리하고, 제안서를 작성 · 발표하거나 BMT 및 입찰 등에 참여하며, 고객의 요구를 분석하여 최적의 정보보호 시스템 및 솔루션을 제시함으로써, 해당 프로젝트를 수주 · 계약하며, 사후관리까지를 수행하는 직무이다.
3. 연구개발 및 구현	연구개발	정보보호 시스템 및 솔루션의 연구개발 및 설계를 수행하는 직무로써, 암호 및 인증, 네트워크 보안, 서비스 보안 등의 세부 분야에서 기술을 개발하고, 정보보호 표준화를 담당하며, 정보보호 시스템 및 솔루션을 설계 및 개발하는 업무를 수행한다.
	구현	개발된 정보보호 시스템 및 솔루션의 커스터마이즈 및 기술지원을 수행하며, 포괄적으로 시스템을 고객에게 이전하여 설치/구현하는 업무를 수행하면서 정보보호시스템의 안정적인 운영을 지원하는 직무이다.
4. 교육 및 훈련	일반인 및 사용자 교육	정보보호에 대한 사용자의 인식교육은 물론 설치 · 이전된 정보보호 솔루션 및 시스템에 대한 사용자 교육, 기초기술교육 등 실무 중심적이나 기술적으로 난이도가 높지 않은 기초교육을 실시하는 직무이다.
	전문가 교육	정보보호 솔루션 및 시스템 개발과 관련한 개발자 교육, 전문 사용자 교육, 전문 보안기술교육 등 정보보호 기술 분야별 전문교육을 정규 및 민간 교육기관, 조직자체의 교육프로그램 등에서 수행하는 직무이다.

5. 관리 및 운영	프로젝트 관리	정보보호 프로젝트의 계획, 수행 및 진도관리, 인력관리, 기타 필요사항들을 검토 · 실시하며, 프로젝트 수행시에 수반되는 전주기적인 보안관리를 수행하는 직무이다.
	정보인프라 보안관리	정보자산에 대한 침해사고 방지 및 예방, 대응조치, 환경적응, 수정보완 등을 통해, 고장 없는 최적의 상태로 유지하고, 사용자의 만족을 확보할 수 있도록 운용 · 유지 · 보수하는 직무이다.
	물리적보안	보안시설 및 출입보안체계 등의 물리적 보안시스템의 구축, 개선, 운영 등은 물론 허가되지 않은 사용자의 출입을 통제 · 관리하는 업무를 수행하는 직무이다.
6. 사고 대응	모니터링 및 대응	정보자산에 대한 위협요소를 실시간 모니터링하고, 모의 해킹시험을 수행해 봄으로써 시스템의 취약점을 분석하고, 해킹이나 웜/바이러스 발생 시 즉각 대응하는 업무를 수행하는 직무이다.
	디지털 포렌식	위협분석 요인에 대한 증거를 수집하고, 위협을 발생시켰던 증거를 복구 · 추적할 뿐만 아니라, 증거확보를 위한 시스템 및 솔루션의 운영 · 관리에 대한 책임을 지는 직무이다.
	사고 대응	업무활동에 방해요소를 완화시키며 주요 실패 및 재해의 영향으로부터 주요 사업활동을 보호하는 직무이다. 각종 재해/재난의 발생을 대비하기 위하여 핵심 시스템의 가용성과 신뢰성을 회복하고 업무의 지속성을 유지하기 위한 일련의 계획과 절차를 수립하고 실행하는 업무를 수행한다.
7. 평가 및 인증	평가인증 및 품질보증	정보시스템의 보안 관련 안전성 및 신뢰성 확보를 위해 정보 및 정보시스템의 가용성, 무결성, 비밀성, 부인방지, 품질, 인증 등을 보장하여 정보 및 정보시스템을 보호하고 방어하는 직무로써, 정보시스템 및 관리체계에 대한 인증, 평가, 품질보증을 위한 업무를 수행한다.
	정보시스템 보안감사	독립성을 확보한 감사인이 정보시스템의 안전성, 효율성, 효과성을 향상시킬 수 있도록 필요한 증거를 종합적이고 체계적으로 수집 · 평가하여 객관적으로 관계자에게 조언 · 권고하는 직무이다.

정보보호 분야의 직무체계는 '직무 유형(Skill Type)'을 기준으로 우선 분류되었다. 직무 유형을 기준으로 구분한 후에 '직무 수준(Skill Level)'이 고려되었다. 또한, 가급적 실질적으로 산업체에서 사용되는 용어를 중심으로 직무를 분류하고자 하였으며, 현재 정보보호 분야의 최근 이슈 및 최근 기술현황도 가까운 미래에 실현될 직무로써 반영하고자 노력하였으며, 각 직무군 및 세부직무는 최대한 배타적으로 설계하려고 노력하였다.

정보보호 분야의 직무분류 및 각 직무는 7개의 직무군과 17개의 세부직무로 구성되었다. 대분류는 전략 및 기획, 마케팅 및 영업, 연구개발 및 구현, 교육 및 훈련, 관리 및 운영, 사고 대응, 평가 및 인증 등 7개이다.

제 2 절
직무별 필요 지식 및 기술 분석[99)]

정보보호의 중요성이 확산되면서 국내 정보보호 산업의 발전과 함께 질적으로 양적으로 수요에 적합한 수준의 정보보호 전문인력을 확보하기 위한 인력계획에 대한 필요성이 높아졌다. 특히, 아직 제대로 정의되지 못하고 있는 기업의 정성적인 수요를 보다 체계화하여 정의하기 위해 정보보호 분야 지식 및 기술 분석에 대한 연구가 활발히 진행되어 왔다.

직무별 필요 지식 및 기술을 파악하는 연구의 목적은 기업수요에 적합한 인력을 확보할 수 있는 기반을 마련하는 것이다. 정보보호 분야의 직무별 필요 지식 및 기술을 근간으로 하여 정규 대학(원)의 교과과정 설계 및 운영, 기존 인력의 재교육, 타분야 인력의 유입을 유도할 수 있는 인력계획의 체계를 마련할 수 있기 때문이다.

편리하고 안전한 미래의 정보통신 서비스를 누구보다도 빨리 이용하기를 바라는 일반 사용자들은 미래의 신서비스 및 신기술의 출현에 대한 기대만큼 높은 수준의 정보보호 서비스가 뒷받침되기를 바란다. 따라서, 안전하고 편리한 서비스를 제공해야 할 의무가 있는 조직은 정보보호정책의 수립 · 운영에서부

---

99) 본 절은 Information System Review 등에 게재된 다음 논문들을 중심으로 살펴보고자 한다.
전효정, 유혜원, 김태성, “정보보호 분야 직무별 필요 지식 및 기술 분석”, Information Systems Review, 10(2), 253-267, 2008.8.
유혜원, 김태성, 전효정, “정보보호 분야 지식 및 기술 수요”, 정보보호학회지, 19(1), 23-28, 2009.2.
유혜원, 김태성, “정보보호 전문인력의 경력에 따른 지식 및 기술 수요 특성”, 정보보호학회논문지, 19(4), 77-89, 2009.8a.
유혜원, 김태성, “정보보호 전문인력의 소요 지식 및 기술에 대한 산업체와 교육기관의 관점”, Information Systems Review, 11(2), 113-129, 2009.8b.

터 개인정보보호 전담부서 설치 등에 이르는 전사적인 정보보호 체계 마련의 필요성에 대해 높이 인식하고 있다. 그러나, 정보보호의 필요성에 대해서는 높이 인식하고 있다고 하더라도 당장의 문제나 불편함이 발생하지 않으면 투자할 필요성을 느끼지는 못하기 때문에 사후약방문격의 대처에만 급급한 것이 현실이다. 따라서, 국내 정보보호 산업의 성장을 위해서는 무엇보다도 정보보호 전문인력의 확보가 우선되어야 한다는 전제아래 우선적으로 정보보호 인력에 대한 수요를 분석하고자 하기 위한 노력이 필요하며 이를 위한 첫 단추가 정보보호 분야의 지식 및 기술을 밝혀내는 것이라 할 수 있다.

1. 관련연구 현황

정보보호 분야의 전문인력이 갖추어야 하는 전문지식 및 기술을 밝혀내는 연구는 주로 정보보호 분야 교육과정의 개발 및 재편과 관련하여 이루어져 왔다. 그만큼, 실무자들의 전문지식 및 기술을 식별해 내는 것은 인력의 훈련 및 교육을 위한 교과과정 설계의 훌륭한 기반자료가 된다는 것을 알 수 있다. 그러나, 많은 연구가 정보보호에 대한 인식교육의 필요성을 강조하거나 기존 정보보호 교과과정의 선수관계 조정 또는 보강 수준에 그치고 있다. 정보보호 분야의 실무자들을 위한 전문지식 및 기술을 탐색하고 그 결과를 교과과정 재편에 반영하여야 한다는 논리를 내세운 연구는 알려진 것이 거의 없다.

오랜 기간 동안 정보보호를 정보통신 분야의 일부로 간주해왔기 때문에 정보보호의 교육 프로그램 또는 지식에 대한 연구 중에서 정보보호의 자체적인 교과과정 개발에 대한 연구는 국내외적으로 많지 않은 것으로 파악된다. 따라서, 정보보호 분야뿐만 아니라 정보시스템 분야의 지식 및 기술에 대한 연구에 대해서도 살펴보고자 한다.

가. 정보시스템 분야

관리적 측면의 정보보호가 가장 많이 적용되어 온 정보시스템 분야에서의 직무별 필요 지식 및 기술에 대한 연구가 많이 진행되고 있다. 정대율(1999)[100]은 미래 지향적인 정보시스템 전문가 양성을 위한 경영정보시스템 교과과정을 제시하였다. 정보시스템 전문가에게 요구되는 지식을 기초기술, 개인 컴퓨팅도구 사용능력, 정보시스템 관리 등 총 3개 범주로 제시하고, 현재 및 미래(3년후) 시점에서의 중요도에 대해 조사 · 분석하였다. Cheney & Lyons(1980)[101]는 32명의 정보시스템 관리자를 대상으로 정보시스템 운영에 필요한 지식을 분석하여 제시하고, 필요지식을 5개로 범주화하여 데이터관리자, 시스템분석가, 프로그래머별로 중요도를 조사 · 분석하였다. Nelson(1991)[102]은 전문인력과 최종사용자를 대상으로 정보시스템 관련 지식 및 기술에 대해 필요정도, 숙련 및 미숙련 정도를 조사하여 제시하고 있다.

〔표 32〕 정보시스템 분야 지식 및 기술 연구

구분	연구내용
정대율 (1999)	· 국내외의 MIS 교과과정 연구를 소개하고, 이로부터 정보시스템 전문가들을 위한 요구지식과 기술능력을 구성하여 조사 · 결과를 바탕으로 교과과정 재구성
Cheney, Lyons (1980)	· 32명의 정보시스템 관리자를 대상으로 정보시스템 운영에 필요한 지식을 분석 · 필요지식을 범주화하여 총 5개 범주에 대해 데이터관리자, 시스템분석가, 프로그래머별로 중요도 분석
Nelson (1991)	· 전문인력과 최종사용자를 대상으로 정보시스템 관련 지식 및 기술에 대해 필요정도, 숙련/미숙련 정도 조사
Trauth et al. (1993)	· 미래 정보시스템 전문가들에게 필요할 것으로 생각되는 핵심 기술 및 지식을 식별해 냄 · 정보시스템관리자, 최종사용자관리자, 정보시스템 컨설턴트, 정보시스템 분야 교수 등 4개 그룹별로 조사

100) 출처 : 정대율, "정보시스템 전문가의 요구지식 및 기술능력에 기초한 MIS 교과과정 개발에 관한 연구", Information Systems Review, 1(1), 137-163, 1999.

101) 출처 : Cheney, P.H., Lyons, N.R., "Information Systems Skill Requirements: A Survey," MIS Quarterly, March, 35-43, 1980.

102) 출처 : Nelson, R.R., "Educational needs as perceived by IS and end-user personnel: A study of knowledge and skill requirements," MIS Quarterly, 15(4), 503-525, 1991.

Lee et al. (1995)	· 정보시스템 인력에 대해 낮은 수준의 직무는 사라지고 복잡한 직무가 출현할 것이라고 전제 · 관련 지식 및 기술을 식별하고 그에 대한 현재와 미래 시점에서의 중요도에 대해 설문조사하여 제시 · 궁극적으로는 이에 기반하여 정보시스템 분야의 교과과정 재편의 필요성을 주장
Lee et al.(2002)	· 정보시스템 관련 실무를 처리함에 있어 중요하다고 인식되는 지식 및 기술에 대해 학계와 업계의 관점은 상당히 다르다고 주장 · 두 그룹별 조사를 통해 차이를 분석
Yen et al. (2003)	· 산업계가 수요하고자 하는 정보시스템 지식 및 기술에 대한 산업 실무자와 학계 교육자간의 인식차 분석 · 그 차이를 줄일 수 있는 방안에 대해 제시
Wu et al. (2004)[103]	· 연구모델을 3개 산업별로 3계급의 정보시스템 관리자별로 필요하다고 인식하는 관리자의 역할과 지식 및 기술이 다를 것이라고 전제하고, 조사 · 분석
Wu et al. (2007)	· 3계급의 정보시스템 관리자별로 중요하다고 인식하고 있는 직무 및 지식/기술에 대해 설문조사하여 식별 · 정보시스템 전문가들을 위한 교육/훈련과정을 설계 또는 전문가들을 채용하기 위한 가이드라인으로 활용 가능하다고 주장

Trauth 등(1993)[104]은 미래 정보시스템 전문가들에게 필요할 것으로 생각되는 핵심 기술 및 지식을 식별하고, 정보시스템관리자, 최종사용자관리자, 정보시스템 컨설턴트, 정보시스템 분야 교수 등 4개 그룹별로 조사하였다. Trauth 등(1993)에서 제시된 지식 및 기술은 데이터베이스 개발, 정보보호 기술 등의 정보시스템 기술과 네트워크, 정보통신, 4세대 프로그래밍 언어 등의 일반기술과 임무완수능력, 업무의 모호성 해결능력 등의 관리기술과 사업환경 분석, 사업기능에 대한 지식 등 경영기술 등이다. Lee 등(1995)[105]은 정보시

103) 출처 : Wu, J.H., Chen, Y.C., Lin, H.H., "Developing a set of management needs for IS managers: a study of necessary managerial activities and skills," Information & Management, 41, 413-429, 2004.

104) 출처 : Trauth, E.M., Farwell, D.W., Lee, D., "The IS Expectation Gap: Industry Expectations versus Academic preparation," MIS Quarterly, September, 293-307, 1993.

105) 출처 : Lee, D.M.S., Trauth, E.M., Farwell, D., "Critical Skills and Knowledge Requirements of IS professionals: A joint academic industry investigation," MIS Quarterly, September, 313-340, 1995.

스템 관련 실무를 처리함에 있어 중요하다고 인식되는 지식 및 기술을 제시하고 학계와 업계별로 조사하였다. 제시된 정보시스템 분야의 지식 및 기술은 기술적 지식, 관리 지식, 사업기능 지식 등 3개 범주에 걸쳐 시스템 개발 및 구현, 비즈니스 문제 및 IS 솔루션 분석, 데이터베이스 개발, IS 전문가 교육 및 훈련, 시스템 평가 등 총 21개이다. Lee 등(2002)[106]은 정보시스템 분야의 일반 지식 및 기술과 소프트웨어 툴 분야의 운영체제, 응용 프로그램, 시스템개발 방법론, 프로그래밍 언어 등의 지식 및 기술을 제시하고 학계와 업계 두 그룹별로 인식하고 있는 중요도의 차이를 조사하였다. Yen 등(2003)[107]은 산업계가 수요하고자 하는 정보시스템 지식 및 기술에 대한 산업 실무자와 학계 교육자 간의 인식차를 분석하여 제시하였으며, Wu 등(2004)[108]은 각 산업별(3개)로 정보시스템 관리자별(3계급) 차이를 조사하였다. 제시된 정보보호 관리자를 위한 지식 및 기술로는 전략계획, 시장기회 분석능력, 중장기계획 수립능력, 인적자원 관리 등 21개의 핵심 관리활동과 분석 및 평가기술, 창조 기술 등 9개의 핵심 관리기술이다. 또한, Wu 등(2007)[109]에서는 정보보호 관리자의 계급(최고의사결정자, 중간관리자, 하위관리자)별로 인식하고 있는 정보시스템 관련 핵심활동 20개와 전문지식 및 기술 14개 등에 대한 인식차이를 조사하였다.

나. 정보보호 분야

정보보호를 주제로 하는 많은 연구가 정보보호에 대한 인식교육의 필요성을 강

---

106) 출처 : Lee, S.U., Koh, S.H., Yen, D., Tan, H.L., "Perception gaps between IS academics and IS practitioners: an exploratory study," Information & Management, 40, 51-61, 2002.

107) 출처 : Yen, D.C., Chen, H.G., Lee, S.U., Koh, S.H., "Differences in perception of IS knowledge and skills between academia and industry: findings from Taiwan," International Journal of Information Management, 23, 507-522, 2003.

108) 출처 : Wu, J.H., Chen, Y.C., Lin, H.H., "Developing a set of management needs for IS managers: a study of necessary managerial activities and skills," Information & Management, 41, 413-429, 2004.

109) 출처 : Wu, J.H., Chen, Y.C., Chang, J., "Critical IS professional activities and skills/knowledge: A perspective of IS managers," Computers in Human Behavior, 23, 2945-2965, 2007.

조하거나 기존 정보보호 교과과정의 선수관계 조정 또는 보강 수준에 그치고 있다. 정보보호 분야의 실무자들을 위한 지식 및 기술을 탐색하고 그 결과를 교과과정 재편에 반영하여야 한다는 논리를 내세운 연구는 거의 없다.

〔표 33〕 정보보호 분야 지식 및 기술 식별 연구

저자	연구내용
Irvine 등 (1998)	정보보호 관련 교과목을 공학계열의 전공에 반드시 포함시켜야 한다고 전제하면서 정보보호 분야의 지식 및 기술로서 수학 및 과학을 적용시킬 수 있는 능력, 올바른 의사소통 능력 등 11개를 제시
Wright (1998)	정보시스템 보안의 경우 매우 범주가 넓은 특성이 있어 다학제적인 교육이 필요하다고 전제하면서, 공학계열 학과의 교육과정과 보안교육이 어떻게 연계되는지에 대해서 분석
Logan (2002)	정보통신 전공을 교육함에 있어 보안이슈는 필수인데 특히 대학원 과정의 학생들에게는 정보보호와 관련된 실무측면의 교육이 필요하다고 전제. 보안관련 자격증 및 사설기관 교육과정에서 제시하고 있는 지식영역을 차용하여 대학원생들을 위한 교육과정 편성방향을 제시
Cockcroft (2002)[110]	전자상거래 전공의 교과과정을 설계하면서 정보보안 분야에서 연구되어 온 지식분야와 지식체계를 기반으로 함
최명길·김세헌 (2004)[111]	정보보호 관리자에게 필요한 지식 및 기술을 델파이조사를 통해 도출하고 이를 연구자 그룹과 실무자 그룹별로 설문조사하여 그 차이를 분석 · 제시
Rainer 등 (2007)	정보보호 분야 기술자와 관리자간의 정보보호 이슈에 대한 인식차이를 조사하여 제시
전효정 등 (2008)	연구에서 제시한 정보보호 분야 지식 및 기술(55개)에 추가적으로 정보보호 분야 전문가 10명의 의견을 수렴하여 58개로 정리하고 이에 대해 산업체와 교육기관에 종사 중인 정보보호 전문인력을 대상으로 필요로 하는 정도와 숙련된 정도를 조사

110) Cockcroft, S. (2002), Securing the commercial Internet: Lessons learned in developing a postgraduate course in information security management, Journal of Information Systems Education, 13(3), 205-210.

111) 최명길, 김세헌, 정보보호전문가의 직무수행을 위한 지식 및 기술 분석, 경영정보학연구, 14(4), 71-85, 2004.

유혜원 · 김태성 (2009a)	정보보호 전문인력의 경력별 전문 지식 및 기술을 분석하기 위해 1단계로 전효정 등(2008)[112]에서 정보보호 직무별 필요 지식 및 기술 분석을 위해 실시했던 문헌분석 결과를 제시하고 10명의 정보보호 분야의 전문가(정보보호 전공 교수)의 의견을 수렴하여 최종적으로 정보보호 분야 지식 및 기술 71개로 정리
유혜원 · 김태성 (2009b)	산업체와 교육기관의 지식 및 기술에 대한 수준과 인식차를 비교 분석하고, 산업 현장에서 중요시하는 지식 및 기술 항목을 도출함으로써 전문인력의 주된 공급처인 교육기관이 급변하는 산업현장 수요에 맞는 인재를 양성할 수 있도록 방안 모색

산업계에서 필요로 하는 정보보호 분야 지식 및 기술을 도출하고 각 지식 및 기술의 직무별 차이를 분석하기 위한 문헌연구 결과는 다음과 같다. 최명길, 김세헌(2004)은 특히 정보보호 관리자에게 필요한 지식 및 기술을 델파이조사를 통해 도출하고 이를 연구자 그룹과 실무자 그룹별로 설문조사하여 그 차이를 분석 · 제시하고 있다. 제시된 지식 및 기술로는 관리적 정보보호대책 수립, 정보보호정책 수립, 정보보호시스템 취약성 분석, 위험분석 및 평가 등 15개이며 이를 실무기술, 정보보호 기술, 정보보호관리 기술 등 3개로 범주화하여 제시하고 있다. Irvine 등(1998)[113]은 정보보호 관련 교과목을 공학계열의 전공에 반드시 포함시켜야 한다고 전제하면서 정보보호 분야의 지식 및 기술로서 수학 및 과학을 적용시킬 수 있는 능력, 올바른 의사소통 능력 등 11개를 제시하였다.

Wright(1998)[114]는 정보시스템 보안의 경우 매우 범주가 넓은 특성이 있어 다학제적인 교육이 필요하다고 전제하면서, 공학계열 학과의 교육과정과 보안교육이 어떻게 연계되는지에 대해서 분석하였다. 여기서 제시된 보안관

112) 전효정, 유혜원, 김태성, 정보보호 분야 직무별 필요 지식 및 기술 분석, Information Systems Review, 10(2), 253-267, 2008.8.

113) 출처 : Irvine, C.E., Chin, S.K., Frincke, D., Integrating security into the curriculum, Computer, 31(12), 25-30, 1998.

114) 출처 : Wright, M.A., The need for information security education," Computer Fraud & Security, 1998(8), 14-17, 1998.

련 지식영역은 접근통제, 암호학, 위험관리, 사업지속성계획 등 16개 영역이다. Logan(2002)[115]은 정보통신 전공을 교육함에 있어 보안이슈는 필수인데 특히 대학원 과정의 학생들에게는 정보보호와 관련된 실무측면의 교육이 필요하다고 전제하고 있다. 보안관련 자격증 및 사설기관 교육과정에서 제시하고 있는 지식영역을 차용하여 대학원생들을 위한 교육과정 편성방향을 제시하고 있다. 제시된 지식영역은 보안관리실무, 보안구조 및 모델, 접근통제시스템 및 방법론, 운영체제 보안 등이다. Cockcroft(2002)는 전자상거래 전공의 교과과정을 설계하면서 정보보안 분야에서 연구되어 온 지식분야와 지식체계를 기반으로 하였다. 제시된 지식분야로는 접근통제시스템 및 방법론, 통신 및 네트워크 보안, 보안관리실무, 암호학 등이다.

Rainer 등(2007)[116]은 정보보호 분야 기술자와 관리자간의 정보보호 이슈에 대한 인식의 차이를 조사하였다. 제시된 보안이슈는 정보기밀성, 정보무결성, 방화벽, 정보가용성, 위험관리, 바이러스공격 등 142개이다. 유혜원 · 김태성 (2009a[117], 2009b[118])[119]에서는 전효정 등(2008)[120]에서 제시한 정보보호 분야 지식 및 기술을 재정리하고 문헌분석과 전문가 대상 의견수렴을 통해 71개 및 58개로 정리하여 정보보호 분야 전문가들을 대상으로 숙련 정도와 필요 정도를 조사하여 비교하였다.

---

115) 출처 : Logan, P.Y., Crafting an undergraduate information security emphasis within information technology, Journal of Information Systems Education, 13(3), 177-182, 2002.

116) 출처 : Rainer, R.K., Marshall, T.E., Knapp, K.J., Montgomery, G.H., Do information security professionals and business managers view information security issues differently?, Information Systems Security, 16(2), 100-108, 2007.

117) 출처 : 유혜원, 김태성, 정보보호 전문인력의 경력에 따른 지식 및 기술 수요 특성, 정보보호학회논문지, 19(4), 77-89, 2009.8a.

118) 출처 : 유혜원, 김태성, 정보보호 전문인력의 소요 지식 및 기술에 대한 산업체와 교육기관의 관점 비교, Information Systems Review, 11(2), 1-17, 2009.8b.

119) 출처 : 유혜원, 김태성, 정보보호 전문인력의 경력에 따른 지식 및 기술 수요 특성, 정보보호학회논문지, 19(4), 77-89, 2009.8a.

120) 출처 : 전효정, 유혜원, 김태성, 정보보호 분야 직무별 필요 지식 및 기술 분석, Information Systems Review, 10(2), 253-267, 2008.8.

2. 정보보호 직무별 전문 지식 및 기술 분석 사례

전문인력의 경력별 전문 지식 및 기술을 파악하는 것은 전문적이고 수요 지향적인 정보보호 전문인력 양성을 위한 교육 및 훈련 프로그램 개발을 위한 가장 기초적인 작업이라 할 수 있다. 여기서는 유혜원 · 김태성(2009a[121], 2009b[122])에서 진행된 정보보호 분야 지식 및 기술 분석의 사례를 이용하여 인력수요 분석을 위해 표준화된 지식 및 기술의 도출이 어떠한 역할을 하는지에 대해 설명하고자 한다.

유혜원 · 김태성(2009a)은 정보보호 전문인력의 경력별 전문 지식 및 기술을 분석하기 위해 1단계로 전효정 등(2008)[123]에서 정보보호 직무별 필요 지식 및 기술 분석을 위해 실시했던 문헌분석 결과를 근거로 하여 10명의 정보보호 분야의 전문가(정보보호 전공 교수)의 의견을 수렴하여 정보보호 분야 지식 및 기술 71개를 도출하였다. 2단계로는 71개의 정보보호 분야 지식 및 기술에 대하여 현업 종사자들(경력자)을 대상으로 직무수행시 필요하다고 생각되는 정도(필요 정도)와 본인의 숙련된 정도(숙련 정도)를 설문조사하 최종적으로 정보보호 전문인력의 경력별로 전문 지식 및 기술의 필요 정도와 숙련 정도를 비교하였다. 2단계 설문조사의 대상은 한국정보보호산업협회(KISIA)[124] 회원사에 종사중인 정보보호 업무를 취급하는 전문인력으로 최종 응답자 수는 238명이었다.

정보보호 전문인력을 업무 경력별로 3개의 그룹으로 구분하여 71개 지식 및 기술 항목에 대한 필요 및 숙련 정도에 대한 그룹간의 차이점을 분석하였는데, 전공 범위 및 업무경력의 구분은 정보통신기술자의 전공학과의 범위 및 경력인정 방법[125]을 참조하였다.

---

121) 출처 : 유혜원, 김태성, "정보보호 전문인력의 경력에 따른 지식 및 기술 수요 특성", 정보보호학회논문지, 19(4), 77-89, 2009.8a.

122) 출처 : 유혜원, 김태성, "정보보호 전문인력의 소요 지식 및 기술에 대한 산업체와 교육기관의 관점 비교", Information Systems Review, 11(2), 1-17, 2009.8b.

123) 출처 : 전효정, 유혜원, 김태성, "정보보호 분야 직무별 필요 지식 및 기술 분석", Information Systems Review, 10(2), 253-267, 2008.8.

124) 現지식정보보안산업협회

125) 정보통신부, 정보통신기술자의 전공학과의 범위 및 경력인정방법 (정보통신부고시 제2005-42호), 2005.

〔표 34〕 정보보호 분야 지식 및 기술 (71개, 2009.8)

*ISMS : Information Security Management System

*ITIL : Information Technology Infrastructure Library

*물리적 보안 : 출입통제, 시설보안 등

*수리능력 : 이산수학, 미적분학, 확률통계학 등

· 의사소통 능력	· 사업지속성 관리에 대한 이해
· 원만한 대인관계능력	· 악성코드 제작 및 분석 기술에 대한 이해
· 리더쉽	· 해킹 및 바이러스 분석 및 대응능력
· 직업윤리에 대한 이해	· 위험 관리(위험 분석 및 평가) 능력
· 프로정신에 대한 이해	· 침입탐지와 차단 관리 능력
· 문서작성(워드프로세스 등) 능력	· 침해사고에 대한 대응 능력
· 발표(프리젠테이션) 능력	· 보안 취약점 분석 능력
· 경영기능에 대한 이해	· 정보보호시스템 취약점 분석 능력
· 경영환경, 목표, 전략에 대한 이해	· 정보보호시스템 평가 및 인증에 대한 이해
· 경영문제진단과 해결대안 개발 능력	· 정보보호 표준에 대한 지식
· 마케팅에 대한 기본 지식	· 품질관리 및 품질보증에 대한 이해
· 고객 또는 사용자와의 긴밀한 관계유지 능력	· 정보보호 표준에 대한 지식
· 프로젝트 관리에 대한 이해	· 품질관리 및 품질보증에 대한 이해
· 프로젝트 관리자의 역할에 대한 이해	· 물리적 보안에 대한 이해
· 프로젝트 팀 내에서의 협업 능력	· 물리적 정보보호대책 설계 능력
· 프로그래밍 언어(C++, JAVA)에 대한 이해	· 디지털 포렌식에 대한 이해
· 소프트웨어 공학에 대한 이해	· 수리능력
· 운영체제(유닉스, 윈도우 등) 구조에 대한 이해	· 기초 암호학 이해 및 적용 능력
· 시스템 구조 분석 능력	· 무선 보안 기술
· 임베디드 시스템에 대한 이해	· 보안모듈 관련 지식 및 기술
· 시스템 정합(interface) 기술에 대한 이해	· 보안 키 관리 기술
· 정보시스템 설계 및 개발 능력	· 전자 서명 및 인증 기술
· 시스템 형상관리에 대한 이해	· 암호프로토콜 안전성 분석 기술
· 네트워크 및 통신보안기술에 대한 이해	· 암호프로토콜 설계 기술
· 인터넷 프로토콜에 대한 이해	· 데이터베이스 보안기술에 대한 이해
· 인터넷 기술 및 웹사이트 관리 기술 이해	· 콘텐츠 보안기술에 대한 이해

· 이동통신 관련 기술	· 서버보안시스템 구축 능력
· 개인 프라이버시와 윤리에 대한 이해	· PC보안 기술에 대한 이해
· 정보보호 관련 법률 및 규정에 대한 이해	· 애플리케이션 보안기술에 대한 이해
· Cyber Law에 대한 이해	· 생체인식기술에 대한 이해
· 관리적 정보보호정책 수립 능력	· 전자상거래 보안기술에 대한 이해
· 정보전에 대한 이해	· 새로운 보안환경(웹2.0, IPv6 등) 분석 및 이해
· 보안감사에 대한 이해	· 보안관제 관련 기술
· COBIT 4.0에 대한 이해	· 물리적 보안과 기술적 보안의 융합보안
· ISMS에 대한 이해	· 정보기술과 정보보호와의 융합보안
· ITIL에 대한 이해	· 제반 산업분야로의 정보보호기술적용을 통한 융합보안
· IT Governance에 대한 이해	

유혜원 · 김태성(2009b)에서는 산업체와 교육기관의 정보보호 전문인력을 대상으로 필요한 지식 및 기술 요구사항에 대해 분석하였다. 정보보호 전문인력의 업무 범위가 다양해진 만큼 전문인력이 갖추어야 할 지식 및 기술을 파악하고 상대적으로 산업체에서 중요시하는 지식 및 기술 항목을 선정하여 수요 지향적인 인재양성을 위한 방안을 제시할 필요가 있다는 데 착안한 논문이다. 우선, 전효정 등(2008) 연구에서 제시한 정보보호 분야 지식 및 기술(55개)을 근간으로 하여 정보보호 분야 전문가 10명의 의견을 수렴하여 58개로 재정리하였으며, 이에 대해 산업체와 교육기관에 종사 중인 정보보호 전문인력을 대상으로 필요로 하는 정도와 숙련된 정도를 조사하였다. 이 조사를 통해 유혜원 · 김태성(2009b)은 산업체와 교육기관의 지식 및 기술에 대한 수준과 인식차를 비교 분석하고, 산업 현장에서 중요시하는 지식 및 기술 항목을 도출함으로써 전문인력의 주된 공급처인 교육기관이 급변하는 산업현장 수요에 맞는 인재를 양성할 수 있도록 방안을 제시하였다. 본 논문의 결과는 산업체와 교육기관 전문인력의 교육 및 재교육을 위한 자료로서 활용 가능하며, 수요 지향적인 인재 양성을 위한 교육 프로그램 수립에 이용할 수 있을 것으로 기대되는데, 정보보호 분야 전문인력이 갖추어야 할 표준지식체계(Common Body of

Knowledge, CBK)를 도출하여 정립함으로써 기업은 '수요'를 정의하고 공급기관(대학(원) 등)은 공급방향을 설정할 수 있기 때문이다.

〔표 35〕 정보보호 분야 지식 및 기술 (58개, 2009.8)

프로그래밍 언어: C++, JAVA 등
운영체제: 유닉스, 윈도우 등
ISMS: Information Security Management System
ITIL: Information Technology Infrastructure Library
물리적 보안: 출입통제, 시설 보안 등
수리능력: 이산수학, 미적분학, 확률통계학 등
새로운 보안환경: 웹2.0, IPv6 등

· 의사소통 능력	· ITIL에 대한 이해
· 원만한 대인관계능력	· IT Governance에 대한 이해
· 리더쉽	· 사업지속성 관리에 대한 이해
· 직업윤리에 대한 이해	· 위험 관리(위험분석 및 평가) 능력
· 문서작성(워드프로세스 등) 능력	· 침해사고에 대한 대응 능력
· 발표(프리젠테이션) 능력	· 보안 취약점 분석 능력
· 경영기능에 대한 이해	· 정보보호시스템 평가 및 인증에 대한 이해
· 경영환경, 목표, 전략에 대한 이해	· 정보보호 표준에 대한 지식
· 경영문제진단과 해결대안 개발 능력	· 품질관리 및 품질보증에 대한 이해
· 프로젝트 관리에 대한 이해	· 물리적 보안에 대한 이해
· 프로젝트 관리자의 역할에 대한 이해	· 디지털 포렌식에 대한 이해
· 프로젝트 팀 내에서의 협업 능력	· 수리능력
· 프로그래밍 언어에 대한 이해	· 기초 암호학 이해 및 적용 능력
· 소프트웨어 공학에 대한 이해	· 무선 보안 기술
· 운영체제 구조에 대한 이해	· 보안모듈 관련 지식 및 기술
· 시스템 구조 분석 능력	· 보안 키 관리 기술
· 임베디드 시스템에 대한 이해	· 전자 서명 및 인증 기술
· 시스템 정합(interface) 기술에 대한 이해	· 암호프로토콜 안전성 분석 기술
· 정보시스템 설계 및 개발 능력	· 암호프로토콜 설계 기술
· 시스템 형상관리에 대한 이해	· 데이터베이스 보안기술에 대한 이해

· 네트워크 및 통신보안기술에 대한 이해	· 콘텐츠 보안기술에 대한 이해
· 인터넷 프로토콜에 대한 이해	· 서버 보안시스템 구축 능력
· 인터넷 기술 및 웹사이트 관리 기술 이해	· PC 보안 기술에 대한 능력
· 개인 프라이버시와 윤리에 대한 이해	· 애플리케이션 보안기술에 대한 이해
· 정보보호 관련 법률 및 규정에 대한 이해	· 생체인식기술에 대한 이해
· 정보전에 대한 이해	· 전자상거래 보안기술에 대한 이해
· 보안감사에 대한 이해	· 새로운 보안환경 분석 및 이해
· COBIT 4.0에 대한 이해	· 보안관제 관련 기술
· ISMS에 대한 이해	· 제반 산업분야로의 정보보호 기술 적용을 통한 융합보안

58개 지식 및 기술에 대하여 설문조사를 통해 산업체와 교육기관 각 그룹별로 유의한 차이를 보인 지식 및 기술 39개를 도출하였다. 결과적으로, 두 그룹 모두 원만한 대인관계능력을 비롯하여 네트워크 및 통신보안기술에 대한 이해, 개인 프라이버시와 윤리에 대한 이해, 정보보호 관련 법률 및 규정에 대한 이해, 보안 취약점 분석 능력, 시스템 구조 분석 능력 등에서 높은 필요정도를 나타냈다.

이상의 정보보호 분야 지식 및 기술 체계에 대해 산업계와 학계가 모두 동의한 수준은 아니다. 일반적으로 정보보호 업체 또는 정보보호 업무를 취급하는 업체 등은 CISSP(국제공인 정보시스템 감사사)의 10개 지식 도메인을 표준으로 채용하여 활용하는 사례가 많은 것으로 파악되고 있다. 그러나, 10개 지식 도메인은 '기술' 중심적인 분류로서 경영관리 또는 문서관리 등의 기본 스킬들은 포함되지 못한다는 한계를 갖는다.

〔표 36〕 그룹별 지식 및 기술의 필요정도 비교

순위	그룹1 (산업체 전문인력)	그룹2 (교육기관 전문인력)
1	원만한 대인관계능력	네트워크 및 통신보안기술에 대한 이해
2	네트워크 및 통신보안기술에 대한 이해	개인 프라이버시와 윤리에 대한 이해
3	문서작성(워드프로세서 등) 능력	정보보호 관련 법률 및 규정에 대한 이해
4	개인 프라이버시와 윤리에 대한 이해	보안 취약점 분석 능력

5	정보보호 관련 법률 및 규정에 대한 이해	시스템 구조 분석 능력
6	보안 취약점 분석 능력	위험관리(위험분석 및 평가) 능력
7	PC보안 기술에 대한 능력	침해사고에 대한 대응 능력
8	새로운 보안환경(웹2.0, IPv6 등) 분석 및 이해	보안 키 관리 기술
9	정보보호 표준에 대한 지식	전자서명 및 인증 기술
10	시스템 구조 분석 능력	원만한 대인관계능력
11	서버 보안 시스템 구축 능력	정보시스템 설계 및 개발 능력
12	위험관리(위험분석 및 평가) 능력	기초 암호학 이해 및 적용 능력
13	정보보호시스템 평가 및 인증에 대한 이해	정보보호시스템 평가 및 인증에 대한 이해
14	시스템 정합(interface) 기술에 대한 이해	정보보호 표준에 대한 지식
15	정보시스템 설계 및 개발 능력	데이터베이스 보안기술에 대한 이해

〔CISSP 10개 지식 도메인〕

출처 :: www.cisspkorea.or.kr

- **Access Control Systems and Methodology** : 접근제어시스템 및 방법론
- 주체들과 객체의 용어, 인증기술의 구현 개념
- **Applications and Systems Development Security** : 응용/시스템 개발 보안
- 보안과 시스템 개발 프로세스의 제어, 라이프사이클, 적용 제어, 변경 제어
- 데이터웨어하우징, 데이터마이닝, 지식 기반 시스템, 프로그램 인터페이스, 데이터와 애플리케이션 무결성/보안/가용성
- **BCP(Business Continuity Planning) and DRP(Disaster Recovery Planning)** : 사업연속계획 및 비상복구계획
- 정상적인 경영 활동에 대한 위협요인에도 경영을 계속할 수 있도록 해주는 백업계획 등
- **Cryptography** : 암호학
- 경영과 보안 요구사항을 위한 경영층의 원칙, 키관리, 보안 프로토콜
- **Law, Investigation and Ethics** : 법, 수사 및 윤리

- 컴퓨터 범죄 관련 법률과 규칙
- 범죄가 이루어졌는지를 판단하는데 사용되는 규칙, 측정, 관련 기술
- 보안 전문가를 위한 윤리적인 문제와 행위의 코드
- 사이버 범죄에 대한 증거를 수집하는 방법

- **Operations Security** : 운영 보안
- **Physical Security** : 물리적 보안
- **Security Architecture and Models** : 보안구조 및 모델
- **Security Management Practices** : 보안관리
- **Telecommunications and Network Security** : 통신 및 네트워크 보안

제 3 절 교육체계의 개발[126]

사회기간 인프라로서 국가적 · 사회적으로 정보보호의 중요성이 커지고 있지만, 본격적인 산업발전을 견인할 정보보호 전문인력 교육은 물론 국가 정보보호 수준을 높이기 위한 일반인 대상의 교육 모두 정책적 지원을 충분히 받지 못하고 있다. 정보보호 인력을 양성할 교육기관 및 전문 연구기관이 부족하며, 정보보호 관련 정책은 방송통신위원회, 행정안전부, 지식경제부 등 3개 부처별로 분할되어 추진되고 있어 체계적인 정보보호 교육 추진에도 어려움을 초래하고 있는 것도 문제이지만, 무엇보다도 어떠한 인력을 정보보호 인력이라 할 것인지, 그러한 정보보호 인력이 갖추어야 할 지식 및 기술은 무엇인지가 표준화되어 있지 못해 인력에 대한 교육이 체계적으로 이루어지지 못하고 있다는 점이 가장 큰 문제라고 할 수 있다.

또한, 현재의 정보보호 교육은 주로 산업체 종사자를 대상으로 한 재교육의 형태가 많기 때문에 '전문인력' 양성에 주력하고 있다는 한계가 있다. 정보보호실태

---

126) 본 절은 "국가 정보보호 교육 프레임워크 개발" 연구를 중심으로 살펴보고자 한다. (한국인터넷진흥원, 국가 정보보호 교육 프레임워크 개발, 2009).

조사(기업편)[127]에서는 교육대상을 CEO, 정보보호 책임자급, 개인정보보호 관리자, IT 및 정보보호 실무자, 컴퓨터를 사용하는 일반직원 등으로 구분하고 있으며, 정보보호실태조사(개인편)[128]에서는 교육현황에 대한 조사를 실시하지 않고 있다.[129] 또한, 정보보호 교육내용은 '정보보호 인식 및 관리'로서 대상이 정보보호 전문가라는 것을 전제로 하고 있다. 현재 실시하고 있는 교육은 대부분 정보보호 관련 기술 및 관리방법에 집중되고 있으며, 정보보호 실태조사(기업편)에서도 '정보보호 인식 및 관리'의 교육여부에 대해서만 조사한 바 있다.

정보보호 교육체계의 개발은 이를 위한 시발점이 될 것이며 그 근간이 될 것으로 기대된다.

〔그림 14〕 NIST의 정보보호 교육체계

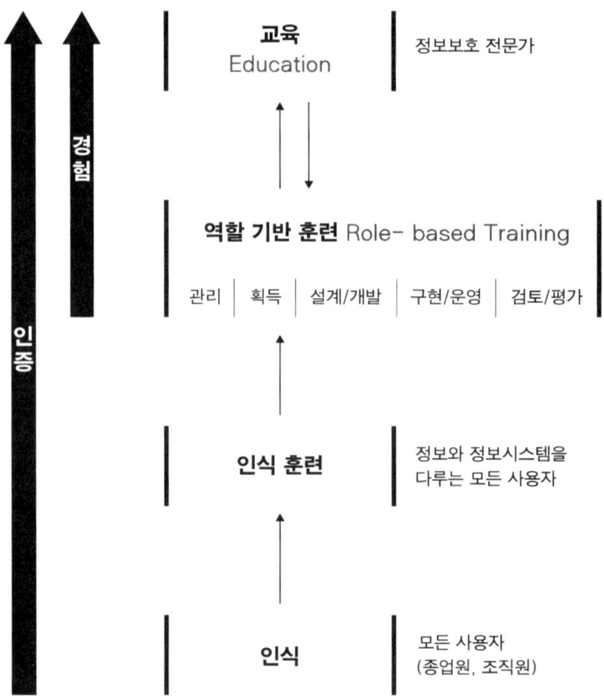

127〕 한국정보보호진흥원, 2008 정보보호 실태조사: 개인편, 2008.

128〕 한국정보보호진흥원, 2008 정보보호 실태조사: 기업편, 2008.

129〕 2008년 이후에는 이보다 자세한 조사도 실시하고 있지 않다.

1. 관련연구 현황

미국국립표준기술연구소(National Institute of Standards and Technology, NIST)는 표준 정보보호 교육체계로서 4단계 모델을 제시하였다.[130] 1단계는 인식(Awareness)로서, 이 단계는 훈련이 아니라 자연스럽게 정보보호의 중요성에 대해 공감하고 이해하는 단계이다. 끊임없이 정보보호 정책에 대해 인식시키고 정보보호 관련 뉴스나 이슈를 제공해 줌으로써 사용자(조직원)들이 스스로 정보보호에 대해 알아가는 단계이다. 인식(awareness)은 사회과학(사회인지), 심리학, 의학, 정보시스템(정보시스템인식) 등에서 많이 연구되어 왔는데, 인식은 각 개인의 자각으로 정의될 수 있고 정해진 이슈에 대한 관심이 증가하는 것으로 의식의 주요 구성요소 중 하나로 간주된다. 인간은 환경에 연관된 위협과 활동들의 현재 상태를 인지함으로써 사람들은 그들 자신의 업무를 일관된 목표를 향해 조정한다.(Choi et al., 2008)[131] Choi et al.(2008)은 정보보호인식은 이슈에 대한 개인의 관심의 정도로 정보보호에 대한 자각 및 정보보호활동에 대한 관심 정도라고 정의하였다. 임채호(2006)는 정보보호인식을 사람들이 자신의 직무를 수행하는데 있어 정보보호의 함축된 상태를 잘 알 수 있도록 하는 프로세스로 여기에는 정보보호의 중요성인식, 보안사고 발생시 이에 대한 대응방안과 보고체계 등이 포함된다고 하였다. 많은 연구자들이 정보보호에서의 정보보호 인식제고의 중요성을 주장하였는데, 대표적으로 Siponen(2000)[132]은 정보보호인식의 증가는 사용자와 관련된 실수를 최소화할 것이고 사용자 관점의 보안기술 및 절차의 효율성을 최대화할 것이라고 하였다.

---

130) 출처 : NIST, Information Security Training Requirements : A Role- and Performance-Based Model(Rev). 2009.

131) 출처 : Choi, N.J., Kim, D., Goo, J.H., Whitmore, A., "Knowing is doing: An empirical validation of the relationship between managerial information security awareness and action", Information Management & Computer Security, 16(5), 484-501, 2008.

132) 출처 : Siponen, M.T., "A conceptual foundation for organizational information security awareness," Information Management & Computer Security, 8(1), 31-41, 2000.

Nosworthy(2000)[133]는 정보보호의 실패가 정보보호에 대한 인식 미비, 자원 할당 부족 및 교육 · 훈련의 부족에 기인한다고 하였다. Chen et al(2008)[134]은 보안인식은 인력에 포함되어 있으며 기술적 보안 솔루션뿐만 아니라 인력 자체가 정보자산 보호의 중요 요소라고 하였다. Rezgui and Marks(2008)[135]는 탐색적 연구를 통해 정보보호인식에 있어서 교육의 중요성을 주장하였다. 학습된 환경에서 정보시스템 보안 인식이 촉진된다는 것이다. 정해철과 김현수(2000)[136]은 국내 기업을 대상으로 보안수준과 조직 구성원들의 의식수준을 조사하여 두 변수간의 관계를 증명하였다. 강성민과 송은수(2008)[137]는 우리나라의 정보보호 현황을 살펴보고 우리나라의 정보침해 및 내부 사용자 보안의 중요성 등에 대해 파악하고 정보시스템을 다루고 있는 정보 사용자들을 대상으로 전자상거래 환경에서의 정보보호 인식에 대해 분석하고 사용자들이 정보보호에 대한 인식을 가져야 한다고 강조하였다. 김종기와 강다연(2008)[138]은 조직에서의 보안정책이 정보시스템 사용자의 보안의식과 개인적 특성에 주는 영향을 살펴보고 보안의식과 개인적 특성이 패스워드 사용에 있어서의 보안효과를 실증 분석하였다.

NIST(2009)의 표준 정보보호 교육체계의 2단계는 인식훈련(Awareness Training) 단계로서, 인식 후 전문직인 역할기반 훈련에 돌입하기 전 워밍업 단계의 훈련이라 할 수 있다. 조직이 직면하는 다양한 정보보호 위협의 종류와 그

133) 출처 : Nosworthy, J., "A practical risk analysis approach : Managing BCM risk," Computers & Security, 19(7), 596-614, 2000.

134) 출처 : Chen, C.C, Medlin, B.D., Shaw, R.S., "A cross-cultural investigation of situational information security awareness programs", Information Management & Computer Security, 16(4), 360-376, 2008.

135) 출처 : Rezgui, Y., Marks, A., "Information security awareness in higher education: An exploratory study," Computers & Security, 27(7-8), 241-253, 2008.

136) 출처 : 정해철, 김현수, "조직구성원의 정보보안 의식과 조직의 정보보안 수준과의 관계 연구", 정보기술과 데이타베이스 저널, 7(2), 117-134, 2000.

137) 출처 : 김종기, 전진환, "대기업과 중소기업 간의 정보보안 요소에 대한 사용자의 인지 비교: 컴퓨터 바이러스를 중심으로", 정보보호학회논문지, 16(5), 79-92, 2006.

138) 출처 : 강성민, 송은수, "전자상거래 기업 환경에서의 시스템 사용자의 정보보안에 대한 인식 연구", 전자무역연구, 6(1), 1-37, 2008.

로 인한 피해에는 '무엇'이 있는지를 알아가는 단계로서 그러한 위협을 '어떻게' 해결해야 하는지에 대한 훈련은 배제된다. 인식 훈련은 조직원들이 정보시스템을 사용할 때 정보보호를 위해 취해야 할 행동강령 등에 대해 훈련시키는 단계이다. 3단계는 역할기반훈련(Role- based Training) 단계이다. 3단계에서는 정보보호 지식 및 기술을 훈련하게 되는데, 조직원들이 자신의 정보보호 책무를 수행하는데 필요한 수준에 맞춰 훈련이 이루어진다. 마지막으로, 4단계는 교육(Education) 단계로 정보보호 전문가 양성을 목표로 이루어지는 전문적인 교육으로서 현재 및 미래에 필요한 지식 및 기술을 전달한다. 이 단계는 일반적으로 정규교육기관을 통한 학위과정을 통해 가능하며, 일반인력을 산업인력(전문인력)으로 양성하기 위해 교육하는 것을 목표로 한다.

NIST(2009)는 4단계의 표준 정보보호 교육체계를 제시하면서 조직의 정보보호교육체계의 운영을 위해 조직내 정보보호 관련 책임자들을 지명하고 각각의 역할도 정의하였다. 이들은 조직의 정보보호를 위한 책임을 맡는 동시에 그를 위한 훈련 및 교육을 받아야 하는 교육의 대상이기도 하다. 조직내 정보보호 관련 책임을 맡는 인력 즉 교육대상으로 기관장(Agency Head), 최고정보책임자(Chief Information Officer, CIO), 선임 정보보호 책임자 (Senior Agency Information Security Officer, SAISO), 관리자(Managers), 교육전문가(Instructional Design Specialists, IDPs), 정보보호 관련 책임을 맡은 인력(Personnel with Significant for Information Security), 사용자(Users) 등 7개 그룹이다. 이들은 정보보호 지식 및 기술에 대한 요구수준도 다르며 훈련 및 교육 받을 수 있는 전문적인 능력의 차이도 분명하게 나타난다.

〔표 37〕 교육에 있어서의 정보보호 인력의 역할 및 책무

구분	연구내용
기관장 (Agency Head)	· 전체 종업원들에게 효율적인 정보보호 인식, 인식훈련, 역할기반 훈련을 제공하는 것을 최우선 책임으로 함을 보장해야 한다. · 여기에는 강력한 인식 및 훈련 등을 위한 실행 가능한 정보보호 프로그램의 구현이 포함된다.

최고정보책임자 (Chief Information Officer, CIO)	· CIO는 FISMA(미국연방정보보안관리법)에 따라 정보보호를 위한 중요한 책임을 맡고 훈련을 실행한다. · CIO는 조직 전체에서 실행될 정보보호 인식 및 훈련 프로그램을 위한 전략을 수립한다.
선임 정보보호 책임자 (Senior Agency Information Security Officer, SAISO)	· SAISO는 조직의 정보보호 인식 및 훈련 프로그램을 위한 전술적인 수준의 책무를 맡는다. · SAISO는 조직 내의 정보보호교육을 위한 교육자료를 적절히 개발하거나 구매하고 정기적으로 그 내용을 점검 및 업데이트해야 한다.
관리자 (Managers)	· 정보보호 인식, 인식훈련, 역할기반훈련 요구사항이 잘 운영되도록 하는 운영상의 책임을 맡는다. · CIO, SAISO 등과 긴밀하게 협의하여 교육을 수행한다. · 사용자들이 조직의 정보보호정책에 따라 잘 행동하고 있음을 점검하며, 그들의 시스템에 대해 훈련받은 대로 사용하고 있음을 점검한다.
교육전문가 (Instructional Design Specialists, IDPs)	· 교육전문가(내부자 또는 외부 전문가)는 조직 내 정보보호 교육체계의 실질적인 운영을 위한 핵심인력이다.
정보보호 관련 책임을 맡은 인력 (Personnel with Significant for Information Security)	· FISMA(미국연방정보보안관리법)에 따라 미국 내 모든 기업들은 정보보호와 관련된 분명한 책임을 맡고 있는 모든 인력을 파악하고 의무교육을 실시하여야 한다. · 이러한 인력(정보보호 프로그램 운영인력, 시스템 및 네트워크 운영자 등)은 조직내 정보시스템의 보호를 위한 중요한 책임을 맡고 있으므로 이들에 대한 교육은 매우 중요하다.
사용자 (Users)	· 사용자들은 조직의 정보보호 정책과 절차를 잘 이해하고 준수해야 한다. · 본인이 엑세스하는 모든 시스템과 애플리케이션들을 어떻게 다루어야 하는지에 대한 기본적인 훈련을 받아야 하며, 소프트웨어와 애플리케이션에 대해 최신의 보안패치를 설치해 줌으로써 보안상태를 유지해 주어야 한다.

이에 따라, NIST(2009)는 각 교육대상별로 지식 및 기술을 매치시킨 '역할기반 훈련을 위한 매트릭스(Role-based Training Matrices)'도 설계하였으며 정보보호 교육을 위한 커리큘럼 모듈도 설계하여 제시하였다. 본 서에서는 이를 활용하여 국내에 적용할만한 국가 차원에서의 정보보호 교육을 위한 매트릭스를 구성하였다.

2. 정보보호 분야 교육체계 개발 사례

가. 교육체계 개발의 목적

잘 훈련된 정보보호 인력을 확보하여 산업발전을 이끄는 것도 중요하지만, 국가의 정보보호가 시스템의 구축이나 전문인력의 노력만으로 달성될 수 없다는 점을 감안한다면 전국민 대상의 맞춤형 정보보호 교육을 위한 기반을 마련하는 것이 무엇보다도 시급하다.

정보보호 교육체계는 궁극적으로 정보보호 인력에 대한 수요에 기반한 인력양성을 위한 교육 프로그램을 개발하고, 교육 프로그램에 기반한 보다 실질적인 인력양성 정책을 제시하는 데에 목적이 있다. 즉, 정보보호 교육체계에 기반한 전문인력에서부터 일반국민에 이르기까지의 국가적인 교육체계를 확립함으로써 국가 정보보호 수준을 향상시키고 정보강국으로서의 국제적인 위상을 공고히 할 수 있다. 또한, 정보보호 교육체계는 기업의 수요를 반영할 수 있어야 하며, 실질적으로 국가와 기업의 인력계획에 활용될 수 있도록 개발되어야 한다.

〔그림 15〕 정보보호 교육체계 개발의 목적

정보보호 사고 건수/종류 다변화	▶	방지를 위한 인식교육 필요	▶	교육대상 확대
정보보호산업 성장 둔화	▶	산업발전을 위한 원동력 필요	▶	전문기술인력 양성
개인의 컴퓨팅 능력 확대	▶	개인도 정보보호 교육 필요	▶	인식교육 확대
정보보호 주관 다부처화	▶	부처 특성화된 정책 발굴/추진	▶	정보보호 정책 다각화

〔그림 16〕 교육 매트릭스 개발 프로세스

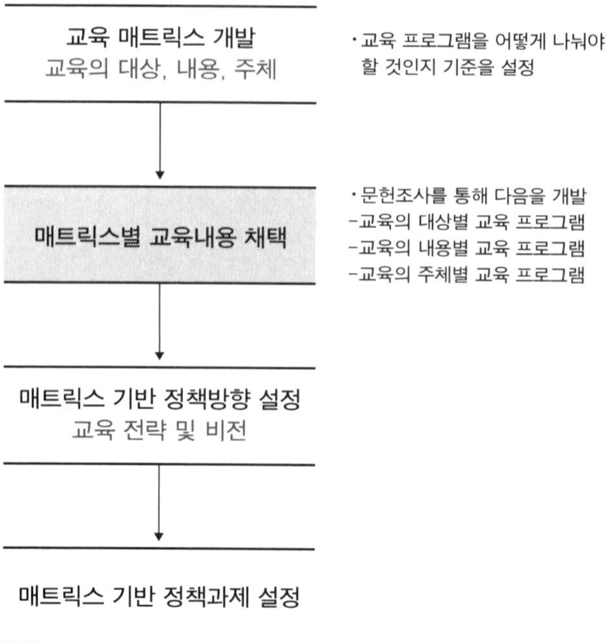

나. 교육체계 개발 프로세스

정보보호 교육체계의 개발은 우선 교육의 대상, 내용, 주체 등을 기준으로 한 교육 매트릭스의 구성에서부터 출발한다. 이렇게 교육 매트릭스를 개발하면 각 매트릭스별로 교육내용 즉 교육 프로그램을 구성하게 된다. 다음으로는 교육 매트릭스 및 매트릭스별 교육 프로그램의 실행을 위한 정책방향(교육의 비전 및 전략)을 설정하고 실질적인 액션플랜을 수립하면 전반적인 정보보안 교육체계를 완성하게 된다.

다. 정보보호 교육체계

단계 1 : 교육 매트릭스 구성

정보보호 교육 프레임워크 개발을 위한 매트릭스는 3가지 기준에 의해 구성될 수 있다. 첫 번째 기준은 대상인데, 정보보호 교육에 있어 그 대상은 일반국민, 산업종사자, 정보보호 전문인력으로 나눌 수 있다. 일반국민은 전연령층의 단순하고 보편적인 웹사용자이며, 산업종사자는 일반 기업체 종사자이면서 단순한 시스템 사용자 및 관리자와 정보보호 및 관련학과 전공자로서의 학생으로 정의할 수 있으며, 마지막으로 정보보호 전문인력은 정보보호 전문인력으로서 고급 수준의 정보보호 직무를 수행할 수 있는 인력을 말한다. 두 번째 기준은 교육내용이다. 교육내용은 정보보호에 대한 전문성 및 기술성의 정도에 따라 인식교육, 소양교육, 기술교육으로 나눌 수 있다. 세 번째 기준은 교육수단이다. 크게 온라인과 오프라인으로 나눠볼 수 있는데, 온라인 교육은 e러닝시스템을 이용한 온라인상에서의 비소집 교육이며, 오프라인 교육은 전문가초빙, 사설교육기관방문 등을 통한 소집교육이다.

교육대상과 교육내용을 매트릭스로 구성하는 것은 대상별로 특화된 내용을 교육함으로써 더 큰 시너지 효과를 얻을 수 있을 것으로 기대할 수 있기 때문이다. 같은 맥락에서, 교육 대상별로 전문화된 교육 프로그램을 구성할 수도 있고 교육 컨텐츠를 확보할 수도 있다.

현재 제시된 매트릭스에 대한 설명력을 확보하기 위해서는 향후 각 교육대상별로 상세한 교육내용에 대한 수요조사를 실시하여 반영할 필요가 있다. 교육내용에 대한 수요조사는 교육주제를 중심으로 각 교육대상별 특성을 반영한 교육체계 마련을 위한 기본조사가 될 것이다.

[표 38] 정보보호 교육 매트릭스 구성을 위한 기준

구분		내용	소속	전문성
대상	일반국민	전연령층의 단순하고 보편적인 웹사용자	개인	하
	산업종사자	단순한 시스템 사용자 및 관리자와 정보보호 및 관련학과 전공자로서의 학생	개인/기업	중
	정보보호 전문인력	고급 수준의 정보보호 직무를 수행할 수 있는 인력	기업	상/중

내용	인식교육	정보보호의 중요성 및 필요성 등에 대한 기초 교육	개인	하
	소양교육	정보보호의 대상, 방법, 피해사례 및 대처방법 등 활용에 대한 기본 교육	개인	중
	기술교육	정보보호를 위한 방법에 대한 구체적인 전문적 기술지식에 대한 기술 교육	기업	상/중
수단	온라인	e러닝시스템을 이용한 온라인 상에서의 비소집 교육	개인	하
	오프라인	전문가초빙, 사설교육기관방문 등을 통한 소집교육	개인	상/하

단계 2 : 매트릭스 기준별 교육내용 채택

교육 매트릭스를 구성하는 궁극적인 목적은 교육대상별 맞춤형 교육 · 훈련 프로그램을 제시하는 것이다.

〔표 39〕 정보보호 교육 매트릭스

*시스템 : 산업체에서 운영중인 정보보호 및 정보시스템, 응용프로그램(그룹웨어, 메일 등)

교육대상 \ 교육내용		전문 기술교육 (기술개발 중심)	기본 소양교육 (기술활용 중심)	기본 인성교육 (일반인성 중심)
① 일반국민	초/중/고등학생 (비전공)			◎
	고등학생 (전공)		◎	◎
	대학생 이상 (비전공)			◎
② 산업 종사자	단순 시스템 사용자 (비전공)		◎	◎
	단순 시스템 관리자 (비전공)		◎	
	대학(원)생 이상 (전공)	◎	◎	
③ 정보보호 전문인력	정보보호 개발자	◎		◎
	정보보호 서비스 제공자	◎	◎	◎
	정보보호 관리자		◎	◎

• 일반국민

일반국민은 크게 초/중/고등학생(비전공), 고등학생(전공; 실업계), 대학생 이상(비전공)으로 구분할 수 있다. 일반국민 대상의 교육내용은 개인정보 및 타인/타조직 정보의 보호의 필요성에 대한 교육 등 정보보호의 중요성 및 필요성에 대한 일반인성 중심의 기본 인성교육이 주된 내용이며, 일반인 수준에서 정보보호를 위해 취할 수 있는 기본적인 행동방법 및 인식내용에 대해 교육하는 것을 목표로 한다.

교육방법은 일반국민들이 시간이나 장소에 구애됨 없이 접근할 수 있도록 하기 위해 온라인상의 e러닝시스템(정보보호 교육용 정부포탈)의 구축 및 활용을 통한 온라인교육이 적당하다. 산업 종사자는 크게 비전공의 단순 시스템 사용자 및 관리자와 전공의 대학(원)생 이상인 자로 구분할 수 있다. 단순 시스템 사용자 및 관리자는 정보보호를 주업무로 하지 않으면서도 일상적으로 PC 및 인터넷을 많이 이용하면서 조직내의 주요한 정보를 다루는 업무를 하는 인력으로서 정보보호를 위한 전문적인 조치를 취할 수는 없지만 기본적인 정보보호 기능을 구현할 줄 아는 인력을 말한다. 대학(원)생 이상의 정보보호 전공자들도 정보보호를 위한 전문적인 기술능력을 지니지는 않았지만 기본 교양 수준 이상의 정보보호 기능을 구현할 줄 아는 초급 수준의 정보보호 인력을 말한다.

• **산업 종사자**

산업 종사자 대상의 교육내용은 조직 내에서 단순한 수준의 정보보호를 위한 직무를 수행할 수 있는 수준의 교육이 주된 내용이다. 무엇보다도, 산업 종사자 대상의 교육은 정보보호에 대한 기본적인 소양을 훈련시키기 위한 인식교육이 주가 되어야 한다.

그러나, 일반 단순한 산업 종사자 중에서도 정보보호 전문업체 및 정보보호 업무를 일부 담당하는 종사자에 대해서는 기술교육의 일부인 관리교육이 이루어져야 한다. 여기에서의 관리교육은 조직내 정보보호 정책에 잘 따를 수 있고 전체적인 정책적 목표를 달성하는데 도움이 되는 정도의 교육이다.

산업 종사자 대상의 인식교육은 정보보호의 대상과 정보보호의 효과를 설명할 수 있는 교육이나 정보보호 피해사례를 통해 본 정보보호의 중요성 등 직간접적인 정보보호의 효과 등에 대한 교육 프로그램의 개설 및 운영이 가능하며, 추가적으로 생활속의 정보보호 등과 같은 생활 밀착적인 정보보호 실천교육이 필요하다.

산업 종사자에 대한 기술교육은 조직내 정보보호 정책에 잘 따를 수 있고 전체적인 정책적 목표를 달성하는데 도움이 되는 정도의 중/하 수준의 정보보호 기술 및 관리기법에 대한 교육이 필요하다. 교육방법은 산업체 자체적인 사내교육이 가능하며, 조직 내외에서의 온라인 교육 프로그램에의 등록으로 훈련 가능하다. 궁극적으로는, 정부 주도의 정보보호 교육 포털사이트 개설을 통해 정보보호에 관심있는 일반 국민과 일반 산업체 종사자들의 이해를 돕는 방법도 강구해야 한다.

• 정보보호 전문인력

정보보호 전문인력은 크게 정보보호 개발자, 정보보호 서비스 제공자, 정보보호 관리자로 구분할 수 있다. 정보보호 개발자는 정보보호 제품 및 서비스를 개발하는 전문적인 연구인력을 말하며, 정보보호 서비스 제공자는 정보보호의 제품 및 서비스의 구현을 위한 지원인력을 말한다. 마지막으로 정보보호 관리자는 조직의 전사적인 정보보호의 구현을 위한 정보보호 관리자[139] 및 일반 조직업무 수행시 발생하는 정보보호를 위한 조치를 취하는 일반 관리자를 포함한다.

정보보호 전문인력에 대한 인식교육은 정보보호의 대상과 적절한 정보보호를 위한 조치를 취했을 때의 효과를 설명할 수 있는 정보보호란 무엇인가, 정보보호 침해사고 사례로 본 정보보호의 중요성 등에 대한 교육 프로그램의 개설 및 운영이 가능하다. 무엇보다도 정보보호 전문인력 대상의 교육내용은 정보보호 관련 제품 및 서비스를 개발 및 제공할 수 있는 수준의 전문적인 기술교육이 주된 내용이 되어야 한다. 이때, 중요한 것은 정보보호 전문인력을 대상으로 한 교육은 정보보호에 대한 기본적인 소양을 훈련시키기 위한 인식교육과 기술 및 관리적인 전문지식을 훈련시키기 위한 전문교육이 골고루 이루어질 수 있도록 해야 한다는 것이다. 정보보호 전문인력에 대한 기술교육은 정보

139) 예 : 최고개인정보보호책임자, 최고정보보호책임자 등

보호 전문교육과 관리교육으로 구성될 수 있는데, 기술교육은 정보보호를 위한 기술적 수단에 대한 지식과 활용기술에 대한 교육을 주된 내용으로 하며, 관리교육은 사내 정보보호 관리를 위한 실무 중심의 정보보호 관리수단에 대한 교육을 주된 내용으로 한다.

전문인력에 대한 기술교육은 IT/IS 취약점 분석 대응, 정보보안시스템을 이용한 정보보호, 정보보호를 위한 전략수립 및 사례연구 등의 기술적 · 관리적 능력 훈련을 위한 교육 프로그램의 개설 및 운영이 가능하다.

단계 3 : 매트릭스의 실행을 위한 정책과제 설정

정보보호 교육 매트릭스의 실행을 위해서는 이를 뒷받침 할 수 있는 정책과제의 개발이 선행되어야 한다. 정책과제 방향의 설정 기준은 첫째로는 정보보호강국 실현을 위해 전국민이 정보보호 수호자가 될 수 있도록 교육 · 훈련할 수 있는 교육체계를 확립할 수 있어야 한다는 것이며, 둘째로는 정보보호강국의 실현을 뒷받침할 정보보호산업의 발전을 주도할 정보보호 전문인력을 훈련할 수 있는 국가 차원의 정보보호 교육체계를 마련한다는 것이다.

제 4 절
인력에 대한 산업수요 분석

1. 관련연구 현황

국내외적으로 인력계획을 수립할 때 인력에 대한 정성적인 측면에서의 수요를 분석하기 위한 연구는 찾아볼 수 없다. 본 서에서 참고하는 한국인터넷진흥원의 기업수요 분석 사례도 엄밀히 말해서 인력계획에 대한 수요분석은 아니며, 전체적인 산업가치사슬분석과 애로사항 파악에 주력하고 있으며 업체의 가장 큰 애로사항의 하나가 바로 인력문제이기 때문에 주요 사례로 삼은 것이다.

2. 정보보호 분야 산업수요 분석 사례

인력계획의 수립에 있어 가장 중요한 것은 산업 또는 기업 자체의 미래 수요의 규모와 방향 또는 목적 등을 정의하는 것이다. 이를 위해서는 기업이 스스로의 수요에 대해 명확히 파악하고 있어서 하며 이는 장기적인 사업방향과 방향을 같이 해야 하며 단편적인 이벤트성으로 이루어져서는 안된다.

이처럼, 장기적인 관점에서 현재의 인력부족을 해결하고 미래의 안정적인 인력수급을 위한 인력계획을 위해서는 산업 또는 기업의 수요 분석을 위한 노력이 필요하다. 그러나, 당장의 사업 영위에도 바쁜 기업이 스스로 이를 위한 별도의 인력과 자원을 투자하는 것은 쉽지 않은 일이다. 정보보호 분야처럼 업체의 영세성이 심한 분야는 특히 그러하다.[140] 인력을 수요하는 업체들조차도 단기적인 인력부족 현상을 해결하는 데에 급급하고, 자신들이 수요하고자 하는 업무(직무), 원하는 인력에 갖추어야 할 기본 지식 및 기술의 내용이나 수준에 대해 명확히 정의내려 제시하는 데에 어려움이 있다. 이에, 한국인터넷진흥원(2012)은 국내 정보보호업체를 대상으로 산업가치사슬분석, 애로사항도출, 인력양성에 대한 요구사항 등의 의견을 수렴하기 위한 업체별 면대면 심층인터뷰를 시도하였다.[141] 심층인터뷰의 내용은 공급사이드인 정보보안/물리보안 업체에 대해서는 우리나라 경쟁력이 단지 기술수준 저하에만 있지 않으므로 기술수준은 물론 전반적인 생태계를 파악하는데 중점을 두었다. 그러나, 업체의 대부분은 전문인력 확보 및 유지의 어려움을 호소하며 이에 대한 해결책으로 수요 측에서의 인력양성정책에의 적극적인 참여 또는 주도를 계획하고 있음을 시사한 바 있다. 보다 자세한 조사목적과 조사내용은 다음과 같다.

140) 정보보호산업은 자본금 10억원 이하가 전체의 68%, 종업원수 50인 미만의 업체가 전체의 81%로 산업구조가 매우 영세함 (※출처 : 한국인터넷진흥원(2011), 2011 국내 정보보안산업 실태조사)

141) 출처 : 한국인터넷진흥원, 지식정보보안산업 분야별 기술수준 및 Value Chain 분석, 2012.

가. 심층인터뷰 진행

심층인터뷰는 5월부터 6월까지 정보보안/물리보안 업체 36개사를 대상으로 진행되었다. 심층인터뷰 참여자는 각 업체의 기술최고책임자와 영업 최고책임자로 하였으며, 진행은 KISA, KEIT, ETRI 등의 기술전문가가 참여하였다.

나. 심층인터뷰 결과

정보보호산업 가치사슬분석

기술의 개발에서부터 판매 및 판매 후 서비스에 이르는 전주기적인 과정을 정보보호기업의 업무라고 봤을 때, 국내 정보보호기업의 업무는 기술개발과 제품유통 및 판매의 비중이 높은 편으로 나타났다. 정보보안의 경우 제조(반제품, 완제품)의 비중이 14%인데 반해 물리보안의 경우 24%이고, 서비스의 비중은 정보보안이 25%인데 반해 물리보안은 7%에 불과하여, 정보보안 분야가 상대적으로 소프트웨어 중심의 산업임을 반증하고 있다.

〔표 40〕 국내 정보보호업체의 업무비중

출처 :: 한국인터넷진흥원 (2012)

*각 사별로 제품별로 응답된 업무비중의 평균값

구분	기술 개발	제조(반)	제조(완)	유통/ 판매	서비스	기타
정보보안 (24개사)	44%	0.5%	13%	17%	25%	0.5%
물리보안 (12개사)	42%	4%	20%	22%	7%	5%

기술개발의 경우 대체적으로 기업부설연구소를 통해 개발하고 있으며, 반제품의 제조는 정보보안 업체는 거의 하지 않는 것으로 나타났으며 반제품 · 완제품의 제품제조 모두 자사제품 위주로 수행하고 있는 것으로 나타났다. 제품유통 및 판매의 업무비중이 매우 높은 편인데 주로 자사제품의 유통 및 판매의 비중이 높으며, 서비스의 경우에는 정보보안 업체는 판매한 제품에 대한 사후서비스의 비중이 높은 반면(59%), 물리보안 업체는 판매/마케팅 위한 사전서비스의 비중이 높아(60%) 두 분야간의 차이가 확연하게 나타났다.

〔표 41〕 국내 정보보호업체의 업무별 운영방식

출처 :: 한국인터넷진흥원 (2012)

구분	기술개발			제품제조(반제품)		제품제조(완제품)	
	연구소	부서	아웃소싱	자사	OEM	자사	OEM
정보보안(24개사)	91%	5%	4%	82%	18%	98%	3%
물리보안(12개사)	74%	14%	12%	74%	26%	70%	30%

구분	제품 유통 및 판매		서비스		
	자사	타사	사전	사후	관계없음
정보보안(24개사)	86%	14%	37%	59%	4%
물리보안(12개사)	88%	12%	60%	29%	11%

〔표 42〕 국내 정보보호업체의 지적재산권 현황

출처 :: 한국인터넷진흥원 (2012)

(단위 : 건)

구분	국내 특허				국제 특허				상표	
	출원		등록		출원		등록			
	2010	2011	2010	2011	2010	2011	2010	2011	2010	2011
정보보안(24개사)	210	292	202	233	57	72	2	3	87	96
물리보안(12개사)	27	37	43	32	10	9	8	1	13	5

그러나, 직접 및 외주를 통한 기술개발의 비중이 높음에도 불구하고 국제 특허 건수는 매우 적으며, 한 곳을 제외한 응답업체의 대부분이 지적재산권으로 인한 수익은 전무한 것으로 나타남으로써 원천특허가 없어 기술개발을 통한 부가가치 창출의 선순환 구조를 만들어내지 못하고 있는 현재 국내 정보보호산업의 상황을 그대로 대변해 주고 있다. 지적재산권 관리를 위한 별도부서를 운영하고 있는 업체도 36개사 중 10개사에 불과한 것으로 나타났다. 대체적으로 R&D 예산 및 R&D 인력의 비중이 높은 업체들이 지적재산권 관리를 위한 별도의 부서를 운영하거나 별도인력을 배치하고 있는 것으로 나타났다.

정보보호산업의 애로사항

기술개발 업무에 대해서는 전문인력 확보 및 유지의 어려움, 고급인력/전문인력 등에 대한 교육훈련 시간 확보 부족, 선도기술 개발을 위한 기획 및 R&D 추진의 필요성에도 불구하고 필요인력 부족, 고성능 제품개발의 어려움(R&D예산/인력 부족 등), 신기술의 짧은 생명주기, 기술정보 부족 및 획득 곤란(신기술 및 기술 보유 기업 정보 등), 인증평가 문제(해외 수출을 위해서라도 인증평가 재 · 개정 필요, 과도한 리소스 소비, 해외인증 진행 비용 부담 등), 해외기술 라이센스 문제, 연구설비 및 기자재 부족(고가장비 공동사용 필요), 정부의 비용 지원 및 신기술에 대한 법제도의 뒷받침 필요 등의 애로사항이 있는 것으로 파악되었다.

제품제조(반제품/완제품) 업무에 대해서는 핵심부품 해외 의존도 심각(원가상승 요인), 원자재 가격 상승 및 해외 원재료 조달 소요 시간이 길어져 적시에 제품 생산에 어려움, 신사업 부문 제조 설비 규격화 부재, 대외 경쟁사의 제품 불법 복제 생산(지적재산권 침해), 제품 관련 각종 국제규격인증 비용 및 진행 난항(정보 부재), 정보보호제품 가인증/국제공통평가 기준 준비(예산, 시간)의 어려움(통상 인증에 6개월 이상 소요) 및 인증제도간 중복, 생산 외주업체의 생산품질 확보 어려움, CPU/보드의 기술정보 부족 및 획득의 어려움, 생산라인 확충 및 확보시 정부자금 지원 필요(장기 저리 또는 저가의 리스 제도), 자재 구매 어려움(소량 장납기 자재) 등이 애로사항으로 제시되었다. 제품 유통 및 판매 업무에 대해서는 해외제품에 대한 경쟁력 부족으로 인한 판로/유지 어려움, 해외판로 유통경로 및 협력사 정보 부족, 외산 제품에 대비한 국내 우수제품 육성을 위한 제도 미비, 중소업체 수출 진작을 위한 제도 개선 필요, 수출 확대를 하고 싶지만 마케팅 비용이 많이 소요되므로 해외 시장 개척 어려움, 기술 지원 인력 확보 및 지원 어려움(지역채널 중심의 기술지원 교육 및 훈련 시간 부족, 판매 이후 지원 정책 부재 등), 경쟁업체의 저가 공급(국내 대기업의 저가 판매(브랜드 및 마케팅 차이), 보안시장 경쟁과다로 인한 제품마진 감소 등, 대형 SI 업체의 저가 입찰로 제조사의 부담 등), 경쟁사간 가격 경쟁 심화로 공정한 기술평가를 통한 제품 도입 필요(국내 입찰시에 검증되지 않은 저가 제품들이 납품되고 있어서 성능에 대한 인증제도 필요), 제품 안정화 부족, 평가인증에 많은 비용/시간이 소요되어 적시에 납품/사업추진에 한계 존재, 독자적인 품질보증 고도화 추진에 어려움이 있음, 최신 운영체제 및 다양한 응용패키지에 대한 테스트베드 구축 어려움, 비현실적인 제품가격 및 유지보수 비용 요구, 물류비용(국내 육상 운송비, 해상/항공 운송료) 인상, 수요처의 중소기업 제품 회피(대기업 위주의 입찰로 인해 하청시에 저가 경쟁이 불가피, 공공기관의 최저가 입찰 제도(제품 성능 및 기술적 차이를 반영하기 어려움) 등) 등이 애로사항으로 제시되었다.

서비스 업무에 대해서는 적정한 유지보수요율 확보 어려움(수요자의 보안서비스에 대해 무료서비스라는 인식 팽배, 무료AS로 인식, 침해사고 대응 및 분석은 무료라는 인식 등), 유지보수/커스터마이징 등 서비스에 대한 소요비용이 많이 발생하나 수익비중이 매우 저조(제품/서비스 수익은 8:2 수준), 대형 고객사의 무리한 패키지 제품 변형 요구(원가상승 발생), 무상보증기간 증가(중국 5년 제시)로 전체적인 비용 상승, endpoint 관련 엔지니어 인력확보 및 유지/교육/훈련 필요, 고객 지원을 위한 전문 인력 부족(언어 소통의 문제), 서비스 정책 일관성 유지 어려움 등이 애로사항으로 파악되었다.

〔표 43〕 정보보호 산업의 애로사항

출처 :: 한국인터넷진흥원 (2012)

업무	애로사항
기술개발	· R&D 인력 확보 어려움 · R&D 예산 확보 어려움 · 설계 및 기획 기능 미약 · 최신기술 정보 확보 어려움 · 연구설비 및 기자재 부족
제품제조(반제품/완제품)	· 생산라인 확충위한 자금 부족 · 핵심부품 해외 의존도 심각 · 소량 자재구매 어려움 · 지적재산권 관리 어려움 · 인증획득 비용 과다

제품 유통 · 판매	· 기술지원 인력 확보 어려움 · 품질보증 고도화 어려움 · 해외 개척 · 유지 어려움 · 해외 마케팅 능력 부족 · 수요처의 중소기업 제품 회피
서비스	· 고객대응 전문인력 부족 · 수요처의 비현실적인 가격 요구 · 수요처의 무리한 패키지 변형 요구 · 잦은 커스터마이징 요구 대응 어려움 · 적정한 유지보수요율 확보 어려움

정보보호산업의 애로사항간 중요도 비교

정보보안 및 물리보안 업체를 대상으로 한 심층인터뷰에서 가치사슬별로 도출된 업체의 애로사항들을 빈도수를 기준으로 각 가치사슬 단계별로 5개씩 정리하여 우선 해결이 필요한 사항이 무엇인지에 대해 조사하였다. 2012년 4월~6월 진행된 심층인터뷰 응답자 및 참석자 47명을 대상으로 하여 2012년 7월 5일~16일(1차)과 2012년 8월 6일~9일(2차)에 조사가 진행되었다.

총 21건 회수하여 45%의 응답률을 보였으며, AHP 분석 결과(Expert Choice 2000 이용)에서 21건 중 일관성지수가 20% 이하인 응답은 12건으로 나타났다. 4개의 업무에 대해 매출액 향상을 위해 우선적으로 애로사항 해결이 필요한 또는 중요하게 다루어져야 할 업무는 "제품 유통 · 판매"로 인식하고 있는 것으로 분석되었으며, 4개의 업무에 대해 정보보안 분야의 경우 제품 유통 · 판매 업무가 물리보안의 경우 기술개발 업무가 제일 애로사항이 많은 업무로 나타났다.

4개의 업무별로 매출액 향상을 위해 우선적으로 해결이 필요한 또는 중요하게 다루어져야 할 애로사항은 기술개발의 경우 "R&D 예산 확보 어려움", 제품제조의 경우 "인증획득 비용 과다", 제품 유통 · 판매의 경우 "품질보증 고도화 어려움", 서비스의 경우 "적정한 유지보수요율 확보 어려움" 등으로 나타났다. 정부 차원에서의 벤처 · 중소 보안기업을 위한 적정 수준의 R&D 과제 발굴을 통한 예산 지원 필요하며, 제품의 안정성과 시장확보를 담보하기를 위한 인증제도의 필요성에 대해서는 업계에서도 대체적으로 동의하므로, 관련된 비용을 줄이고 업무부담을 줄여나갈 수 있는 방안을 마련해야 하는 것을 알 수 있다.

〔표 44〕 4개 업무간 중요도 평가 : 전체

출처 :: 한국인터넷진흥원 (2012)

업무	가중치	상대적 우선순위
기술개발	0.305	2순위
제품제조(반제품/완제품)	0.146	4순위
제품 유통 · 판매	0.391	1순위
서비스	0.158	3순위
합계	1.000	

〔표 45〕 4개 업무간 중요도 평가 : 정보보안

출처 :: 한국인터넷진흥원 (2012)

업무	정보보안		공통기반		서비스/응용		네트워크/시스템	
기술개발	0.191	3순위	0.197	3순위	0.217	3순위	0.191	3순위
제품제조(반제품/완제품)	0.100	4순위	0.084	4순위	0.087	4순위	0.100	4순위
제품 유통 · 판매	0.497	1순위	0.360	1순위	0.300	2순위	0.497	1순위
서비스	0.212	2순위	0.360	1순위	0.396	1순위	0.212	2순위
합계	1.000		1.000		1.000		1.000	

〔표 46〕 4개 업무간 중요도 평가 : 물리보안

출처 :: 한국인터넷진흥원 (2012)

업무	물리 보안		DVR		영상감시		탐지/검색		바이오	
기술개발	0.401	1	0.406	1	0.517	1	0.589	1	0.257	3
제품제조(반제품/완제품)	0.207	3	0.159	3	0.305	2	0.208	2	0.113	4
제품 유통 · 판매	0.272	2	0.379	2	0.124	3	0.142	3	0.333	1
서비스	0.120	4	0.056	4	0.054	4	0.062	4	0.298	2
합계	1.000		1.000		1.000		1.000		1.000	

중소 · 벤처 보안기업 차원에서 안정되고 고도화된 기술 및 제품의 개발이 가능할 수 있도록 고가의 R&D 설비를 지원(대여, 공동구매 등)할 수 있는 방안을 마련해야 하며, 관련 인력의 양성 및 공급도 고려해야 한다. 서비스 업계에서의 적정한 유지보수요율 확보는 고질적인 문제로서 안정적인 산업성장을 위해서라도 정부차원의 조치도 필요할 것으로 나타났다.

제 6 장
결론 및 시사점

제 1 절
인력수요 분석의 중요성

보안 위험성이 사회 전영역으로 빠른 속도로 확산되어 가고 유비쿼터스 사회를 향한 다양한 신규서비스가 끊임없이 등장함에 따라 개인정보의 과다수집으로 인한 침해사고 및 개인정보의 노출로 인한 새로운 형태의 예측할 수 없는 보안사고의 위험성도 함께 높아졌으며, '정보보호'의 중요성에 국가적 · 사회적인 관심에 모아지고 있다. 사업자뿐만 아니라 일반 개인까지도 정보보호제품 및 서비스에 대한 수요를 확대하고 있으며, 정보보호를 위한 일상생활 및 일상업무에서의 보안관리 방법에 대한 기대도 높은 상황이다. 그러나, 정보보호에 대한 국가적 · 사회적 인식이 높아진 지금에도 정보보호산업의 규모적인 성장은 더디기만 하다. 이의 원인을 한 마디로 정의하긴 어려우나, 많은 정보보호 업체들은 경쟁력 있는 제품과 서비스의 제공과 안정적인 연구개발이 가능한 정부의 지원책이 미비하다는 점과 산업의 영세성으로 인해 바로 투입할 수 있는 수준의 지식 및 기술을 갖춘 전문인력을 확보하기 어렵고 유지하는 것은 더욱 어렵기 때문이라는 점을 들고 있다(한국인터넷진흥원, 2012). 산업의 활성화를 위한 정부 지원책은 중소 · 벤처 기업 중심의 정보보호산업의 특성상 매우 중요하지만, 다부처 간의 협의만 된다면 단기간 내에라도 예산투자가 가능한 사항이며 현재에도 계속 논의되고 있다. 그러나, 업체가 호소하는 바로 활용할 수 있는 전문인력의 확보의 어려움은 장기간에 걸친 교육이 필수적이므로 매우 오랜 기간 동안 준비해야 얻을 수 있는 사안이라 할 수 있다.

현재 국내 정보보호 인력이 몇 명이나 되고 필요한 인력의 수는 또 얼마나 되는지 등을 파악할 수 있는 통계를 확보할 수 있는 기반은 없다. 2003년부터 간헐적 · 일시적으로 정보보호 인력에 대한 현황파악이 이루어지고 있기는 하지만 일부 정보보호업체 종사자에 대한 조사에 머무르고 있어 실질적인 사회적인 인력수요의 분석은 거의 불가능한 실정이다. 공급규모에 대한 조사는 아예 진행되고 있는 바가 없어 2년제/4년제/대학(원)의 정보보호학과 및 전공자수에 대해서만 교육통계연보 등 간접적인 자료를 통해 파악되고 있다. 업체가 호소하는 인력난을 해결하기 위해서는 무엇보다도 안정적인 인력공급이 이루어져야 할 것이며, 인력공급의 원천은 업체의 수요분석 결과에 기반하여야 할 것이다. 대학(원) 등은 업체와의 적극적인 협력을 통해 교과과정을 설계하여 운영하여야 할 것이며, 업체 또한 직무체계 개발, 지식 및 기술 분석 등을 통해 수요를 정의하여 제시할 수 있어야 할 것이다. 또한, 정부는 안정적인 인력수급을 위한 양성정책을 제시하고 다양한 인력양성사업에 투자함으로써 대학(원)과 업체의 참여를 독려하여야 할 것이다.

인력은 산업의 발전을 이끄는 원동력이라 할 수 있다. 특히, 해당분야의 숙련된 노하우와 지식을 겸비한 전문인력을 양성하여 배출하고 관리하는 것은 해당분야의 발전과 궤를 같이 한다고 할 수 있다. 이러한 의미에서, 본 서의 결론에서는 국내 정보보호 인력계획의 한계를 바탕으로 수요 기반의 인력계획 수립을 지원하기 위한 국내 정보보호 인력 양성정책의 개선방안을 제시해보고자 한다.

첫째, 정보보호 인력에 대한 수요와 공급 현황을 파악하고 이에 기반한 수급 전망을 통한 인력관리를 위한 통계체계가 마련되어야 한다. 정보보호 전문업체 종사자뿐만 아니라 전체 산업 내에서 정보보호 직무를 수행하는 정보보호 전문인력의 실제 현황을 파악해내기 위해서는 '전문적인 정보보호 기술 및 지식을 습득하고 정보보호 직무를 수행하는 자'를 정보보호 인력으로 정의하고 산업 전반에서 현황을 파악할 수 있는 통계기반이 마련되어야 한다. 우선, 통계청의 한국표준직업분류상에 정보보호 직무를 고려한 정보보호 직업군이 추가될 수 있도록 해야 한다. 현재에는 한국표준직업분류의 중분류 이상에서 검색할 수 있는 정보보호 관련 직업군은 없는 것으로 파악되고 있어 국가적으로 실시되는 한국표준직업분류를 기반으로 한 산업인력 통계조사에서 정보보호 인력을 파악하기는 사실상 불가능하다. 실질적으로 한국표준직업분류의 개정은 많은 시일과 협의가 필요한 문제이므로 이를 장기적인 과제로 본다면, 보다 현실적으로는 정보보호 분야 직무체계에 기반한 정보보호 인력 통계조사를 공식적인 통계승인을 거쳐 정기적으로 진행되도록 하는 방법을 우선 시행하여야 한다.

둘째, 다양한 정보보호 수요에 대응하기 위한 정보보호 인력의 질적인 측면에서의 수요와 공급간 격차해소를 위한 방안이 마련되어야 한다. 정보보호 업체를 비롯한 정보보호 업무를 취급하고 있는 모든 기업에서는 실질적으로 활용 가능한 정보보호 전문인력에 대해 늘 부족함을 호소한다. 이는 기업마다 필요로 하는 정보보호의 요소가 각기 다르고 정보보호의 트렌드는 상시 바뀌는데, 기업별로 중요시 하는 정보보호 요소에 적합하거나 정보보호의 신규 트렌드에 바로 적응 가능한 경험과 지식을 겸비한 전문인력을 구하는 것은 매우 어렵기 때문이다. 이는 기업 수요와 정보보호 트렌드를 파악할 수 있는 장기적이고 정기적인 정보보호기술수요조사 실시를 통해 해소될 수 있을 것이다.

셋째, 위에서 제시한 정보보호기술수요조사 결과를 인력양성에 직접 연결시킬 수 있도록 정보보호 인력에 대한 원체인 공급망체계(one-chain SCM)를 마련해야 한다. 산업계에서의 정보보호 인력 수요의 발생시점에 수요의 특성(직무, 직급, 규모 등)을 파악하고 분석하여 공급기관(대학(원) 등의 정규교육기관과 학원 등의 비정규교육기관)에 전달하는 체계를 구축하고 운영하는 것이다. 이를 위해서는 보다 실질적이고 인력시장이 그 효과를 빨리 획득할 수 있는 인력양성사업에 대한 고민이 필요하다. 실제 정보보호기술수요조사에 기반한 인력을 양성하여 공급하는 데에는 짧게는 2년(전문대학 등) 길게는 4년 이상(대학원 박사과정 등)의 시간이 소요된다. 타 분야 종사인력이 정보보호 분야로 이직을 결정하고 훈련을 받거나 자격제도를 준비하는 데에도 최소한 1년은 소요된다. 따라서, 장기적으로는 정보보호 전문학과 및 전공의 개설을 통해 안정적으로 일정 수준 이상의 인력을 양성할 수 있는 기반을 마련하여야 한다. 이는 대학(원)을 대상으로 정보보호 교육내용, 교재, 강의 방법 등의 교육과정의 세부내용을 정기적으로 조사하고 그 결과를 바탕으로 정보보호 표준 교과과정 및 교재를 개발하는 등의 노력도 필요하다. 단기적으로는 당장 현장에 나가 일할 수 있는 인력을 양성 및 지원하기 위한 단기수요 중심의 인력양성사업도 필요하다. 이러한 사업으로는 전문대학 및 일반대학의 졸업생들을 대상으로 정보보호 전문업체와 연계하여 정부가 일정부분 인턴비용을 지원해주는 산업현장 인턴제도를 예로 들 수 있다. 또한, 정보보호 전공 및 관련 전공 석 · 박사 인력을 정보보호 전문업체 및 일반기업의 정보보호 부서와 인턴 및 취업을 연계시켜 줌으로써 산업 현장중심적인 실무형의 고급인력 양성도 예로 들 수 있다. 이와 함께, 한국인터넷진흥원, 국가정보원 등의 정보보호 교육기관(공공부문)과 대학간 협의 및 MOU 체결 등을 통해 상호간 강사지원 및 학점인정제 등을 추진하는 방안도 강구할 수 있다. 대학(원) 교과과정의 최신 정보보호기술 및 산업 동향, 법제도 및 정보윤리 관련 교과과정에 대해 공공부문에서의 정보보호교육담당기관 내의 전문인력이 직접 강의를 진행하도록 하고 공공부문에서의 정보보호교육담당기관의 온라인학습장을 이용하여 대학의 교과과정 중 기초 이론 및 기초 실습의 일부를 대체하도록 학점을 인정해 주는 방안이다.

넷째, 장기적으로 우수인력을 유치하고 지속적인 보수교육이 가능한 교육체계를 마련하여야 한다. 정보보호 분야 직무체계(Skills Framework) 및 표준경력경로(Career Path)를 개발하여 우수인력을 유치하거나 지속적인 종사를 유도할 수 있도록 하는 인력관리시스템을 구축해야 한다. 직무체계나 표준경력경로 등에 대한 정보는 정보보호 분야 내에서 또는 정보보호 분야로의 직무/직장 전환이나 경력개발이 필요한 인력에게 계속교육의 기회를 제공할 수 있는 기반이 될 것이다.

다섯째, 한국인터넷진흥원, 국가정보원 등의 공공기관, 학계, 산업계가 공동으로 대국민 홍보 및 교육자료를 개발하여 제공하고 대학(원)용 전문교육자료 및 표준 커리큘럼을 개발하여 정보보호학과(전공) 개설 대학에 가이드라인으로 제공함으로써 표준적인 인력양성체계를 마련하여야 한다. 표준 커리큘럼은 산업계의 수요를 반영하여 졸업생이 취업 후 바로 실무에 적응할 수 있는 직무능력과 스킬을 갖출 수 있도록 구성되어야 할 것이다. 세부 분야별 표준교재는 공공기관에서의 교육과정에 활용하고 필요로 하는 대학 및 민간에게 제공될 수 있어야 한다.

제 2 절
결론 및 본서의 활용방안

우리나라의 정보화 수준은 세계 1위를 기록할 만큼 인프라나 인터넷 사용자의 양적인 증가가 이루어졌지만, 2011년 한 해에만 12만 2,2153건의 개인정보 침해사고와 1만 1,690건의 해킹사고가 신고될 만큼 정보화의 역기능 문제 즉 정보보호 침해사고도 심각한 수준으로 증가하고 있다.[142] 정보보호의 필요성에 대한 인식이 높아지고 새로운 서비스가 나타날 때마다 정보보호의 문제가 발생하고는 있지만 정보보호 산업의 발전은 답보상태에 있다. 대부분의 기업이 해킹이나 DDoS 공격 등의 위협에 상시 노출되어 있음에도 불구하고 보안인식 수준이 낮고 경영진의 관심이 미흡하고 정보보호 전담부서의 상시설치 및 운영에 대해서도 매우 소극적이어서 실질적인 정보보호산업에 대한 수요로 이어지지 못하고 있기 때문이다.

다가오는 유비쿼터스 사회에서도 정보강국으로서의 국가 위상을 확보하고 안심 · 안전한 정보인프라 구축으로 개인 사용자들의 적극적인 미래 지식서비스의 수용을 유도함으로써 산업의 부가가치 창출을 통한 산업발전을 위해서라도 정보보호의 사회기간인프라로서의 중요성을 인식하고 한시라도 빨리 본격적인 산업발전을 견인할 수 있는 인력의 확보를 위한 수요 기반의 인력계획의 수립이 필요하다. 앞서 살펴보았듯이, 우리나라의 정보보호 인력계획은 단발적이고 단기적으로 이루어져 오고 왔으며 실질적인 기업의 수요를 분석하거나 전망하여 이용하는 사례는 없었다. 거시적이고 장기적인 인력전략 아래 조직적인 인력계획이 이루어져야 함에도 불구하고 인력전략조차 마련되어 있지 못한 것이다.

단기적이고 임시 방편적인 인력계획이 아니라 장기적인 인력전략 아래 체계적이고 잘 정의된 수요에 기반한 인력계획이 필요한 때이다. 산업의 발전을 도모하고 우수한 인력을 확보하는 것은 양(+)의 피드백의 관계에 있다. 산업이 발전하여 매출액이 증가한다면 기업들도 정보보호에 대한 적극적인 의지를 보일 것이며 이를 통해 전문인력을 상시 확보 · 운영할 필요가 높아지며 이러한 분위기를 통해 우수인력의 정보보호 분야로의 활발한 진입을 유도할 수 있으며 결과적으로 산업의 질적 · 양적인 발전을 꾀하고 보다 기업의 적극적인 인

142) www.index.go.kr (e-나라지표)

력전략의 수립을 담보할 수 있게 될 것이다.

본서를 통해 거시적인 수요에 기반한 인력계획의 방법에 대해 살펴봄으로써 향후 우리나라 정보보호 인력의 양성정책의 방향성 설정과 기업의 안정적이고 전문적인 인력계획에 작으나마 도움이 될 수 있기를 바란다. 한번 더 강조하고자 하는 것은 공공재의 성격을 갖는 정보보호 분야에서의 인력계획은 산업계와 학계는 물론 정부기관의 적극적인 협조와 노력이 반드시 필요하다는 점이며, 이를 통해 산업의 발전을 도모하고 기업의 수요에 적합한 전문인력이 안정적으로 공급될 수 있는 선순환 구조가 마련될 수 있기를 바란다.

참고문헌

국내자료

강성민, 송은수, "전자상거래 기업 환경에서의 시스템 사용자의 정보보안에 대한 인식 연구", 전자무역연구, 6(1), 1-37, 2008.

과학기술부 · 한국과학기술기획평가원, 2005년도 기술수준평가 보고서, 2006.

교육과학기술부 · 한국과학기술기획평가원, 2010년 기술수준평가 보고서: 95개 중점과학기술, 2011.

국가인권위원회, 민간부문 CCTV 설치 · 운영 실태, 2010.

국회입법조사처, 7 · 7 DDoS 사고 대응의 문제점과 재발방지 방안, 2009.

김정덕, 정보보호 거버넌스 중요성과 프레임워크, 2011 itSMF & ISAKA Korea Conference, 2011.

대한민국정부, 2007 정보화에 관한 연차보고서, 2007.

디지털데일리, "국가 · 공공부문 사이버 침해사고 매년 급증", 2009.9.28.

방송통신위원회, 인터넷 정보보호 종합대책, 2008.

방송통신위원회 · 행정안전부 · 지식경제부, 2012 정보보호백서, 2012.

법제처, 산업기술의 유출방지 및 보호에 관한 법률 (법률 8900호), 2008.

법제처, 정보통신망 이용촉진 및 정보보호 등에 관한 법률 (법률 제10138호), 2010.

법제처, 정보통신산업진흥법 (법률 제9981호), 2010.

법제처, 정보화촉진기본법 (법률 제8031호), 2006.

보안뉴스, 육아전쟁으로 폭발하는 CCTV 시상, 2012.4.9.

산업기술보호협회, 산업기술보호 전문인력 양성 및 육성정책 연구, 2008.

산업연구원, 산업기술인력 양성 정책, 2008.

서울파이낸스, "전자금융 보안사고 '빈발'… 대책 마련 시급", 2009.7.17.

유민화, 산업기술인력양성사업의 발전전략 수립을 위한 성과지표 연구, 한국산업기술재단, 2007.

유혜원, 김태성, "정보보호 전문인력의 경력에 따른 지식 및 기술 수요 특성",

정보보호학회논문지, 19(4), 77-89, 2009a.

유혜원, 김태성, "정보보호 전문인력의 소요 지식 및 기술에 대한 산업체와 교육기관의 관점 비교", Information Systems Review, 11(2), 1-17, 2009b.

유혜원, 김태성, 전효정, "정보보호 분야 지식 및 기술 수요", 정보보호학회지, 19(1), 23-28, 2009.

전자신문, [Again 벤처] 이제는 융합보안시대다, 2010.9.15.

전자신문, 국산 지문인식 수출 3000만달러 넘어서, 2011.2.20.

전자신문, 얼굴인식출입통제시스템 초등학교에서 인기, 2011.1.12.

전효정, 김태성, 유진호, 지상호, "정보보호 분야 직무체계 개발", 정보보호학회논문지, 19(3), 143-152, 2009.

전효정, 유혜원, 김태성, "정보보호 분야 직무별 필요지식 및 기술 분석", Information Systems Review, 10(2), 253-267, 2008.

정대율, "정보시스템 전문가의 요구지식 및 기술능력에 기초한 MIS 교과과정 개발에 관한 연구", Information Systems Review, 1(1), 137-163, 1999.

정보통신부, 정보통신기술자의 전공학과의 범위 및 경력인정방법 (정보통신부고시 제 2005-42호), 2005.

정보통신부, 중장기 정보보호 기본계획, 2002.

정보통신부, 한국정보통신산업협회, 2002년 정보통신산업 고용동향조사, 2002.

정보통신부, 한국정보통신산업협회, 2006년 정보통신부문인력동향보고서, 2006.

정보통신산업협회, 2008년 정보통신부문 인력동향 보고서, 2009.

정보통신연구진흥원, S/W 전문인력의 실무능력향상 및 활용도 제고를 위한 정보방안연구, 2003.

정보통신연구진흥원, 정보통신 분야 인력 수급 측정, 양성 및 기술자격제도에 관한 연구, 1989.

정보통신연구진흥원, 정보통신 전문인력 양성사업, 1995.

정보통신연구진흥원, 정보통신인력의 특성과 수급실태 및 전망, 2001.

정보통신연구진흥원, 패키지SW 분야 SW 직무수행능력표준, 2008.

정보통신정책연구원, IT 인력의 유동성 실태조사 및 경력경로에 관한 조사연구, 2003.

정보통신정책연구원, IT 전문인력 수급전망 방법론에 관한 연구, 2004.

정보통신정책연구원, IT 전문인력 양성정책의 평가와 향후 정책방향, 2002.

정보통신정책연구원, IT인력 수급차 분석 및 전망연구, 2004.

정보통신정책연구원, IT인력 통계 인프라 정비방안 연구, 2004.

정보통신정책연구원, 정보통신인력의 특성, 수급실태 및 전망, 2001.

정해철, 김현수, "조직구성원의 정보보안 의식과 조직의 정보보안 수준과의 관계 연구", 정보기술과 데이타베이스 저널, 7(2), 117-134, 2000.

김종기, 전진환, "대기업과 중소기업 간의 정보보안 요소에 대한 사용자의 인지 비교: 컴퓨터 바이러스를 중심으로", 정보보호학회논문지, 16(5), 79-92, 2006.

지식경제부 보도자료, 2013년까지 지식정보보안산업 18조원 시장창출, 2008.12.15.

지식경제부, 2009 산업기술인력 수급동향 실태조사 보고서, 2009.

지식경제부, 2011 산업기술인력 수급동향 실태조사 보고서, 2011.

지식경제부, 지식정보보안 IT 전략기술로드맵 2015, 2009.

최명길, 김세헌, "정보보호전문가의 직무수행을 위한 지식 및 기술 분석", 경영정보학연구, 14(4), 71-85, 2004.

특허청 보도자료, 내 손안의 안전 파수꾼… CCTV와 스마트폰에 대한 융합 기술의 특허 출원 증가, 2011.12.9.

한국경제, 건강체크 휴대폰…태양전지 부착한 옷…융합이 생활을 바꾼다, 2011.5.12.

한국노동연구원, IT 전문인력 수급실태조사, 2004.

한국산업기술평가관리원, 2011년도 통합 산업기술수준조사 결과보고서, 2011.

한국소프트웨어진흥원, 국내 SW 인력동향 보고서, 2009.

한국인터넷진흥원, 2009 국내 지식정보보안산업 시장 및 동향 조사, 2009.

한국인터넷진흥원, 2010 국내 정보보안산업 실태조사, 2010.

한국인터넷진흥원, 2011 국내 정보보안산업 실태조사, 2011.

한국인터넷진흥원, 2011 국내 지식정보보안산업 시장 및 동향 조사. 2011.

한국인터넷진흥원, 국가 정보보호 교육 프레임워크 개발, 2009.

한국인터넷진흥원, 클라우드 서비스 정보보호 안내서, 2011.

한국정보보호진흥원, 2003년도 정보보호 인력 수급실태조사, 2003.

한국정보보호진흥원, 2006 정보보호 실태조사, 2006.

한국정보보호진흥원, 2007 정보보호 실태조사, 2007a.

한국정보보호진흥원, 2007 정보보호산업 시장 및 동향 조사, 2007b.

한국정보보호진흥원, 2008 정보보호 실태조사: 개인편, 2008.

한국정보보호진흥원, 2008 정보보호 실태조사: 기업편, 2008.

한국정보보호진흥원, 국내 정보보호산업 시장 및 동향조사, 2008.

한국정보보호진흥원, 유비쿼터스 환경에서의 정보보호 정책 방향, 2008.

한국정보보호진흥원, 정보보호 인력 수요예측 모형 개발 및 수급 전망조사, 2002.

한국정보보호진흥원, 정보보호 직무수행기준 개발 및 인력수급 실태조사, 2008.

한국정보보호진흥원, 정보보호 직무체계 개발 및 인력수급 실태조사, 2007.

한국정보보호진흥원, 정보보호산업실태조사, 2008.

한국정보보호진흥원, 지식정보보안산업 분야별 기술수준 및 Value Chain 분석, 2012.

한국정보통신기술협회, IT직무체계 분류 및 직무수행능력 모델, TTAK.KO- 09.0042, 2008.

한국직업능력개발원, IT Skill 체계 개발 연구, 2005.

한국직업능력개발원, IT 교육훈련 및 자격제도 현황 조사, 2001.

한국직업능력개발원, IT 전문인력 공급실태 조사, 2004, 2005, 2006, 2007, 2008, 2009.

한국직업능력개발원, 국가직무능력표준 개발사업IV : 직무체계 시안개발(IT 분야), 2005.

한국직업능력개발원, 국내 S/W인력의 Skill 표준 작성 연구, 2006.

한국직업능력개발원, 산업사회 변화에 적합한 재능대학 IT계열의 전공 개선 및 교육과정 개발, 2009.

한국직업능력개발원, 정보통신기술의 발전에 따른 중장기 인력수요 전망, 2004.

국외자료

Cheney, P.H., Lyons, N.R. (1980), "Information systems skill requirements: A survey," MIS Quarterly, 4(1), 35-43.

Cockcroft, S. (2002), "Securing the commercial Internet: Lessons learned in developing a postgraduate course in information security management," Journal of Information Systems Education, 13(3), 205-210.

Irvine, C.E., Chin, S.K., Frincke, D. (1998), "Integrating security into the curriculum," Computer, 31(12), 25-30.

Lee, D.M.S., Trauth, E.M., Farwell, D. (1995), "Critical skills and knowledge requirements of IS professionals: A joint academic/industry investigation," MIS Quarterly, 19(3), 313-340.

Lee, S.U., Koh, S.H., Yen, D., Tan, H.L. (2002), "Perception gaps between IS academics and IS practitioners: An exploratory study," Information & Management, 40, 51-61.

Logan, P.Y. (2002), "Crafting an undergraduate information security emphasis within information technology," Journal of Information Systems Education, 13(3), 177-182.

Nelson, R.R. (1991), "Educational needs as perceived by IS and end-user personnel: A study of knowledge and skill requirements," MIS Quarterly, 15(4), 503-525.

NIST, Information technology security training requirements: A role- and performance-based model, Special Publication 800-16, 1998.

NSSB, ICT skills standards, 2000.

NWCET, Building a Foundation for Tomorrow: Skill Standards for Information Technology, 2002.

NWCET, Building a Foundation for Tomorrow: Skill Standards for Information Technology (SmartSkills 2003), 2003.

Rainer, R.K., Marshall, T.E., Knapp, K.J., Montgomery, G.H., "Do information security professionals and business managers view information security issues differently?" Information Systems Security, 16(2), 100-108, 2007.

Trauth, E.M., Farwell, D.W., Lee, D. (1993), "The IS expectation gap: Industry expectations versus academic preparation," MIS Quarterly, 17(3), 293-307.

Wu, J.H., Chen, Y.C., Chang, J. (2007), "Critical IS professional activities and skills/knowledge: A perspective of IS managers," Computers in Human Behavior, 23, 2945-2965.

Wu, J.H., Chen, Y.C., Lin, H.H. (2004), "Developing a set of management needs for IS managers: A study of necessary managerial activities and skills," Information &

Management, 41, 413-429.

Wright, M.A. (1998), "The need for information security education," Computer Fraud & Security, 1998(8), 14-17.

Yen, D.C., Chen, H.G., Lee, S.U., Koh, S.H. (2003), "Differences in perception of IS knowledge and skills between academia and industry: Findings from Taiwan," International Journal of Information Management, 23, 507-522.

Bechet, T.P. (2002), Strategic Staffing : A practical toolkit for workforce planning, AMACOM.

Richardson, R., 2010/2011 CSI Computer Crime and Security Survey, Computer Security Institute, 2011.

NIST, Information Security Training Requirements : A Role- and Performance- Based Model(Rev). 2009.

Choi, N.J., Kim, D., Goo, J.H., Whitmore, A., "Knowing is doing: An empirical validation of the relationship between managerial information security awareness and action", Information Management & Computer Security, 16(5), 484-501, 2008.

Siponen, M.T., "A conceptual foundation for organizational information security awareness," Information Management & Computer Security, 8(1), 31-41, 2000.

Nosworthy, J., "A practical risk analysis approach : Managing BCM risk," Computers & Security, 19(7), 596-614, 2000.

Chen, C.C, Medlin, B.D., Shaw, R.S., "A cross-cultural investigation of situational information security awareness programs", Information Management & Computer Security, 16(4), 360-376, 2008.

Rezgui, Y., Marks, A., "Information security awareness in higher education: An exploratory study," Computers & Security, 27(7-8), 241-253, 2008.

웹사이트

isis.kisa.or.kr/sub07
정보보호통계

www.ahnlab.co.kr
안철수연구소 보안통계

www.index.go.kr
e-나라지표

www.ipa.go.jp
일본 경제산업성 산하 독립행정법인
정보처리추진기구 IT인재육성 본부
IT스킬 표준 센터

www.itl.or.kr
산업기술인력정보센터

www.itstat.go.kr
IT통계포털

www.kcc.go.kr
방송통신위원회

www.keis.or.kr
한국고용정보원

www.kisa.or.kr
한국인터넷진흥원

www.kisia.or.kr
지식정보보안산업협회

www.kosis.kr
국가통계포탈

www.mke.go.kr
지식경제부

www.nso.go.kr
통계청

www.nssb.org
미국 국가직무표준 제정기구

www.nwcet.org
미국 국가유망기술인력센터

www.sfia.org.uk
영국 정보통신직무체계개발협회

부록

부록 1.

국내 정보보호 인력 양성기관 (정규교육기관)

부록 2.

국내 정보보호 인력 양성기관 (민간 및 부설교육기관)

부록 3.

정보보호 거버넌스와 정보보호 비즈니스 모델

부록 4.

국내 정보보호 관련 제도 현황

부록 5.

국외 정보보호인력 교육 및 양성 현황

부록 1.

국내 정보보호 인력 양성기관 (정규교육기관)

1. 전문대학

한국재활복지대학

학과명	정보보호학과 (공학계열)
교육목표	정보화 시대에 필요한 정보보안 기술 전문인력 양성
교과과정	전산학개론, 정보보호개론, 네트워크이해, 운영체제보안, 프로그래밍언어, 데이터통신, 데이터베이스, 전자계산기 조직 및 구조, 해킹 및 바이러스 실습, 시스템보안, 암호학, 네트워크보안, 자료구조, 프로그래밍응용, 인터넷프로그래밍, 영상정보처리, 보안실무, 객체지향프로그래밍, DB모델링, 애플리케이션보안, 네트워크모의실험
비고	-

조선이공대학교

학과명	컴퓨터보안과 (공학계열)
교육목표	건전한 국가관과 직업 윤리관을 갖춘 정보보호 전문가 양성, 산업현장에서 요구하는 정보보호 전문가 양성, 글로벌 시대에 부응하는 정보보호 전문가 양성
교과과정	사이버 정보보안 과정(지적재산권을 보호 할 수 있는 정보보안 전문가 양성), 무선인터넷(모바일)보안 과정, 네트워크보안 과정(네트워크기술에 필요한 전문가를 양성), 홈네트워크 과정(네트워킹 방식의 홈네트워크화를 통하여 정보자원의 공유와 개별제품들의 효용을 극대화하기 위한 과정), 인터넷마케팅보안 과정(인터넷상거래 시스템을 구축, 운영, 유지하며 이를 총괄, 기획하는 IT 전문가 과정)
비고	-

대덕대학교

학과명	컴퓨터정보학과 (공학)
교육목표	정보보안 · 해킹 · 스마트폰 · 네트워크 분야의 특화된 교육 명문
교과과정	정보보안 · 해킹 인력 양성과정(보안해킹 기술 및 사이버범죄에 대처하는 전문지식과 체계적인 수사기법을 활용하여 디지털 자산을 보호하는 사이버 정보보호 인력양성), 스마트폰 · 네트워크 인력(스마트폰 및 탭PC 등을 포함하는 스마트 기술과 네트워크 구축 운영기술을 학습하여 정보전문기술 인력양성)
비고	주요 산학협력 업체와의 주문식 교육협약(시스코코리아, SK네트웍스, 대신네트워크, SK C&C, 삼성네트웍스, 이글루시큐리티 등)

서울호서전문대학교

학과명	사이버해킹보안학과
교육목표	21세기 최고 유망직업 컴퓨터 보안전문가 양성의 요람
교과과정	이산수학, 인터넷프로토콜, 정보보호개론, 전산개론, C언어, 데이터베이스, 윈도우즈프로그래밍, 암호학, 네트워크, 운영체제보안, 인터넷보안, 통신망관리및운용, 해킹및바이러스, 보안시스템운영및실습, 통신망구성, 시스템보안실습, 침입차단시스템, 침해대응실습, 윈도우즈서버관리, Unix/Linux, 웹프로그래밍, 해킹및크래킹, 운영체제, 자료구조, 보안관제실무, 유닉스시스템실무, 유닉스시스템운용, 클라우드컴퓨팅, 네트워크/시스템보안실무, 보안전문가세미나
비고	2001년부터 시작 13년간 취업률 100%, 산학협정 추진

혜전대학교

학과명	인터넷보안과
교육목표	정보 사회에서 필수적으로 요구되는 기본 지식과 보안/해킹 관련 지식을 이론과 실습을 습득하여 졸업 후에 실무에 바로 적용 가능한 실무형 인재를 양성
교과과정	전자계산일반, 정보통신개론, 운영체제, 리눅스기초, C/C++언어, 네트워크 프로그래밍, 어셈블리 언어, 데이터베이스, 자바 언어, 자료구조, 리눅스 응용, 정보보호 개론, 보안 실무, 시스템 해킹, 모바일 프로그래밍(기초/응용), 리눅스 보안, 네트워크 해킹, 보안윤리, 정보처리실습, 해킹과방어, 윈도우 서버 관리, 무선 네트워크
비고	-

2. 대학

경기대학교

학과명	융합보안학과 (본부대학)
교육목표	안철수, 스티브 잡스와 같은 세계적인 보안전문가를 양성하고 세계 최고의 보안기술 개발을 선도하는 요람으로 성장
교과과정	1학년부터 1학기 3개의 전공기초(해킹, 암호학, 보안프로그래밍 등)를 이수하고, 2학년부터는 연구 장학생으로 선정되어 실제 프로젝트를 수행에 참여하게 됨. 3학년부터는 4개 트랙으로 전문영역을 구분하여 교육받게 되고 기업체 또는 연구소에 파견되어 실무교육을 받게 됨
비고	현장중심 실무교육의 기반이 되는 보안업체와의 산학협력 관계를 공고히 하고자 보안벤더, 바이오, 종합경비, 보안컨설팅 등 국내 굴지의 12개 보안기업과 연구협력네트워크 협약을 체결, 학 · 석사 과정을 통합해 5년제로 운영할 계획

고려대학교

학과명	사이버국방학과 (정보보호학부 · 정보보호대학원)
교육목표	상위 1%의 사이버보안 전문장교 양성
교과과정	-
비고	고려대학교와 국방부가 손잡고 함께 만든 채용조건형 학과

서울여자대학교

학과명	정보보호학과 (정보미디어대학)
교육목표	지식정보사회 및 유비쿼터스 사회의 핵심정보를 보호하는 정보보호 전문가로서 갖춰야 할 기초적 이론과 지식, 기술을 습득하고 정보사회의 근간이 되는 핵심 정보를 보호하는 전문가로서 윤리적 도덕적 인격을 함양하고 미래의 정보 지식 사회에 있어서 필수기반 기술인 정보보호 기술 분야에서 활용할 전문지식과 현장능력을 갖춘 시스템 관리자 및 정보보호 전문가 양성

교과과정	컴퓨터 및 정보보호개론, C프로그래밍, 컴퓨터프로그래밍실무인증, 이산수학, C++프로그래밍, 유닉스프로그래밍, 공학수학, 윈도우즈보안과 운영실습, 자료구조, 자바프로그래밍, 현대암호학 기초, 윈도우즈프로그래밍, 컴퓨터구조, 컴퓨터알고리즘, 시스템프로그래밍, 현대암호학응용 및 실습, 저작권보호와 관리, 운영체제, 데이터베이스, 데이터통신 및 네트워크, 웹 프로그래밍, 시스템보안과 운영실습, 네트워크보안과 프로그래밍실습, 소프트웨어공학, 악성코드, 안전한 프로그래밍, 모바일보안프로그래밍, 오토마타와 컴파일러, 정보보호산업기술최신동향, 침입탐지와차단시스템, 웹어플리케이션보안, 정보보호관리체계인증, 디지털포렌직, 사이버테러와 정보전
비고	연구분야 특화(클라우드컴퓨팅보안)로 국가보안기술연구소와 협력 중

세종사이버대학교

학과명	정보보호학과 (정보보호 · 통신학부)
교육목표	건전한 스마트 IT 사회를 선도하는 정보보호전문가 양성
교과과정	컴퓨터개론 및 실습, 컴퓨터 수학, 정보기술과 경영, C프로그래밍, 이산수학, 정보보호개론, 자료구조, 사이버보안공학, 유닉스 및 리눅스 시스템, 인터넷개론, 암호이론, 기초 암호 알고리즘, 정보시스템개론, 컴퓨터통신, 유비쿼터스 개론, 자바프로그래밍, 소프트웨어공학, 암호프로토콜, 정보보호응용, 보안과 해킹, 데이터베이스, 컴퓨터구조, 웹서버 프로그래밍, 개인정보보호, 운영체제, 시스템보안, 네트워크보안, 사이버수사(포렌직), 정보보안세미나, 프로젝트관리, 정보보호컨설팅, 정보보호시스템, 컨텐츠보안, 전자상거래보안, 침입탐지시스템, 정보보안실습, 시스템분석 및 설계, 산업보안실무, 정보보호법 및 사이버 법률, 인터넷보안, 해킹/바이러스실습, 유비쿼터스 보안, 정보보호정책
비고	해킹/바이러스, 사이버수사, 산업보안 3가지 분야를 최종목표로 두고 교과과정이수경로(전공로드맵)을 제공

광주대학교

학과명	사이버보안경찰학과 (인문사회대학)
교육목표	향후 10년 후 유망 직업 1위 사이버 경찰 및 정보보안전문가 인력양성
교과과정	경찰학개론, 인터넷과 사이버사회, 법학개론, 컴퓨터활용, 정보보호개론, 운영체제, 프로그래밍실습, 형법총론, 컴퓨터통신, 컴퓨터구조, 프로그래밍기초, 인터넷정보검색, 형법각론, 운영체제보안, 형사소송법, 데이터베이스, 형사소송법, 사이버포렌식실무, 해킹과보안실습, 경찰윤리학, 데이터베이스보안, 경찰정보관리론, 서버보안, 네트워크보안
비고	-

건양대학교

학과명	정보보호학과 (과학기술융합대학)
교육목표	지식기반사회를 선도할 전문인 육성, 국제사회 적응능력을 갖춘 세계인 육성, 국가와 지역사회에 봉사하는 민주시민 육성
교과과정	컴퓨터기초와 이해, HTML/CSS, 정보보호개론과 윤리, 프로그래밍언어, 네트워크 일반, 윈도우즈프로그래밍, 유닉스/리눅스, JAVA, 서버구축, 데이터베이스, 암호학, 리버스엔지니어링, 컴퓨터구조 및 디지털저장매체, 웹프로그래밍 언어, 실전 네트워크 해킹과 대응, 통신소켓프로그래밍, 운영체제 및 구축, 암호프로토콜, 데이터베이스서버 보안, 실전 시스템해킹과 대응, 운영체제 보안, 사이버포렌식, 인터넷 응용보안, 침입대응시스템, 실전 웹서버해킹과 대응, 인터페이스 프로그램, 디지털 포렌식과 법규, 공격자 모니터링, 웹서버보안설정, 전자상거래 보안, 악성코드, 디지털저작권보호(DRM), 모바일 보안
비고	취업로드별(윤리적 해커, 보안컨설턴트, 포렌식 전문가) 교과과정 가이드, 자격증별(CHFI, LPIC, 네트워크관리사 등) 교과과정 가이드

대전대학교

학과명	해킹보안학과 (자연과학대학)
교육목표	급변하는 IT시대에 이슈가 되고 있는 네트워크 해킹보안, 인터넷 해킹보안, 무선 모바일 해킹보안, 시스템 해킹보안 등에 대한 전문 기술을 갖춘 해킹보안 전문가 양성
교과과정	컴퓨터 유지보수, 웹 해킹보안, MSC, C/C++ 프로그래밍, 프로그래밍기초및실습, 정보화시대의 암호, 리눅스 해킹보안, 선형대수학, 암호학, 자바프로그래밍, TCP/IP, 자바해킹보안, 정수론, 운영체제해킹보안, 데이터통신, 수치해석, 네트워크해킹보안, 응용대수학, 해킹보안영어, 유닉스해킹 보안, 정보보호프로젝트, 웹해킹보안프로젝트, 보안정보처리1, 네트워크해킹보안 시뮬레이션, PKI, 스마트폰해킹보안, 보안정보처리2, 무선모바일보안, 해킹보안 프리젠테이션, 웹해킹보안실무, u-컴퓨터해킹보안, 정보보호 윤리과 법규
비고	학습동아리 중심 실무형 교육 지향 (에니그마, 해커소프트, 넷가드, 연어, 쥬피터 등 5개 동아리 운영 중)

목포대학교

학과명	정보보호학과 (공과대학)
교육목표	공동작업에 필요한 팀워크, 원활한 의사소통 능력, 정보 윤리를 구비한 정보보호 공학자 양성, 새로운 아이디어를 정보보호 제품으로 설계 가능한 창의적 정보보호 전문가 양성, 최신 도구를 이용하여 정보보호시스템을 설계, 구축하고 관리할 수 있는 시스템 관리자 양성, 산업현장의 실무와 경험을 바탕으로 정보화 역기능에 대처 능력을 갖춘 현장적응형 전문가 양성
교과과정	일반물리및실험I, 일반수학I, 기초공학수학, 컴퓨터프로그래밍I, 컴퓨터시스템실습, 일반물리및실험II, 일반수학II, 컴퓨터프로그래밍II, 컴퓨터구조, 공학설계입문, 이산수학, 정보보호시스템개론, 자료구조, 객체지향프로그래밍, 소프트웨어설계, 프로그래밍실습, 암호수학, 시스템보안, 컴퓨터네트워크, 데이터베이스설계, 시스템프로그래밍, 인터넷프로그래밍, 운영체제, 창의적공학설계, 암호학, 네트워킹실습, 윈도우즈프로그래밍, 스마트환경보안, 현장실습, 네트워크보안, 프로젝트I, 해킹과바이러스, 정보보호프로토콜, 웹보안실습, 모바일프로그래밍, 프로젝트II, 정보보호법과윤리, 보안감사, 보안관제와대응실습, 침입탐지와차단, 임베디드시스템, 전자상거래보안, 모바일시스템보안, 생체인식시스템, 유비쿼터스컴퓨팅보안, 컴퓨터포렌식스, IPSec과VPN, 스마트보안창업실무
비고	-

우석대학교

학과명	정보보안학과 (보건복지대학)
교육목표	정보보안 분야 전문지식과 현장능력을 가진 시스템 관리자, 전자상거래관리자 및 정보보안 전문가를 양성
교과과정	컴퓨터의 이해, 정보보안의 이해, 인터넷의 이해, C프로그래밍 기초, 보안윈도우서버, 정보보안기술, 웹프로그래밍 기초, C프로그래밍 활용, 보안자료구조, 인터넷 보안, 암호기술, JAVA 프로그래밍, 보안리눅스 및 유닉스 기초, 보안데이터베이스 서버1, 프로그래밍 실무, 객체지향프로그래밍활용, 보안전자상거래, 보안컴퓨터네트워크, 보안데이터베이스 서버II, 웹서버구축 및 운영, 인증시스템, 웹프로그래밍보안, 네트워크 프로그래밍, 쇼핑몰구축 및 고급보안운영, 해킹 및 바이러스 대응, 컴퓨터 포렌직, 정보보호법, 모바일보안, 정보보호특강, 침입차단 및 탐지, 정보보안프로젝트, 산학연계응용
비고	-

호원대학교

학과명	사이버수사경찰학부 (이공계열)
교육목표	부당한 방법으로 전산망에 접속하거나 정보를 삭제, 변경, 유출하는 행위에 대하여 대응할 수 있는 전문인력 양성
교과과정	보안 프로그래밍1/2, 웹마스터 1/2, 보안 프로그래밍3, 자료구조, 정보보호개론, 웹마스터3/4, 정보보호 소프트웨어, 인터넷 프로토콜, 정보보호 개론, 라우팅 프로토콜, 해킹 및 보안 실습, 서버시스템 관리1/2, PC 보안, 정보보호개론, 운영체제 보안, 보안 프로그래밍5/6, 시스템 프로그래밍1/2, 데이터베이스 보안1/2, 네트워크 프로그래밍, 웹 애플리케이션 보안, 통신망 설계 및 실험, 컴퓨터 네트워크, 사이버 포렌직 총론, 네트워크 포렌직 총론, 시스템 보안, 서버시스템 관리3/4, 보안 솔루션 프로젝트1/2, 암호학, 암호화 알고리즘, 네트워크 보안, 무선LAN, 프로토콜 분석 및 실습, 분산객체 컴포넌트 기술, 정보보호 수준평가 및 분석, 정보보호 컨설팅1/2, 실시간 시스템, 분산객체 컴포넌트 기술, 인증시스템
비고	-

순천향대학교

학과명	정보보호학과 (공과대학)
교육목표	정보 누출, 도청, 위조, 그리고 변조 등의 다양한 공격과 위협으로부터 정보통신망과 컴퓨터를 보호하고, 해킹 및 바이러스 등의 전자적 침해 행위로부터 정보시스템을 보호하며, 전자 거래에서 개인 및 거래 정보를 안전하고 신뢰성 있게 전달하기 위한 학문을 연구하고 강의함으로써, 이론과 실제적인 기술을 겸비한 진정한 정보보호 분야 인재 양성을 목표로 함
교과과정	교육과정은 인터넷 보안, 해킹 및 바이러스 대응 기술, 전자상거래 보안 기술, 운영체제 보안 등의 주요 과목으로 구성되며, 전자상거래 및 국가 기간 통신망에서의 모든 정보시스템 및 정보통신시스템에 대한 정보보호 문제를 연구하고 강의하는 학과
비고	정보보호학과는 학부 과정으로는 국내 최초로 2001학년부터 당 대학에 신설된 학과로서, 크게 암호학, 네트워크, 컴퓨터 기술 분야로 구성되어 있음

백석대학교

학과명	정보보호학전공 (정보통신학부)
교육목표	선도적인 IT기반기술과 Security가 접목된 교육과정 운영, 산업체에서 요구하는 현장중심의 실무형 양성을 위한 탄력적인 교육 실시, 국내외 기술추세를 반영한 수요자가 필요로 하는 교육실시, 기본 소양과정, 전공 기초과정, 전공 심화과정으로 완성된 교육과정 운영

교과과정	C언어프로그래밍, 이산수학, 공업수학, 자료구조론, 멀티미디어보안, 정수록, 인터넷프로그래밍, 운영체제론, 유닉스시스템, JAVA프로그래밍, 정보보호론, 데이터베이스 이론 및 실습, 웹서버프로그래밍, 전자상거래보안, 컴퓨터구조론, 알고리즘, 윈도우즈API프로그래밍, 네트워크보안, 시스템분석및설계, 컴퓨터네트워크, 웹보안이론 및 실습, 네트워크보안프로그래밍, 컴퓨터포렌식스, 경영정보시스템 설계 및 감사, 보안관리, 웹데이터베이스실습, 정보보호특강, 통신보안, 운영시스템보안
비고	-

중부대학교

학과명	정보보호학과 (공과대학)
교육목표	사이버 보안경찰/정보보호관리자 양성
교과과정	**컴퓨터 기초 분야** 프로그래밍 언어, 전산기초이론, 컴퓨터 네트워크, 컴퓨터구조, 운영체제, 유닉스 등 **암호기술 분야** 암호프로토콜, 공개키 기반 구조, 암호학, 대수학, 확률 및 통계 등 **시스템, 네트워트 보호기술 분야** 시스템보안, 운영체제보안, 네트워크보안, 해킹 및 바이러스, 침해사고 대응기술, 정보보호관리 및 정책, 사이버테러와 정보전, 정보시스템 보안실무 등 **응용서비스 보호기술 분야** 전자상거래 보안, 데이터베이스 보안, 웹프로그래밍, 정보보호 프로젝트, 어플리케이션 보안 등
비고	-

호서대학교

학과명	정보보호학과 (공과대학)
교육목표	지식 정보 사회의 핵심 정보를 보호하는 실전 감각을 갖춘 정보보호 전문가를 양성하는 것. 특히, 호서대학교의 "벤처 특성화"에 맞는 창의적이고 도전적인 참 인재 양성을 목표
교과과정	컴퓨터 구조, 비주얼프로그래밍(MFC), 네트워크 보안1, 운영체제 보안, 전자상거래 보안, 데이터베이스 보안, 컨텐츠 보안, 소프트웨어 공학, 네트워크 보안2, 정보보호 특강, 정보보호 시스템 평가 및 인증, 정보보호 프로젝트, 컴퓨터 포렌식
비고	-

영동대학교

학과명	정보통신보안학과 (과학기술대학)
교육목표	미래 유망 직업 1위인 해킹보안전문가, 정보보안, 사이버 경찰, 정보통신분야 경찰공무원 등 사이버 정보를 보호하는 사이버보안 인력 양성
교과과정	사이버포렌식개론, 정보통신개론, 디지털 논리회로, 경찰학개론, 소프트웨어개론, 디지털포렌식, 형법, 데이터통신, 운영체제, 프로그래밍 언어 및 실습, 컴퓨터보안, 회로이론, 정보통신실습, 전자기학, 컴퓨터보안프로그래밍, 전공영어, 컴퓨터 네트워크, 수사학, 인터넷프로토콜, 통신이론, 컴퓨터구조, 서버관리 및 보안, 사이버윤리, 컴퓨터범죄수사, 라우팅프로토콜, 마이크로프로세서 응용 및 실험, 해킹 및 네트워크 보안, 정보통신시스템, 디지털전자회로, 디지털증거분석, 유비쿼터스 네트워킹, 비주얼 프로그래밍, 디지털 무선통신, 멀티미디어 정보보안, 홈네트워크 보안, 정보보호론, 이동통신
비고	-

동양대학교

학과명	컴퓨터정보전학과 (국방기술대학)
교육목표	이론과 실무를 겸비한 컴퓨터 및 정보전 전문 기술인력 양성,
교과과정	컴퓨터정보전개론1/2, 컴퓨터정보활용실습1/2, 멀티미디어실습, 이산수학, 프로그래밍실습1/2, 미래전과 C4, 자료구조, 컴퓨터구조, 논리회로, 데이터통신, 정수론, 리눅스실습, 컴퓨터네트워크, 마이크로프로세서/어셈블리어, 네트워크프로토콜, 윈도우즈프로그래밍, 운영체제, 현대암호론, 네트워크장비운용, 알고리즘, 소프트웨어공학, 프로그래밍 프로젝트, 데이터베이스, 시스템보안, 네트워크보안실습, 관리/인터넷보안, 시스템관리, 정보보호전문가실무, 네트워크전문가실무, 임베디드시스템실습, 시스템 분석과 설계, 애플리케이션보안, 컴퓨터바이러스, 자바프로그래밍, 데이터베이스응용, 윤리적해커, 정보전프로젝트
비고	-

동명대학교

학과명	정보보호학과 (공과대학교 정보공학부)
교육목표	IT 기술을 기반으로 유비쿼터스 시대에 있어서 핵심적인 역할을 담당할 현장 적응력을 갖춘 실무형 정보보호 전문가를 양성
교과과정	정보보호개론, C 프로그래밍 언어, 자료구조, 컴퓨터 네트워크, 운영체제, 정수론, 객체지향 프로그래밍, 해킹 및 악성코드 대응, 시스템 분석 및 설계, 추상대수학, 인터넷 프로토콜, 데이터베이스 이론 및 실습, 암호학, 윈도우즈 프로그래밍, 디지털 신호처리, 운영체제 관리, 네트워크 프로그래밍, 패턴인식, 보안 프로토콜 설계, 서버 시스템 구축, 시스템 프로그래밍, 암호 프로토콜, 암호 프로그래밍, 네트워크 보안, 생체 인증 시스템, 시스템 취약성 분석, 정보보호 윤리 및 법, 저작권 보호 시스템, 침입탐지시스템 실습
비고	-

2. 대학원

경기대학교 일반대학원

학과명	산업보안학과 (일반대학원 자연과학 계열)
교과과정	본 산업보안학과에서는 석 · 박사학위과정에서 세부전공으로 사이버보안기법, 사이버범죄수사(Forensics), 정보전과 정보정책 (Information Warfare and Policy), 산업보안에 중점을 둠
비고	-

아주대학교 정보통신대학원

학과명	정보보호전공
교과과정	(전공) 인터넷 보안, 정보보호, 네트워크보안, 시스템보안, 암호이론 및 응용, 전자상거래보안, 정보보호사례연구1,2,3, 산업보안론, IT제품보안평가론, 무선통신 시큐리티, 정보컨텐츠 보안 (공통) 데이터마이닝, 시스템성능평가, 실시간시스템, 알고리즘, 웹프로그래밍, 인터넷응용, 정보시스템사업관리론, 정보시스템설계방법론, 컴퓨터공학론, 컴퓨터비전, 운영체제, 컴퓨터구조, B2B전자상거래, 프로그래밍 언어론
비고	-

한세대학교 일반대학원

학과명	IT학과 정보보호공학 (석박사)
교과과정	(석사) IT전략시스템특강, IT무선통신특강, 사이버정보전 특론, 연구조사방법론, 고급시스템구조론 특강, 정보보호시스템 평가 특론, 사이버테러 대응 세미나 (박사) 정보시스템 특강, IT전략시스템 특강, IT무선통신 특강, 정보보호시스템 프로젝트, 사이버정보전 특론, 연구조사방법론, 고급 시스템구조론 특강, 정보보호영상 특론, 정보보호시스템 평가 특론, 정보시스템 연구세미나, 사이버테러 대응 세미나
비고	-

고려대학교 전문대학원

학과명	정보보호대학원 (정보보호학과, 금융보안학과, 사이버보안학과, 공공보안정책학과, 디지털포렌식학과)
교과과정	(정보보호) 정보경제학, 암호알고리즘, 정보보호프로토콜, 패턴인식, 시스템보안, 네트워크보안, 접근제어, 데이터마이닝, 위험관리, 유한체이론, 계산이론, 양자암호, 정보보호 응용 프로토콜, 정보은닉이론, 악성코드, 실용암호, 디지털포렌식기술, OC 보안, 생체인증, 멀티미디어보안, 이동통신보안, 정보보호시스템, 정보보호컨설팅, 디지털포렌식법률, 개인정보보호특론, 보안장비운영방법론, 산업보안총론, 프라이버시향상기술론, 정보보안법제세미나, 전자금융세미나, 데이터베이스보안, 호프리미티브개발방법론, 보안소프트웨어개발방법론, 디지털포렌식정책, 현대암호학, 키관리, 부채널공격방법론, 블록암호, 스트림암호, 공개키암호, 전자서명, 영지식증명, 양자정보이론, 인터넷보안, 역공학기법, 침입탐지시스템, 정보전, 보안토큰, 고급사이버 법률, 정보보호시스템평가방법론, 정보보호관리, 국가정보학, 국가보안학, 방송통신법, 포렌식 어카운팅, IT융합보안, 정보보호세미나, 암호알고리즘특론, 정보보호프로토콜특론, 양자암호특론, 시스템보안특론, 통신보안특론, 디지털포렌식특론, 정보보호정책특론, 사이버법률특론, 방송통신융합특론 (금융보안) 시스템보안, 네트워크보안, 접근제어, 금융리스크관리, 악성코드, 디지털포렌식기술, OS보안, 이동통신보안, 정보보호컨설팅, 개인정보보호특론, 보안장비운영방법론, 전자금융실무, 보안소프트웨어개발방법론, 인터넷보안, 역공학기법, 침입탐지시스템, 정보통신시스템평가방법론, IT융합보안 (사이버보안) 위험관리, 악성코드, 디지털포렌식기술, 정보보호컨설팅, 개인정보보호특론, 정보전, 보안관제, SCADA시스템보안, 보안정책과 경제, 스마트그리드 보안
비고	정보보호학과 석사 40명 박사 28명/ 금융보안학과 석사 15명(채용조건형)/ 사이버보안학과 석사 25명(재교육형)/ 공공보안정책학과 석사 30명(재교육형)/ 디지털포렌식학과 석사 25명(재교육형)

동국대학교 국제정보대학원

학과명	정보보호학과 정보보호전공 (석사) 정보보호학과 사이버포렌식 전공 (석사) 정보보호학과 모바일보안 전공 (석사)
교과과정	(정보보호 전공) 암호 이론, 사이버 보안 총론, 데이터베이스 보안, 유닉스 및 리눅스 보안, 정보보안 보증론, 시스템 보안감사 및 시큐리티 거버넌스, 바이오 인식 응용 기술, 정보보호 세미나, 암호 응용 I/II, 정보시스템 보안 관리, 정보보호 위험평가론, 시큐어 OS, 무선통신 및 보안, 사이버 포렌식, 개인정보보호, 정보보호 프로젝트, 산업보안 및 기업비밀보호, 기업보안 아키텍쳐, 인터넷 TCP/IP 보안, 유비쿼터스 컴퓨팅 및 보안, 사이버 윤리와 법률, 전자상거래 보안, 사이버 테러와 대응, 정보 및 부호 이론, 시큐리티 엔지니어링, 응용시스템 보안, 첨단 보안장비 연구, 정보통신 및 네트워크 보안, 정수론, IT제품보안평가론 1/2, 정보보호 전략 및 정책론 (사이버포렌식 전공) 사이버포렌식 총론, 사이버범죄 수사, 조사개론, 포렌식 증거분석, 포렌식과 법률, 포렌식과 증거법, 포렌식과 소송절차, 포렌식과 윤리, 윈도우 포렌식, 파일시스템-1(윈도우), 파일시스템-2(모바일등), 파일시스템-3(응용), 네트워크/시스템 포렌식, 데이터베이스 포렌식, 안티 포렌식, 금융 포렌식, 감사 포렌식, 의료 포렌식, 회계 포렌식, 모바일 포렌식, 저작권 포렌식(모바일보안 전공) 통신과 보안, 모바일 분야/모바일 보안 핵심기초/ 심화, 시스템, 정보보호 정책/관리, 정보보호시스템 평가 분석, 모바일 컨설팅 및 감리, 정보보안 정책/관리 관련 법률
비고	㈜인포섹, ㈜시큐브 등의 실무자들을 초빙하여 강의에 활용

성균관대학교 특수대학원

학과명	정보통신대학원 정보보호학과
교과과정	정보시스템의 정상적인 기능 유지를 위한 정보보호기술 전반에 관한 내용을 강의. 기본적인 정보보호 기술인 암호학을 비롯한 공개키 암호방식, 전자서명, 스트림 암호, 전자상거래보안, 해킹방지기술 등 다양한 정보보호기술과 정보보호 응용기술 습득을 목적으로 진행
비고	국가정보원과 협력하여 "정보보호제품 수습평가자(CC평가자)" 자격을 부여하는 보안평가론 강좌 개설

숭실대학교 정보과학대학원

학과명	정보보안학과
교과과정	정보보호개론, 정보시스템보안, 정보보호전문가, 인터넷보안, 정보보호인증, 금융정보보호, PKI인프라, 방화벽설계, 네트워크보안, 정보보호정책, 암호학, 디지털포렌식, 정보보안특론, 정보보호평가, 콘텐츠보안, 국가안전관리

비고	-

전남대학교 대학원

학과명	정보보호협동과정 (석박사)
교과과정	정보보호에 필요한 수학, 전산이론, 네트워크 기술, 컴퓨터 공학 등의 교육을 체계적으로 학문함으로써 전문 정보보호 인력 양성
비고	-

과학기술연합대학원대학교

학과명	정보보호공학 (공학부 IT분야, 석박사)
교과과정	네트워크 보안 및 보안관제, 인프라보호, 지식정보보호, 암호 및 인증, 생체인식 및 영상보안
비고	-

대전대학교 대학원

학과명	전산정보보호학과 전산정보보호전공 (석박사)
교과과정	알 수 없음
비고	-

목포대학교 대학원

학과명	정보보호기술학 협동과정 (석박사)
교과과정	운영체제보안, 인터넷보안, 소프트웨어공학특론, 계산이론과정보이론, 스테가노그라피, 현대암호이론, 계산대수학, 전자상거래보안, 전자지불방법론, 정보시스템감리, 정보통신윤리, 해킹및바이러스, 정보보호정책, 정보보호표준및평가, 스마트카드보안, 보안장비의설계, 네트워크보안, 침입탐지및차단, VPN특론, 이동통신보안, 암호프로토콜, 데이터베이스보안, 키관리프로토콜, 프로그래밍언어보안, 접근통제, 바이러스반응, 차세대컴퓨터시스템보안, 운영체제특론, 분산시스템특론, 컴퓨터네트워크특론, 인공지능특론, 인터넷응용특론, 컴퓨터와지식사회, 컴퓨터공학세미나, 고급컴퓨터구조, 마이크로프로세서응용특론, 통합망응용과관리, 네트워크프로토콜특론, 데이터베이스시스템특론, 암호학, 정보보호시스템개론, 컴퓨터구조, 운영체제, 시스템보안, 암호학, 정보보호프로토콜, 해킹과바이러스

비고	정보보호기술학 협동과정은 2002년 3월 석사/박사과정을 개설하여 정보보호전공, 멀티미디어공학전공, 컴퓨터공학전공이 상호 연계하여 운영하고 있다. 현재까지 석사 4명, 박사 2명을 배출

전북대학교 대학원

학과명	학과간협동과정 정보보호공학과
교과과정	알 수 없음
비고	-

한서대학교 대학원

학과명	디지털포렌직학과 (박사)
교과과정	알 수 없음
비고	-

순천향대학교

학과명	일반대학원 석박사 과정, 산업정보대학원 석박사 과정, 산학연 협동과정
교과과정	(석사) 암호학, 시스템 보안, 네트워크 보안, 웹 프로그래밍 기초, 정보보호개론, 정수론, 추상대수학, 웹 프로그래밍, 인터넷/네트워크 보안, TCP/IP 기술, 컴퓨터 보안, 자바프로그래밍 및 보안, 전자상거래 보안 기초, 표준/평가 기술, 데이터베이스개론, DB보안, 운영체제개론, 이동통신보안, PKI기술, 고급 암호학 이론, 스마트카드보안, 암호 정책 및 법제도, 정보보호학특론, 해킹/바이러스기술, 침입차단/탐지 기술, 객체지향프로그래밍일반 (박사) 고급 암호학, 고급시스템 보안, 고급 네트워크 보안, 웹 프로그래밍 응용, 정보보호학, 정수론, 추상대수학, 고급 웹 프로그래밍, 이동보안기술, 고급 컴퓨터 보안, 고급 자바프로그래밍 및 보안, 고급 전자상거래 보안, 전자지불, 전자화폐, 그룹서명, 비밀공유기법, 액세스제어 및 익명성제어기술, 고급 표준/평가 기술, 고급 암호학, DB 보안, 운영제체 보안, 고급 이동통신보안, 고급 PKI 기술, 고급 암호학 응용/프로토콜, 암호 정책 및 법제도, 해킹/바이러스 기술, 침입차단/탐지 기술, 고급스마트카드보안, 고급정보보호학특론
비고	-

경북대학교 대학원

학과명	학과간협동과정 정보보호학과 (석박사)
교과과정	공학논문작성법, 병렬알고리즘, 차세대통신망특론, 암호학, 컴퓨터망특론, 고급인터넷기술, 웹기술특론, 알고리즘특론, 무선인터넷특론, 암호학특론, 정보보호특론, 정보은닉, 고급프로그래밍언어론, 시스템프로그래밍특론, 알고리즘설계및분석, 정보보안, 컴퓨터망설계및분석, 모바일컴퓨팅특론, 대기이론, 이동통신시스템, 정보통신시스템특론, 정보보호시스템, 암호학이론, 정보보호학, 정보보호프로토콜, 침입탐지이론, 암호수학, 양자계산및정보보호, 컴퓨터네트워크, 전산망보안, 정보보호시스템설계, 고등암호수학, 인터넷시스템보안, 정보보호관리, 컴퓨터바이러스, 생체인증, 멀티미디어컨텐츠보호, 모바일정보보안, 프라이버시보호
비고	-

부경대학교 대학원

학과명	학과간협동과정 정보보호전공 (석박사)
교과과정	데이터베이스특론, 컴퓨터구조특론, 전자상거래보안, 암호론, PKI, 계산량이론, 광대역이동무선망정보보호, 암호칩설계, 암호수학, 시스템보안특수연구, 수론과암호, 생체인식보안, 데이터베이스보안, 랜덤화알고리즘, 정보보호프로젝트, 정보보호정책론, 정보보호를 위한 기초수학, 정보보호개론, 자바보안, 자료구조 및 알고리즘, 이동정보보안기술, 컴퓨터해킹 및 바이러스방지기술, 컴퓨터응용보안, 컨텐츠보호기술, 정보시스템보안기술, 에이전트보안기술, 영상정보처리특론, 정보및부호이론, XML보안, 보안운영체제, 네트워크보안, 암호칩응용기술, 유닉스및리눅스보안, 유한체론, 이동 및무선 컴퓨팅 보호기술, 컴퓨터네트워크, 정보화관계법, 정보통신관계법, 정보윤리및정보보호법, 정보보호프로토콜특수연구, 정보보호시스템평가, 이동무선망보안, 유비쿼터스컴퓨팅보안, 웹및인터넷보안, 어셈블러프로그래밍특론, 암호이론특수연구, 네트워크보안특수연구, 고등암호론, 객체지향시스템특론, 디지털저작권관리, 특수생체인증이론
비고	(1) 멀티미디어 보호 및 응용 연구실 (Lab. of Multimedia Security & Its Applications) (2) 시스템소프트웨어 및 이동통신 보안 연구실 (Lab. of System Software & Mobile Commu. Security) (3) 정보보호 및 인터넷 응용 연구실 (Lab. of Information Security & Internet Applications) (4) CA 연구실(Cellular Automata Lab.) (5) 분산 인공지능 연구실(Distributed Artificial Intelligence Lab.) (6) 마이크로프로세서 설계 연구실(Microprocessor Design Lab.) (7) 전자거래법 연구실(Electronics Commerce Lab.)

부록 2.

국내 정보보호 인력 양성기관 (민간 및 공공기관)

부록 2는 각 교육기관 및 교육과정의 홈페이지에 소개된 내용을 기준으로 작성되었으므로, 실제 운영내용과 다를 수 있습니다.

홈페이지 검색 : 2012년 10월 기준

1. 민간교육기관

공공기관 이외의 민간 사설 교육기관을 통해 정보보호 교육은 온라인 및 오프라인 형태로 이루어지고 있으며, 해킹방지 및 포렌식이나 네트워크 보안, 보안 자격증 등 전문교육 중심으로 이루어지고 있는 것으로 파악된다.

[부록표 1] 민간 교육기관의 교육 현황

기관명	교육과정	홈페이지
와이즈로드	CISSP, CISA, CISM 과정 등	www.wiseroad.co.kr
라이지움	CISSP, CISA 등 자격증 과정 등	www.lyzeum.com
삼성SDS멀티캠퍼스	CISSP 대비과정, 네트워크보안 실무 등	www.multicampus.co.kr
아이티뱅크 멀티캠퍼스	정보보안 전문가 과정 등	www.e-itbank.com
솔데스크	해킹보안전문가과정 등	www.ssoldesk.com
이지스원	정보보안 전문가 과정 등	www.hackercollege.co.kr
인섹시큐리티	침해사고분석대응실무 등	www.insec-security.co.kr
한국정보보호교육센터	정보보호 전문가 과정 등	www.kise.co.kr
한국정보보호인식	정보보호 전문가 과정 등	www.securitya.kr
한국HP교육센터	정보보호 기초과정 등	www.hpeducation.co.kr

KH정보교육원	보안 전문가 과정 등	www.iei.co.kr
i2SEC 국제정보보안교육센터	정보보안 전문가 과정 등	www.i2sec.co.kr

와이즈로드

교육과정	세부내용	수강료(원)	교육기간
정보시스템 감리사	감리법, 사업관리, 소프트웨어공학, 데이터베이스, SA/보안, 문제풀이온라인/오프라인, 동영상	1,000,000	49시간
CISA	IS 감사 업무 프로세스, IT 거버넌스, 시스템 및 인프라생명주기, IT 서비스의 제공 및 지원, 정보자산의 보호, 비즈니스의 연속성 및 재난복구, 문제풀이	700,000	35시간
CISM	정보 보안 통제, 위험관리, 정보 보안 프로그램 관리, 정보 보안 관리, 대응 관리, 문제풀이	-	42시간
CISSP	접근제어시스템 및 방법론, 통신망 및 네트워크 보안, 보안관리, 응용프로그램 및 시스템개발, 암호학, 보안아키텍처 및 모델, 컴퓨터 운용 보안, 사업연속계획 및 비상복구계획, 법, 수사 및 윤리, 물리적 보안, 총정리/문제풀이	700,000	42시간
개인정보 관리사(CPPG)	개인정보보호의 이해, 개인정보보호 제도, 개인정보 라이프사이클관리, 보안실무, 개인정보의 보호조치, 보안키워드, 개인정보관리사 5장, 핵심모의고사	300,000	21시간

라이지움

교육과정	세부내용	수강료(원)	교육기간
정보시스템감리사	감리, 사업관리, 소프트웨어공학, 데이터베이스, 시스템구조, 보안	1,200,000	16주 28회
CISA	IS감사 프로세스, IT지배 및 관리, 정보시스템 구입, 개발 및 구현, 정보시스템운영, 유지보수 및 지원, 정보자산의 보호	890,000	2주 23회, 6주 23회
CISM	정보보호지배, 정보위험관리 및 준거, 정보보호프로그램개발 및 관리, 정보보호사고관리	620,000	7주 14회

CISSP	접근통제, 통신망 및 네트워크 보안, 정보보안지배구조와 위험관리, 소프트웨어 개발 보안, 암호학, 보안구조 및 설계, 운용보안, 사업연속계획 및 비상복구계획, 법, 규정, 수사 및 준거, 물리적(환경)보안	780,000	5주 20회, 11주 20회
개인정보 관리사 (CPPG)	자격시험대비반	320,000	4주 8회, 5주 8회
정보관리 기술사	경영정보, 디지털서비스, 네트워크, 시스템구조, 소프트웨어공학, 데이터베이스, 보안	950,000	12주 24회

삼성SDS멀티캠퍼스

교육과정	세부내용	수강료(원)	교육기간
CISSP 자격대비반	시스템 접근 통제 및 방법론, 통신망 및 네트워크 보안, 보안관리, 응용프로그램 및 시스템 개발, 암호화, 보안 아키텍처 및 모델, 시스템 운영 보안, 사업지속 계획 및 비상복구 계획, 관련 법률, 사고조사 기법, 윤리, 물리적 보안	1,100,000	40 시간
Network 보안실무	네트워크 보안 개요, 공격 및 보안 기법, 침입 탐지 및 방지, 침입 차단 시스템 (Firewall), IPSec VPN, 라우터 보안	1,050,000	35 시간
UNIX/ Linux 보안실무	리눅스 보안 일반, 아파치 웹서버 보안, 메일 서버 보안, DNS 서버 보안, proFTPd 서버 보안, 기타 서버 보안, 리눅스 방화벽(Firewall) 구축 및 운영, 리눅스 침입탐지시스템(IDS) 구축 및 운영, 보안 프로그램 활용, 네트워크 취약성과 대책, Cisco 네트워크 보안, 네트워크 모니터링 체계 구축, 정보 보호 개요, 유닉스 시스템 보안 개요, 백도어 스캐닝, 유닉스 시스템 로그 분석	1,050,000	35 시간
Windows7 관리 및 보안을 위한 핵심	새롭게 개선된 UI, Device Driver 제어하기, 네트워크 연결, 방화벽 구성, 응용프로그램 호환성 검사, Direct Access, BitLocker 구성, 설치된 응용프로그램 실행 제한, 원격관리를 위한 PowerShell2.0 사용, 폴더 공유 및 Branch Cache 구현, 사용자 계정 컨트롤(UAC)	950,000	32 시간
Windows 서버보안 실무	윈도우서버 해킹-윈도우 해킹의 트렌드, 침해사고 대응: 침해사고 대응 개요 , MS 제품군 특징	1,050,000	32 시간

정보보호 Essential	정보보호에 대한 개념 이해, 네트워크를 통해 이루어지는 공격에 대한 방법 이해, 정보보호에 대한 전반적인 흐름 소개	900,000	28 시간
실무자를 위한 정보시스템보안	정보 보호 개념부터 시작하여 네트워크 보안, MS 윈도우 운영체제 보안, 유닉스/리눅스 운영체제 보안, 웹 서버 보안등 정보 보호 분야의 전반적인 주제를 포괄적으로 학습 할 수 있도록 한 과정	1,050,000	33 시간
침해사고 진단 및 분석	보안 진단 기법과 침해 시스템 분석 기법에 관한 내용을 습득하고 침해사고 처리절차, 침해사고 분석 방법, 침해사고 분석 도구의 활용 방법뿐만 아니라 유닉스 시스템과 MS 윈도우 시스템의 침해분석 기법에 대해서도 학습, 컴퓨터 포렌식 도구인 helix의 활용법 학습	1,100,000	35 시간
실전! 해킹 보안 실무 (with Backtrack)	DoS와 DDoS 공격의 종류 및 대응방안 학습, 방화벽의 로그 분석하여 공격 유형을 진단 및 분석, Phishing 기법의 종류와 접속 차단 대책 이해, Password Cracking 공격 대비 방법 학습, 정보 유출 방안 및 적발방법 학습, Forensic 기법 학습	1,200,000	34 시간

아이티뱅크(아이티뱅크 멀티캠퍼스)

교육과정	세부내용	수강료(원)	교육기간
네트워크 해킹보안전문가	해킹이란 윤리와 법적 문제, 네트워크 기본이론, 풋 프린팅 스캔, Whois, DNS, SNMP, IP 주소 추적 목록화, DoS와 DDoS 공격, 스푸핑, 세션 하이재킹, 스니핑, NetBios, 무선네트워크, 방화벽, 침입 탐지 시스템, 허니팟, 팀프로젝트	-	20일
시스템 해킹보안 전문가, 포렌식 (침해대응)	패스워드 크래킹, Setuid, Backdoor, 레이스 컨디션, 버퍼오버플로우, 포맷스트링, BOF 및 포맷스트링, 리버스 엔지니어링, 시스템 로그분석, 흔적제거와 침입추적	-	20일

리버스엔지니어링	리버스 엔지니어링에 대한 소개, 리버싱을 하기 위한 기초 지식, C 코드의 컴파일 후 어셈코드 변환 모습, 윈도우 플랫폼 기반 프로그래밍, 크랙 포인트를 쉽게 잡기위한 API 함수, 여러 상황에 맞는 크랙미 실습, 지뢰 찾기 크랙, 패킹과 언패킹의 이해, MUP(Manual UnPacking) 기술, 악성코드 분석 및 제작 기법, MS Windows 제품군 취약점 분석	-	10일
Web Hacking & Security	웹 어플리케이션 프로그래밍, HTTP, HTTPs 통신내역 스니핑, 웹 사이트 구조분석, 클라이언트 측 통제회피, 인증 매커니즘 파괴, 코드 삽입 공격, 웹사이트 사용자에 대한 간접 공격, 세션 관리 매커니즘 무력화, 웹 어플리케이션 방화벽(WAF), 보안을 고려한 웹 어플리케이션 개발 기법, 보안 웹 서버 구성, 웹 사이트 모의 해킹, 웹 보안 시스템 구축 종합실습	-	20일
Hacking Trace	1단계 : 보안 전반에 대한 이해와 보안 현황에 대한인식, 보안 필요성 및 방향에 대한 제시 2단계 : 기술적 보안의 종류와 보안 분야의 파악, 취약점 점검 기술 습득 및 모의 해킹 기술 습득 3단계 : 보안 컨설팅 중급 이상 숙련자로서 배출, 보안 네트워크 구성에 대한 이해도 증진	-	20일
정보보안취업반 (해킹보안전문가 양성과정)	선수과목(SQL, 네트워크, 서버, 암호학), 네트워크 해킹/보안, 시스템 해킹/보안 초급, 웹 해킹/보안, 사이버 포렌식, 해킹/보안 프로그래밍, 시스템해킹 고급, 리버스 엔지니어링, 실천 해킹/보안 실무	4,000,000	4개월 (480시간)

솔데스크

교육과정	세부내용	수강료(원)	교육기간
시스템보안	시스템 해킹, 시스템 침해사고 분석 및 대응 Ⅰ, 정보보호 시스템 실습(IDS/IPS), 시스템 침해사고 및 대응 Ⅱ, 컴퓨터 바이러스와 클라이언트 정보보안, 악성코드 분석 및 리버스 엔지니어링	-	1개월
네트워크 보안	정보보호 개론 Ⅰ, 정보보호 개론 Ⅱ, 네트워크 이론, 네트워크 해킹 Ⅰ, 네트워크 해킹 Ⅱ, 네트워크 해킹 방어 (상용장비 방화벽)	-	1개월

사이버 포렌식	네트워크와 네트워크 운영체제 이해, 스캐닝, 스니핑에 대해 분석, 정보보호 시스템(방화벽, 침입탐지시스템)수립, UNIX, Linux, NT, Cisco Network 보안	-	1개월
정보보안컨설턴트 전문가	네트워크 입문&CCNA, Linux Admin& Linux Network Admin&서버 보안 기술, 네트워크 해킹 기술 및 유해 트래픽 분석, 웹 해킹 보안기술 솔루션 응용기술, C언어&자료구조, 악성코드 분석 및 리버스 엔지니어링, 해킹사고 침해 대응 및 포렌식, CISSP&SIS 시험대비	-	4개월 (480시간)

이지스원

교육과정	세부내용	수강료(원)	교육기간
보안(해킹) 실무과정	네트워크 공격기법 및 대응기법(30시간), 무선 네트워크 공격기법 및 대응기법(30시간), 웹 공격기법 및 대응기법(35시간), 보안 패치 분석 기법(30시간), 리버싱 코드 엔지니어링 기초(30시간), 리버싱 코드 엔지니어링 중급(30시간), 악성코드 분석 기법1(30시간), 악성코드 분석 기법2(30시간), 디지털 포렌직 및 침해대응 기법(30시간)	-	과목당 3주 교육 + 1일 해당과목
리버스엔지니어링 실무과정	C언어 기초입문 및 Windows API 활용, Visual /C++ 기초입문 및 MFC활용, 어셈블리언어(기계어), 리버스엔지니어링(소프트웨어보안)	-	45시간
SIS 정보보호전문가	Linux Administrator(리눅스 서버관리자), Cisco Network Associate(CCNA), C Programming (MFC/Network/System), 해커대학(리버스엔지니어링/웹 해킹 및 보안/네트워크 해킹 및 보안/소프트웨어 보안), SIS 1차 정보보안전문가	-	상담필요
CISSP 시스템 보안전문가	접근제어시스템 및 방법론, 통신망 및 네트워크 보안, 보안관리, 응용프로그램 및 시스템 개발, 암호학, 보안 아키텍쳐 및 모델, 컴퓨터 운용 보안, 사업연속성계획 및 비상복구계획, 법, 수사 및 윤리, 물리적 보안, 총정리	-	상담필요
CISA 정보보호전문가	감사 프로세스, IT거버넌스, 시스템 및 인프라 생명주기, IT 서비스의 제공 및 지원, 정보자산의 보호, 비즈니스의 연속성 및 재난 복구	-	상담필요

윤리적 해커	정보수집, 시스템 해킹, trojan&백도어, 스니핑 &세션 하이재킹, 서비스 거부 공격, 웹 서비스 해킹, 무선 네트워크 해킹, 버퍼오버플로우, IDS, Firewalls, Honeypot, 암호학, 물리적 보안과 사회공학, 보안정책	-	30시간

인섹시큐리티

교육과정	세부내용	수강료(원)	교육기간
스마트폰 해킹과 보안 실무	스마트폰 보안 취약점, 스마트폰 관련 무선랜 취약점, 아이폰의 탈옥 목적 및 방법, 아이폰 탈옥 시 보안 취약점, Jailbreak iPhone 대상 개인정보 수집 및 해킹 기법, 안드로이드 루팅 목적, 사용자들의 안드로이드 루팅 방법, 안드로이드 루팅시 보안 취약점, 스마트폰 보안 취약점을 악용한 공격기법, 스마트폰 관련 무선랜 취약점을 악용한 공격기법, Android rooting 대상 개인정보 수집 및 해킹 기법, 해킹/보안 취약점 진단용 스마트폰 앱 / 어플 소개 및 활용, 취약한 사용자 계정 크래킹 방법, 스마트폰 세션 훔쳐보기 기법, SSL 인증 우회 기법을 악용한 스마트폰 개인정보 획득, 악성 어플리케이션을 악용한 개인정보, 파일, 인증서 획득, QR code / 피싱사이트를 악용한 스마트폰 개인정보 수집, 스마트폰 및 무선 취약점 진단 자동화 점검 도구, 안전한 스마트폰 및 무선랜 사용을 위한 보안 및 보안솔루션	700,000	21 시간
화이트해커 실무	해킹 기본, 웹 해킹, 시스템 해킹, 네트워크 해킹, 무선 랜 해킹, VoIP 해킹	1,650,000	35시간
모의해킹전문가 실무(모의해킹 침투테스터)	웹 어플리케이션 보안 취약점 진단 테스트, 시스템 보안 취약점 진단 테스트, 무선랜 보안 취약점 진단 테스트, VoIP 보안 취약점 진단 테스트, 네트워크 보안 취약점 진단 테스트	1,650,000	35시간

웹 해킹과 웹 방화벽 통합 실무	HTTP 프로토콜 분석, HTTP 메소드, 쿠키, 크로스사이트 스크립팅, 웹 프록시, 쿠키 조작/변조, SQL 삽입, 파일 업로딩/웹 셸, 파일 다운로드, 디렉토리 이동/인덱싱, 리버스 텔넷, HTTP Method를 이용한 공격, Command Injectoin, PHP Injection, 웹 어플리케이션 방화벽, 웹 방화벽 보안정책 설정, 웹 어플리케이션 로그분석, 웹 서버 보안 설정	800,000	35시간
무선 랜& 네트워크 해킹과 보안 실무	무선 랜 기초, 무선 랜 인증과 암호화, 무선 랜 해킹 기법, 무선 랜 보안 및 대응방안, 스푸핑 공격 기법, 스니핑 공격 기법, 세션하이재킹 공격 기법, DoS / DDoS 공격 기법 이해, 라우터 취약점 분석 및 해킹 공격 기법, 중간자(MITM)공격 기법	800,000	35시간
VoIP&네트워크 해킹과 보안 실무	스푸핑 공격 기법, 스니핑 공격 기법, 세션하이재킹 공격 기법, DoS / DDoS 공격 기법 이해, 라우터 취약점 분석 및 해킹 공격 기법, 중간자(MITM) 공격 기법, VoIP 해킹 기법, Network / VoIP 해킹 보안 및 방어 기법	800,000	35시간
디지털 포렌식 실무	디지털포렌식 이해, 디지털 포렌식 조사 절차, 디지털 포렌식 조사를 위한 준비사항, 디지털 증거수집, 디지털 증거수집 도구, 디지털 증거의 무결성, 디지털 포렌식 조사시 주의사항, 디지털 포렌식 증거분석, 디지털 포렌식 증거분석 도구, 파일 시스템, 파일 및 디스크 복구, 인터넷 웹 브라우저 분석, 윈도우 레지스트리 분석, USB/외장 저장매체 분석, 휴지통 분석, 프린터 스풀러 분석, 문서 파일 분석, 파일 시그니처 분석, 해쉬 분석, 안티 포렌식 기법	1,650,000	35시간
윈도우 포렌식 실무	윈도우 컴퓨터 해킹 포렌식 개요, 컴퓨터 해킹 포렌식 절차, 증거 수집 절차, 증거 수집 방법, 휘발성 데이터 분석, 비휘발성 데이터 분석, 윈도우 컴퓨터 해킹 포렌식 도구(Tools), 윈도우 레지스트리(Registry) 분석, 메모리(Memory) 분석, 윈도우 로그 분석, 해쉬(HASH) 분석, MAC Time 분석, 사용자 성향 및 행위 분석, 데이터 은닉 기법 분석(Data Hiding), 기타 중요 시스템 정보 방법	700,000	21시간

침해사고 분석 실무	침해사고 분석 절차, 모의 해킹 실무, 침해사고 분석 방법, 해킹 침해사고 분석, 해킹 침해사고 대응방안	800,000	35시간
리눅스 & 유닉스 포렌식 실무	리눅스/유닉스 침해사고 및 포렌식, Acquiring The Images, Memory Dump, Hard Disk Dump, Gathering Live Data, System Time, Process Information, Network Information, Logon User, Open Files, Environment, File System Analysis, Data Recovery, Slack Space Analysis, Time Line Analysis, Log Analysis, Text Log Analysis, Memory Analysis	500,000	16시간
파일시스템 포렌식 실무	파일시스템 개요, 파일시스템 종류, 파티션 (Partition), Partition 유형, FAT 파일 시스템, FAT 분석, NTFS 파일시스템, NTFS 분석, EXT 파일시스템, EXT 분석, 파일시스템 포렌식 개요, 포렌식을 위한 파일시스템 분석	500,000	16시간
리버스 엔지니어링 실무	컴퓨터 구조, 메모리 / 가상 메모리 이해, 명령어, 스택 이해,스택 프레임 포인터, 프롤로그& 에필로그, 콜링 컨벤션, 구조적 예외 처리 기법, 디어셈블링 이해, 디버깅 툴 이해, 역어셈블러, 올리디버거, 윈도우디버거, 디버깅 절차 이해, 브레이크 포인트 이해, 크랙 원리 이해 및 실습, 인증 우회 기, 중복 실행 우회 기법, CD Key 루틴 추출, PE 파일 기초, 패킹 원리 이해, 매뉴얼 언패킹 원리 이해	1,200,000	35시간
악성코드 분석 실무	악성코드 란, 악성코드 전파 매커니즘, 악성코드 분석 환경, 악성코드 분석 도구, 악성코드 분석 절차, 악성코드 자동실행 매커니즘, PE 파일 구조 이해 및 분석, 컴퓨터 구조 / 메모리 / 가상 메모리 이해, API Hooking 기법 이해 및 분석 실무, DLL Injection 기법 이해 및 분석 실무, 패킹 및 패커 이해 및 분석 실무, 언패킹 및 언패커 이해 및 분석 실무, 루트킷 이해 및 분석 실무, 레지스트리 이해 및 분석 실무, 기타 악성 코드 분석 기법 및 실습	1,200,000	35시간
익스플로잇 분석 실무	익스플로잇, 셀코드, 스택 오버플로우, 힙 오버플로우, 힙 스프레이, 포맷 스트링, 익스플로잇 분석 및 개발, 익스플로잇 / 셀 코드 개발 툴, 익스플로잇 제작, 셀 코드 제작, 익스플로잇을 이용한 어플리케이션 취약점 점검 및 모의 해킹 테스트	1,200,000	35시간

네트워크 보안시스템 구축 실무	실습을 위한 기본 네트워크 환경 구축, 방화벽, DNS, Mail, Web, DHCP, FTP, Telnet SSH, VNC, 보안정책 수립, NAT, HA, IDS, IPS, VPN, VPN 암호화 인증, VPN 구성 방식, VPN 정책 수립, VPN 이중화, L4 스위치, 서버 부하분산 로드밸런싱, 웹 서버 부하분산, 웹 어플리케이션 기본 지식, 웹 어플리케이션 해킹 방법, 웹 어플리케이션 해킹 공격, 네트워크 관리	800,000	35시간
시스코 보안 솔루션 구축 실무	기본 네트워크 구성(L2/L3/L4 Switch router), Web/DNS/FTP 서버 구성, ASA5500 도입, 초기화 및 이미지 업그레이드, ASDM 접속설정, ASA5500 동작 방식, 보안정책 구성/NAT 구성, L4 Switch 연동 및 서버 로드밸런싱 실습, ASA5500 IPSEC/SSL VPN 구축 실습, NMS 인증서버(RADIUS), syslog서버 연동 실습, 효율적인 ASA5500 운영방안 및 로그분석 방법	800,000	35시간
장애극복 이중화 & 부하분산	기본 설정 : Switch, Router, 실습용 Server 기본 설정, L2 Switch : VLAN, STP, Load Balancing, L3 Switch : Ether Cannel, Port Trunking, L4 Switch : 로드분산, SLB, FLB, VLB 등, Router : 이중화, VRRP, GLBP, Server : Web Server , DNS Server 이중화, L2+L3+L4 Switch 구성 최적화 방안 : 케이블 이중화, 속도향상, 이중화 방안, 재해 복구 센터 개념/구성/방안/실 구축 사례	800,000	35시간
통합 네트워크 보안 컨설팅	방화벽(Firewall), 침입탐지시스템(IDS), 침입방지시스템(IPS), 웹 방화벽(Web Firewall), 가상사설망(VPN), 통합보안관리시스템(ESM), 유해트래픽 방지솔루션(Viruswall), 패치관리시스템(PMS), 스팸메일(Spam Mail), 서버 보안솔루션(Secure O/S), L2 / L3 스위치, L4 / L7 스위치〔로드밸런서〕, 고 가용성 (High Availability), 클러스터링 (Clustering), 결합허용(Fault Tolerance), 서버 / 네트워크 / 보안시스템 이중화, Web / WAS / DB /스토리지 이중화, 데이터베이스 복제(DB Replication), 네임서버(DNS) 이중화, 인터페이스 이중화 (NIC Teaming), 재해복구센터 / 백업센터	800,000	35시간

무선 네트워크 보안 전문가	Wireless Network 공격 기법, Monitoring and Management, Security Design and Architecture	1,440,000	35시간

한국정보보호교육센터

교육과정	세부내용	수강료(원)	교육기간
정보보호 전문가과정	운영체제 보안 Basic, 네트워크 보안 Basic, 시스템 해킹 과정, 웹 해킹과정, 네트워크 해킹 과정, 악성코드 제작/분석 리버스 엔지니어링, 디지털 포렌식, 보안관제/보안장비운용 실무, 정보보호컨설팅 과정	3,600,000	3일
웹 해킹 및 대응 실무	웹 해킹 기본원리의 이해, 웹 해킹 방법론, 웹 해킹 실전, 대응 방안	980,000	5일
시스템&네트워크 해킹 및 대응실무	개요, 모의침투 실전, 대응방안, 과정리뷰	-	상담필요
시스템&네트워크 해킹 및 대응실무	개요, 모의침투 실전, 대응방안, 과정리뷰	980,000	5일
API를 활용한 악성코드 제작 및 분석	개요, 악성코드 제작의 기본, 악성코드 제작, 악성코드 분석	890,000	5일
무선랜 해킹 및 대응실무	개요, 모의침투 실전, 대응방안	800,000	3일
리버스 엔지니어링	개요, 리버싱 기술, 리버싱 실전	980,000	5일
침해사고 분석 및 디지털 포렌식	개요, 포렌식 실무, 심화, 실습	980,000	5일
모의해킹 전문가 과정	개요, 네트워크 해킹, 시스템 해킹, 웹 해킹, Summary	1,400,000	5일
정보보호 컨설팅	개요, 컨설팅 수행, 정보보호컨설팅 실무, 모의 컨설팅	1,500,000	5일
정보통신 기업을 위한 개인정보 컴플라이언스 대응	개인정보보호의 중요성, 개인정보의 이해, 유관법률의 이해, 산업의 특성, 라이프사이클상의 요구사항, 사업파트 요구사항, 인프라개발 및 운영파트, 정보보안조직 요구사항, 개인정보보호 조직 요구사항, 컴플라이언스의 대응	50,000	30일

금융기업을 위한 개인정보 컴플라이언스 대응	개인정보보호의 중요성, 개인정보의 이해, 유관법률의 이해, 산업의 특성, 라이프사이클상의 요구사항, 사업파트 요구사항, 인프라개발 및 운영파트, 정보보안조직 요구사항, 개인정보보호 조직 요구사항, 컴플라이언스의 대응	50,000	30일
의료기관을 위한 개인정보 컴플라이언스 대응	개인정보보호의 중요성, 개인정보의 이해, 유관법률의 이해, 산업의 특성, 라이프사이클상의 요구사항, 사업파트 요구사항, 인프라개발 및 운영파트, 정보보안조직 요구사항, 개인정보보호 조직 요구사항, 컴플라이언스의 대응	50,000	30일
텔레마케터를 위한 개인정보 컴플라이언스 대응	현대 마케팅과 개인정보, 마케팅을 위한 개인정보 수집시 법적 의무, 마케팅을 위한 개인정보 이용 · 제공시 법적의무, 개인정보의 관리적 · 기술적 조치, 개인정보보호의 중요성, 사업파트 요구사항, 인프라개발 및 운영파트 요구사항, 정보보안조직 요구사항, 개인정보보호 조직 요구사항, 컴플라이언스의 대응	50,000	30일
공공기관 개인정보 컴플라이언스의 이해	개인정보의 이해, 개인정보보호법, 개인정보보호 관리체계, 수집 · 보유시 보호조치, 이용 · 제공시 보호조치, 개인정보 파기 및 정보주체의 권리, 주요 개인정보보호 제도, 홈페이지 개인징보 노출빙지, 공공기관 CCTV 관리, 주민번호 이용제한 및 I-PIN	40,000	30일
(교육기관) 공공기관 개인정보 컴플라이언스의 이해	개인정보의 이해, 개인정보보호법, 개인정보보호 관리체계, 수집 · 보유시 보호조치, 이용 · 제공시 보호조치, 개인정보 파기 및 정보주체의 권리, 주요 개인정보보호 제도, 홈페이지 개인정보 노출방지, 공공기관 CCTV 관리, 주민번호 이용제한 및 I-PIN	40,000	30일
개인정보 취급자 보안가이드	정보보안의 역할, 개인정보 침해 요인, 악성코드 대응방안, 운영체제 보안 설정 Ⅰ, 운영체제 보안 설정 Ⅱ, 취급자의 웹브라우저 설정법, 이메일 보안설정법, 파일 및 출력물 관리방법, 무선인터넷과 개인정보보호, 개인정보 취급자 실천 수칙	30,000	30일

웹 개발자를 위한 안전한 개발 코딩	위험한 웹 서비스, 안전한 웹 서비스를 위해, 웹 위협의 이해, 웹 보안 관련 도구, 웹 보안 위협1, 웹 보안 위협2, 웹 보안 위협3, 웹 보안 위협4, 웹 보안 위협5, 안전한 웹 개발 방법론1, 안전한 웹 개발 방법론2, 보안코딩가이드 개요, 입력값 검증1, 입력값 검증2, 파일 처리, 데이터베이스 처리, 인증과 권한, 에러 처리, 암호화, ActiveX와 Ajax 보안	200,000	30일
보안성 향상을 위한 악성코드 분석	악성코드 개론, 악성코드의 종류 및 특징, 컴퓨터 구성요소, 레지스트리, 파일, PE 구조1, PE 구조2, PE 구조3, 동적 분석과 정적 분석, 정적 분석, 동적 분석, 분석 실습, 리버스 엔지니어링1, 리버스 엔지니어링2, 리버스 엔지니어링3, 악성코드 탐지 방법1, 악성코드 탐지 방법2, 악성코드 치료 방법1, 악성코드 치료 방법2, 악성코드 예방을 위한 보안 권고	270,000	30일

한국정보보호인식

교육과정	세부내용	수강료(원)	교육기간
시스템보안/ 네트워크보안 초급과정	Windows System Security, Linux System Security, Linux Server Network Security, TCP/IP Security&Cisco Router, F/W&VPN, IDS/IPS, Practical Hacking Exposed&Web Security, Project	-	3개월 (420시간)
정보보안 전문가 양성과정	정보보호관리체계 & 개인정보보호, Linux System Security, Linux Server Network Security, 쉘 프로그래밍, TCP/IP Security& Cisco Router, Project I, Windows Security, 취약점 분석 실무, F/W&VPN, IDS/IPS, 모의해킹, 보안관제 및 침해사고대응실무, ProjectII	-	4개월 (525시간)
사내 정보보호 수준제고를 위한 교육	최근 정보보호 사고 사례를 통한 인식제고, 사내 정보보호 관리체계의 필요성, 사내 정보보호 운영 취약점 및 보완점	-	-
개인정보 취급자를 위한 개인정보보호 교육	개인정보 침해사례를 통한 인식제고, 개인정보의 정의 및 중요성, 개인정보 관련 법/제도의 이해, 개인정보취급자의 업무수행시 준수사항	-	-

서버시스템 보안교육	시스템보안, 서버네트워크 보안	-	-
네트워크 보안 및 솔루션 운영교육	TCP/IP 프로토콜, Routing 프로토콜, TCP/IP Protocol 취약점, 보안 프로토콜, 네트워크 공격기법 및 대응기법, 보안솔루션, 방화벽, 침입탐지시스템	-	-
웹 해킹 및 대응기법	정보보호, 웹 보안의 변화, 웹 프로토콜, 웹 어플리케이션, 웹 어플리케이션 취약점 및 대응 방법, 웹 서버 대응방법(Apache/IIS), 공개 웹 보안도구, 모의해킹 프로젝트	-	-
침해사고 대응 및 분석기술	유닉스/리눅스 피해시스템 분석, 윈도우 피해시스템 분석, Reverse Engineering기초, PE파일 구조, 분석기초, MUP	-	-
보안취약점 진단 및 정보보호컨설팅	정보보호의 목적 및 특성, 정보보호시스템 보안, 정보보호관리체계 방법론, 위험관리, 취약점 점검항목, 취약점 점검실습	-	-
보안관련 자격증 취득과정	시스코네트워킹(CCNA)(TCP/IP Security & Cisco Router), 시스템보안과정(LPIC)(Linux System Security, Linux Server Network Security), CPPG(개인정보관리사)(개인정보의 정의 및 중요성, 개인정보보호 라이프사이클 관리, 이용자의 권리, 개인정보의 기술적/관리적 보호조치, 개인정보 관리체계), CISSP(정보 시스템보안전문가)(이론, 사례, 문제풀이), SIS(필기, 실기)	-	-

한국HP교육센터

교육과정	세부내용	수강료(원)	교육기간
정보보호전문가 (CISSP)	시스템 접근통제 및 방법론, 통신망 및 네트워크 보안, 보안 관리, 물리적 보안, 응용프로그램 및 시스템 보안, 암호학, 보안 아키텍쳐 및 모델, 시스템 운영 보안, 사업지속계획 및 비상복구계획, 관련 법률, 사고조사기법, 윤리	480,000	4일
개인정보보호법	총칙, 개인정보 처리단계별 의무사항, 정보주체의 권리 보장, 영향평가 및 위험도 분석, 시행안 및 경과 조치	300,000	1일

사내 정보보호 수준제고를 위한 교육	침해 사고 대응 절차, 침해 사고 사례 분석, 메모리 덤프 및 증거 수집 기법, 사이버 공격 유형, 사이버 테러 기술, 자동화 도구를 이용한 해킹, 피해 시스템 분석 절차, 시스템 로그 분석 기법, Computer Forensic, 시스템 메모리 및 디스크 분석, Registry, Cache 분석, Binary Code 분석, 침해사고 분석 도구 활용, 시스템 및 데이터 복원 기술, Anti Forensic 기법	800,000	5일
기업보안 관리자 실무	정보보안의 목적, 최신 해킹동향 및 대응 전략, 정보유출 유형 분석, 정보 유출 사례 분석, 웹해킹 동향 및 대응, 네트워크 보안 솔루션, 서버 보안 솔루션, 정보보안 관련 기술, 암호기술 개요(PKI), 보안프로토콜 분석, 시스템 보안 솔루션, 정보보안 관리 방법론, 정보보안 정책, 지침, 권고, 자산분석 및 자산 우선순위, 위험 분석, 물리적, 기술적, 관리적 정보보안 체계 구축, ISO17799 기반 관리적 보안 기법, 정보보안 관리체계(ISMS) 사례 분석	1,000,000	5일
무선 네트워크 보안	무선랜 구축 및 운영 현황, 무선랜 관련 표준 프로토콜 및 암호 기술, 무선랜 보안 데이터 전송 취약성과 대응기술, 무선랜 보안 취약성 및 대응 기술, 무선랜 인증시스템 구축 실무, 무선랜 액세스 지점 구성, 무선랜 안전 운영 가이드	400,000	2일
스마트폰 보안	스마트폰 개요, 스마트폰의 종류, 스마트폰의 악성코드, 스마트폰의 보안 취약점, 스마트폰의 보안 솔루션, Wireless Network 개요, WiFi의 관리와 접속 문제, Bluetooth의 관리와 접속 문제, RFID의 관리와 접속 문제, 스마트폰의 무선 네트워크 보안 강화	600,000	2일
시스템 & 서버의 보안 강화 방안	시스템 해킹 개요, 패스워드 크래킹, 인증 방법, 계정, 정책, 데몬 관리, 파일과 디렉터리 관리 서비스 관리, 로그분석, 흔적 제거와 침입 추적, 침입 흔적 복구, 레이스 컨디션, 버퍼 오버플로우, 포맷 스트링, 침해사고 적발 및 분석, 취약점 분석	800,000	5일

웹 보안 프로그래밍 실무	보안프로그래밍 필요성, 네트워크 해킹 기법, 시스템 해킹 기법, 웹해킹 기법, 프로그래밍 취약점 해킹 기술 분석, 프로그래밍 취약점 해킹 기술, 시스템 보안 프로그래밍, 버퍼오버플로우 공격 기술 및 방지 기술, 포맷스트링 공격 기술 및 방지 기술, 레이스컨디션 공격 기술 및 방지 기술, Suid 응용공격 기술 및 방지 기술, 웹보안 프로그래밍, HTTP 보안 프로그래밍, DB 보안 프로그래밍, PHP 보안 프로그래밍, ASP 보안 프로그래밍, 보안 강화 코드 작성 지침 및 방법론	900,000	5일
정보보호 솔루션 운영 실무	침입차단 시스템, 침입차단 시스템의 주용 기능, 침입차단 시스템의 설계, 침입차단 시스템 구축 방법론, 침입차단 시스템 운용 실무, 침입차단 시스템 운용 고급 실무, 침입차단 시스템 정책 구현 방법, VPN 설계 및 구축, 침입탐지 시스템, 침입탐지 시스템 원리, Port Mirroring, 침입탐지 시스템 설계, 침입탐지 시스템 운용 실무, 침입탐지 시스템 운용 고급 실무, 침입탐지 시스템 유해 트래픽 모니터링 및 정책 적용, 침입탐지 시스템 탐지 Rule 적용 및 고급 설정, 침입방지 시스템 운용 실무, 바이러스월 운용 실무, ESM 운용 실무	1,000,000	5일
정보보호 컨설팅	정보보호 컨설팅 개요, 보안 진단과 정보보호 컨설팅, 취약점 분석 및 모의 해킹, 정보보호 관리체계 (ISMS), 정보보호 안전진단 (ISCS), BS7799 & ISO17799 & ISO20001, 정보보호 컨설턴트 실무	1,000,000	5일
Backtrack을 활용한 최신 해킹 기법 및 방어 기술	화면 해킹 (상대방 컴퓨터를 원격으로 조종), 서버 해킹, 취약점 조사, 무선 해킹 (Wireless Hacking), DDoS 공격과 대응	800,000	5일
CIA 자격증 준비반	지배 구조, 위험, 통제에서의 감사인의 역할, 위험 기반 감사 계획 수립, 내부 감사인의 역할과 책임 수행, 내부 감사 용역의 수행, 정보 시스템 감사, 부정 적발 감사, 업무 분석 및 정보기술, 업무 프로세스 분석, 정보시스템 통제 유형, 정보 기술의 전략적 활용, 위험분석 및 통제 수립, 정보보호 관리체계 수립, 경영 관리 기술, 전략적 경영 기법, 국제 경영 환경	800,000	5일

CISA 자격증 준비반	감사 프로세스, IT 거버넌스, 시스템 및 인프라 생명주기, IT 서비스의 제공 및 지원, 정보자산의 보호, 비즈니스의 연속성 및 재난 복구	800,000	5일
CISM 자격증 준비반	정보 보호 지배, 정보위험 관리, 정보보호 프로그램 개발, 정보보호 프로그램 관리사고 대응 관리	800,000	5일
CISSP 자격증 준비반	시스템 접근통제 및 방법론, 통신망 및 네트워크 보안, 보안 관리, 물리적 보안, 응용프로그램 및 시스템 보안, 암호학, 보안 아키텍쳐 및 모델, 시스템 운영 보안, 사업지속계획 및 비상복구계획, 관련 법률, 사고조사기법, 윤리	900,000	5일
CPTS자격증 (침투테스트 전문가) 준비반	Introduction of Penetration Test, Footprinting / Scanning, Enumeration / Sniffer, System Hacking, Trojans and Backdoors, Denial of Services / Session Hijacking, Hacking Web server / Web Application vulnerability, Web Base Password Cracking Techniques, SQL Injection / Cross Site Script, Hacking Wireless Network, Virus / Physical Hacking, Linux hacking, Firewall / IDS / IPS and Honey Pot Buffer Over Flow, Penetration Test	800,000	5일
DDos 공격과 패스워드 크래킹 대응 방안	네트워크 보안의 기본 원리, 네트워크 공격 분석, 방화벽 구축 및 관리, 암호화 서비스와 안전한 패킷 전송, 무선네트워크 보안	800,000	5일
Linux Network Security	Ethernet and IP operation, UDP segment format, FTP concepts, DNS concepts, SSH concepts, OS detection, Sources of attacks, Intrusion Detection Systems (IDS), Advanced snort features, Snort rules format, Linux as a router, Application firewalls: TCP wrappers, Network Address Translation (NAT), Advanced routing	1,000,000	5일
PC 보안기술 실무	최신 해킹 통계 및 동향, 시스템 취약점 분석, 공유파일/폴더 해킹 및 대응, 패스워드 크래킹 및 대응, 시스템취약점을 이용한 해킹 및 대응, 이메일 훔쳐보기 및 대응, 트로이목마를 이용한 해킹 및 대응, 메신저 훔쳐보기 및 대응, 악성코드 대응법, 시스템 패치	400,000	2일

Reverse Engineering	리버스 엔지니어링의 구조와 원리, 공격자들의 공격 기법 및 대응 방안, 어셈블리 언어에 대한 이해, 디어셈블러의 이해 및 사용 실습, 응용프로그램 소스코드 분석 기법, 응용 프로그램 Crack 및 대응 기법, 악성코드(바이러스, 웜, 트로이 목마, 백도어)의 이해, 악성코드(바이러스, 웜, 트로이 목마, 백도어) 분석 기법, 안티디버깅의 원리와 종류 분석	600,000	3일
Router, Switch 보안	Router, Switch의 보안 설정 강화, 불필요한 서비스의 중지 및 인터페이스 점검, Packet 분석을 통한 보안 점검, Router, Switch 보안 취약점 분석, NAT & PAT, Access-list 개요, Standard Access-list, Extended Access-list, Routing Security, AAA서버로 Secure ACS 설정, IPsec과 VPN 구축, PKI를 활용한 VPN 실습, 2계층 보안 이슈, DHCP Snooping 설정, Port-Security Secure Network 구축	600,000	3일
SIS 자격증 준비반	운영체제, 클라이언트 보안, 서버 보안, 네트워크 일반, 네트워크 활용, 네트워크 기반 공격의 이해, 각종 네트워크 장비를 이용한 보안 기술, 최근 경향 및 추세, 인터넷 응용보안, 전자상거래 보안, 기타 어플리케이션 보안, 암호학, 정보보호관리, 관련법규	800,000	5일
Web Hacking& Secutity	웹 환경에 대한 이해, 도구를 이용한 취약점 분석, 웹 서버 보안설정 방법론, 웹 해킹 기법 분석, 웹 해킹 기법 실습, 웹 방화벽 구축 및 활용, 모의해킹 및 보안강화 방법론	600,000	3일
Windous Server 20003 Security	윈도우 2000 해킹방법 및 대응요령, 해킹방법 및 대응요령과 윈도우 2000 해킹 분석 절차	400,000	2일

KH정보교육원

교육과정		세부내용	수강료(원)	교육기간
청년취업 아카데미 교육과정	네트워크& 운영체제	네트워크 개요, Windows 2008 Server, Linux	-	80시간
	Database	DBMS 개요, DB 설계, DBMS 설치 및 활용	-	80시간
	C# 프로그래밍	OOP 개요, C# 4.0, ADO.NET 4.0	-	80시간
	정보보안	네트워크 보안, 윈도우 해킹, 웹 해킹, 윈도우 서버 침해 사고 분석 및 대응, Linux 시스템 보안, 데이터베이스 보안 침해 대응	-	80시간
	Application Security Programming	WPF, .NET Framework의 보안 (CLR 보안)	-	40시간
	Silverlight	웹 개발, ASP.NET, ASP.NET 보안	-	120시간
	ASP.NET&웹 보안 프로그래밍	WCF, Silverlight 5, Ajax& ASP. NET Ajax, WP 7	-	40시간
	프로젝트	프로젝트 기획, UI와 UX를 고려한 페이지 디자인 설계, DB 모델링과 네트워크 설계, 프로젝트 구현 및 통합, 프로젝트 발표	-	120시간
닷넷 SNS 네트워크 프로그래밍		MSSQL Server Programming, C#.Net Programming, ASP.Net Programming, Ajax&Silverlight, SNS Open API, Real-Project	2,496,000	4개월 (640시간)

i2SEC 국제정보보안교육센터

교육과정	세부내용	수강료(원)	교육기간
시스템 해킹	운영체제, 패스워드 크래킹, setuid, 백도어, Race Conditon, Format String Bug, Wargame zone, Buffer over flow	-	-

웹 해킹	Web Basic, Web Authenticaton and Session Management, Information Gathering, Web Hacking Tool, Authentication Attack, Web Session Attack, Cross site Scrpting, Cross site Request Forgery, SQL Injection, ETC Vulnerability, 포트폴리오 제작	-	-
네트워크 해킹	정보 통신과 프로토콜 정보와 데이터 해킹의 역사와 발전, 네트워크, WireShark, 네트워크 해킹, 네트워크 보안	-	-
리버스 엔지니어링	리버스 엔지니어링 소개, 어셈블리 언어, 함수 호출규약, 크랙미, 프로세스 침투, 악성코드 분석	-	-
무선해킹	802.11 Overview Wireless, 802.11 System 802,11 Network, 802.11 모의해킹 802.11 Weakness, 802.11 Security Security, Widps(무선 침입 방화벽 실습) 프로젝트	-	-
리눅스 엔지니어	Linux overview, Vmware, linux system, APM, Linux Security	-	-
네트워크 엔지니어	네트워크에 대한 기본개념, 네트워크 운영관리, 네트워크 보안관리	-	-
정보보안 전문가	C언어, 리눅스, 네트워크해킹, 시스템해킹, 리버싱, 웹해킹, 프로젝트, 무선해킹	-	-

2. 공공기관 부설교육기관

가. 한국인터넷진흥원 KISA아카데미 (www.kisa.or.kr)

한국인터넷진흥원의 'KISA 아카데미(http://academy.kisa.or.kr)'에서는 국내 인터넷 · 정보보호 인력 양성을 목표로 지식정보보안산업 핵심인력양성(디지털포렌식, 지식정보보안 컨설턴트, 보안관제, 최근 보안이슈), 정보보호 일반/전문 교육(정보보호 실습과정, 사업자 개인정보보호교육, CISO/CPO 양성 교육, 최근 보안이슈), 인터넷 · 국제협력 교육(개도국 초청연수, 도메인 등록 대행자 교육, IPv6 보급 관련 전문인력 양성 등)을 운영하고 있다.

이 밖에도, 2009년부터 고용계약형 지식정보보안 석사과정을 운영 중. 금융보안, 홈네트워크보안, 모바일보안, 산업보안(지식서비스보안, 정보보호경영) 등 4개 주제에 대해 1개 이상의 석사과정을 계약형태로 지원. 기업과 대학이 컨소시엄을 맺어 공동으로 사업을 제안하는 방식으로 대학이 인력을 선발하여 교육을 진행하는데 기업의 의견과 수요를 반영하고 기업 현장인력의 강사활용, 학생의 인턴쉽 활용, 산학협력 R&D 과제 수행 등 운영에서도 기업과 대학이 공동으로 참여하도록 하고 있다. 기술개발인력 양성을 목표로 금융보안, 홈네트워크보안, 모바일보안, 산업보안 등을 주요 주제로 사업이 진행되고 있다.

나. 한국인터넷진흥원 '보호나라(www.boho.or.kr)'

해킹, 바이러스, 개인정보보호 등을 쉽게 풀이하여 제공하고 있으며, 원격 PC 점검 서비스도 제공하고 있다. 특히, 개인정보에 대한 소개에서는 청소년 개인정보보호 피해사례, 예방법 교육교재, 교사와 학부모를 위한 청소년 개인정보 피해 사례 소개 자료집 등을 제공하는 '청소년 마당'도 운영 중에 있다.

그러나, 정보보호에 대한 많은 정보를 제공하고 있음에도 불구하고 활용도가 높지 않은 상태로서 이에 대한 홍보 등의 대책 마련이 필요하다.

(부록그림 1) 보호나라(www.boho.or.kr) 메인 페이지

다. 한국인터넷진흥원 '정보보호기술 온라인 학습장 (www.sis.or.kr)'

정보보호기술 온라인 학습장 홈페이지 내의 '학습공간'에서는 이론학습, 보안가이드, 정보보호 기초과정, 정보보호 실무과정, 웹호스팅 보안과정, SIS자격증 보수교육, ISMS 심사원 학습 등의 교육 컨텐츠를 무료로 이용할 수 있도록 하고 있다. 또한, '훈련공간'에서는 시스템 보안, 네트워크 보안, 애플리케이션 보안, 홈페이지 보안, 윈도우 보안, 중소기업 보안, 디지털 포렌식 등을 모의 상황을 통해 무료로 훈련할 수 있는 컨텐츠를 제공하고 있다. 그러나, 보호나라와 마찬가지로 정보보호에 대한 많은 정보를 제공하고 있음에도 불구하고 활용도가 높지 않은 상태로서 이에 대한 홍보 등의 대책 마련이 필요하다

〔부록그림 2〕 정보보호기술 온라인 학습장(www.sis.or.kr) 메인 페이지

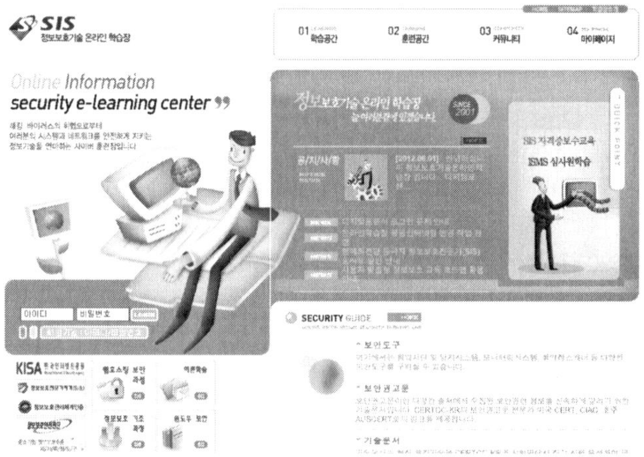

라. 국가정보원 '국가사이버안전센터(service1.nis.go.kr)'

국가 및 공공기관의 보안담당자와 주요정보통신기반시설 관리기관의 보호책임자 등을 대상으로 기초과정과 전문과정으로 나누어 정보보호 관련 교육을 실시하고 있다. 교육내용은 국가정보보안 정책 및 관계 법령, 해킹사고 조사 및 복구 방법, 취약성 분석 및 평가 방법, 정보보호시스템 운영관리 방법, 위험분석 방법론 등이다.

〔부록그림 3〕 국가사이버안전센터(service1.nis.go.kr) 메인 페이지

마. 국가정보원 '산업기밀보호센터(service4.nis.go.kr)'

중기청 및 중소기업진흥공단과 협조해 첨단기술을 보유하고 있는 국내 기업체 및 연구소를 대상으로 보안책임자 및 실무자를 대상으로 '산업보안 워크숍'과 '산업보안 설명회'를 정기적으로 또는 해당 기관의 요청시 방문하여 개최하는 방식으로 운영하고 있다.

국가정보원 산업기밀보호센터의 교육은 국책연구기관 등 국가연구개발사업을 주도하고 있는 연구기관에 대한 보안교육 및 컨설팅을 크게 확대해 막대한 국가예산이 투입된 국가핵심사업의 성과물이 해외로 유출되지 않도록 사전 차단하는데 주력하고 있다.

〔부록그림 4〕 산업기밀보호센터(service4.nis.go.kr) 메인 페이지

바. 교육과학기술연수원 (www.nest.go.kr)

일반 및 교육공무원을 대상으로 온라인교육의 형태로 개인정보보호교육을 실시하고 있다. 정원은 500명이며 5일 과정에 년2회 실시하고 있다.

사. 산업기술보호협회 (www.kaits.or.kr)

보호의 대상을 '산업기술'에 두고 기술기업의 기술유출을 방지하기 위해 산업기술 보유 기업의 임직원 및 보안 책임자 등을 대상으로 교육을 실시하고 있다. 현재, 산업기술보호협회의 교육은 초기 단계로서 온라인 교육은 없으며 기술유출방지 및 보호관련 특강과 산업보안 총론 및 보안 실무과정 등을 소집 및 방문을 통해 실시하고 있다.

〔부록표 2〕 산업기술보호협회의 교육현황

주관 기관	교육과정명	착수년도	과정내용
한국산업기술 보호협회	산업기술보호교육 (대학과정 아님)	2009년	정기교육(산업기술보유기관임직원 대상), 맞춤형 방문교육(보안교육희망 기업 및 기관), 산업보안담당자워크샵(보안담당, 책임자), 리더스 전략특강(CSO, CEO), 차세대 CSO 양성과정(초급보안담당자, 책임자), 보안진단전문가 양성과정 (보안담당자, 책임자), 사내보안강사 양성과정, 보안진단 및 컨설팅
	기술정보보호학과 대학원 (야간 석사과정)	2012년	산업체 재직자 재교육 (한국산업기술대학교와의 협약을 통해 진행, 교육장은 한국산업기술보호협회)

아. 행정안전부 정보화교육포털 (www.e-academy.go.kr)

공무원을 대상으로 정보화 능력 향상을 위한 교육을 실시하고 있다. 집합교육과 사이버 교육과정으로 정보보호 실무 따라잡기, 정보보안과 개인정보보호, 해킹이해 및 침해대응 전략, 정보시스템 보안전문가 과정 등을 운영하고 있다.

〔부록표 3〕 산업기술보호협회의 교육현황

구분	교육개요	교육대상	교육시간
IT 교육	정보기술	전직원	-
실용 교육	컴퓨터 ART, 정보활용	전직원	-

전문 교육	정보보안	해킹원리 및 대응기술	정보보호 실무자, 웹서버 관리자	5일 (2회/년)
		웹서버 해킹기술 및 대응실무		5일 (1회/년)
		OS 보안강화 및 정보보호 기본원리		5일 (1회/년)
		전산시스템 보안장비 구축 및 운영실무	정보보호 실무자, 전산시스템 관리자	5일 (2회/년)
		개인정보보호 전문교육	개인정보보호 담당자	5일 (6회/년)
	자격증	Cisco CCNA	네트워크 관리자/ 담당자	5일 (1회/년)
		국제공인보안전문가 (CISSP)	정보보안 실무자/ 개발자	
		정보보호전문가 (SIS)	전직원	5일 (1회/년)
		정보시스템감사사 (CISA)	전직원	5일 (1회/년)
	사업관리		사업담당자/ 관리자	-

자. 중앙공무원교육원 (http://cyber.coti.go.kr/)

공무원을 대상으로 한 정보보호교육은 행정안전부 정보화교육센터를 통해 실시되고 있다. 정보화교육센터는 공무원을 대상으로 정보화 능력 향상을 위한 교육을 실시하고 정보화인력 개발 관련 시책을 개빌하며 정보화 능력 발전을 위한 '공무원 정보지식인 대회' 등을 개최하는 교육훈련기관이다.

공무원의 정보화 · 정보보호 지식 및 종합 역량을 평가하는 방향의 교육이 이루어지고 있으며, 공무원의 정보화 인식 제고 및 활용능력 향상을 위해 노력하고 있다.

〔부록표 4〕 행정안전부 정보화교육센터 교육 현황 (공무원 대상)

과정분야	2011년 운영 실적		
	과정 수(개)	운영 횟수(회)	운영 실적(명)
총계	105	284	18,057

집합 교육	소계	64	183	4,194
	정보화정책교육	7	18	349
	정보기술전문교육	24	46	881
	정보활용교육	18	82	1,964
	주문교육	12	31	877
	특별교육	3	6	123
사이버 교육	소계	41	101	13,863
	정보화정책교육	7	15	2,301
	정보기술전문교육	12	26	3,014
	정보활용교육	22	60	8,548

〔부록표 5〕 행정안전부 정보화교육센터 정보보호 인력 대상 수준별 교육과정

대상	기본(신규자) 과정	실무 과정	심화 과정
정보보호 관리자	소계	사례 중심의 사이버 위협 대응 방안	
정보보호 담당자	정보화정책교육	해킹 및 대응 기술	사이버대응체계 구축
보안관제 담당자	정보기술전문교육	보안관제 실무	침해사고분석/대응

차. 지방행정연수원 (www.logodi.go.kr)

정보보호 관련 교육으로는 국가의 전공무원들을 대상으로 온라인 교육으로 개인정보보호 교육을 실시하고 있다.

아. 한국지역정보개발원 (www.klid.or.kr)

정보보호 관련 교육으로는 공무원 및 공공기관 임직원을 대상으로 정보화 관련 교육과 개인 정보보호 교육을 실시하고 있다〔표 3〕. 집합 및 사이버교육으로 정보보호 관련 자격증 등 정보화 트렌드와 교육 대상자의 니즈에 부합하는 교육과정 우선 개설을 목표로 하고 있다.

부록 3.

정보보호 거버넌스와 정보보호 비즈니스 모델

부록 3은 다음의 보고서를 요약 정리한 것입니다.

▶ ISACA(2009), The Business Model for Information Security.

▶ ITGI(2006), Information Security Governance: Guidance for Boards of Directors and Executive Management (2nd Ed.)

◆ **정보보호 거버넌스는 전략적인 방향을 제공하고 사업목표가 적절히 성취될 수 있으며 위험을 적절히 관리할 수 있음을 보장하는 기업 거버넌스의 하위요소**

- 정보보호는 정보(전자적이거나 모든 다른 매체를 통해 말하고 쓰고 인쇄된 것)와 정보관리(상소되고 검토되고 옮겨지고 저장되고 파고되는 것)의 모든 면을 다룸[1]

◆ **정보보호 거버넌스의 기대효과**

- 정보보호 관련 위험을 정의가능하고 수용가능한 수준으로 낮춤으로써 사업영위의 불확실성을 줄여주고 예측성을 높여줌
- 한정된 보안 자원을 최적의 상태로 배분할 수 있는 구조와 프레임워크를 제공
- 효율적인 정보보호 정책 및 정책 준수가 이루어지고 있음을 보증
- 정보가 잘 보호되고 있음을 보증하는 효율적이고 효과적인 위험관리, 프로세스 증진, 빠른 사고대응 등을 위한 기반

1) 반면, IT Security는 네트워크 인프라 및 기술 하에서 이루어지는 정보보호 행위만을 다룸

• 사업영위를 위한 중요한 의사결정이 잘못된 정보에 기반하지 않는다는 것을 보증
• M&A, 사업 프로세스 복구 등과 같은 중요한 사업활동에서 발생하는 정보를 보호하기 위한 책임

◆ **정보보호는 IT 거버넌스에 따르는 기업 거버넌스의 한 부분이 되어야 하며, 전략, 개념, 설계, 구현, 운영 등으로 통합되어야 함**

• 따라서, 정보보호 거버넌스는 상위관리자의 책임, 보안인식문화, 보안훈련의 증진, 정책준수 등을 필요로 함
• 기업문화를 변경하는 것보다는 솔루션을 구매하는 것이 훨씬 쉽게 느껴지겠지만, 잘못된 정보에 잘 훈련되지 않고 보안에 관심도 없는 인력이 운영할 경우 원하는 보안수준을 얻기는 어려울 것

◆ **일반적인 정보보호 전략은 기업의 사업목표와 전략을 반영한 포괄적인 보안정책의 한 부분으로 구현되어야 함**

• 보다 효율적인 정보보호 거버넌스의 구현을 위해서는 기업의 보안정책에 따라 다음의 사항을 포함한 포괄적인 보안 프로그램(security programme)이 구현되어야 함

- 보안정책의 개발 및 유지
- 역할, 책임, 권한, 의무 등을 지정
- 표준, 조치, 절차 등으로 구성된 보안과 통제 프레임워크의 개발 및 유지
- 정기적인 위험 평가 및 사업영향 분석
- 정보자산의 분류 및 소유권 할당(자산관리 책임자 임명)
- 사람, 프로세스, 기술 등에 대한 적절하고 효율적이며 테스트가 끝난 통제 구현
- 보안을 전체 조직 프로세스로 통합
- 보안 요소들을 감시하는 프로세스
- 정보보호 사고 관리
- 정보의 사용자와 공급자에 대한 효율적인 접근관리

- 의미있는 보안성과 모니터링 및 메트릭스 구성
- 정보보호 요구사항을 고려한 모든 사용자, 관리자, 임원진 등에 대한 교육
- 정기적인 정보보호에 대한 평가 및 임원진에 대한 성과보고
- 보안 프로세스의 운영에 대한 교육
- 급작스러운 돌발상황 및 재해 상황 하에서의 사업연속성 계획의 개발 및 테스트

◆ **모든 보안 요소들이 조직의 보안전략에 모두 언급되었음을 보증하기 위한 가이드라인으로서 몇몇 보안 표준들이 개발되었음**

- 가장 널리 쓰이고 있는 표준은 COBIT(Control Objectives for Information and related Technology), ISO 17799, FIPS Publication 200, NIST 800-53 등
- 정보보호를 위한 비즈니스 모델인 BMIS(Business Model for Information Security)는 4개의 요소와 6개의 역동적 상호작용으로 구성되어 있음
- 모델을 구성하는 어느 한 부분이라도 변동되거나 적절하지 못하게 관리될 경우 모델의 균형은 깨지게 됨
- BMIS 모델은 기업 이해관계자들에게 폭넓은 혜택을 제공 (비용을 줄여주고 성과를 향상시켜주고, 조직적인 위험요소에 대한 이해를 도와주고, 같은 노력을 두 번하지 않도록 해줌)

(부록그림 5) COBIT Framework (IT Governance)

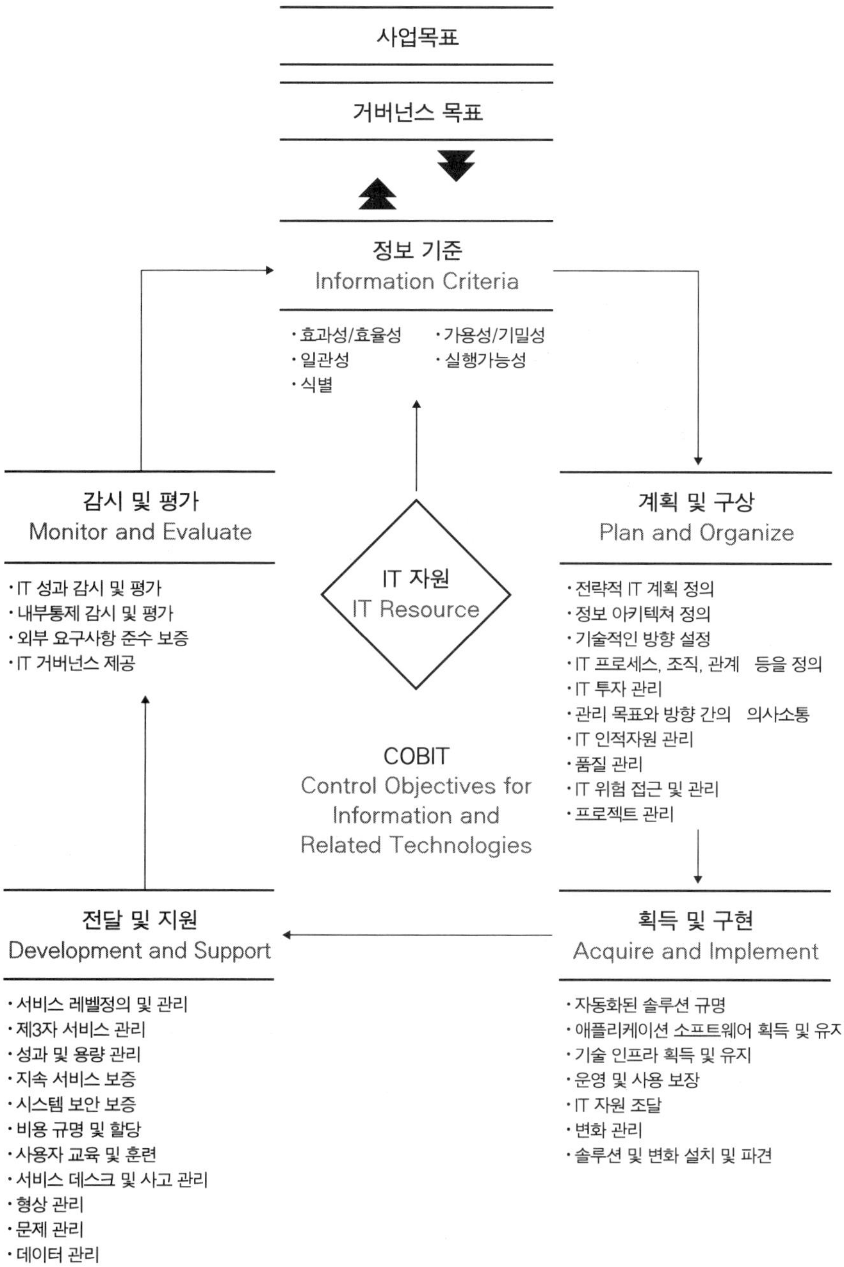

〔부록그림 6〕 Business Model for Information Security

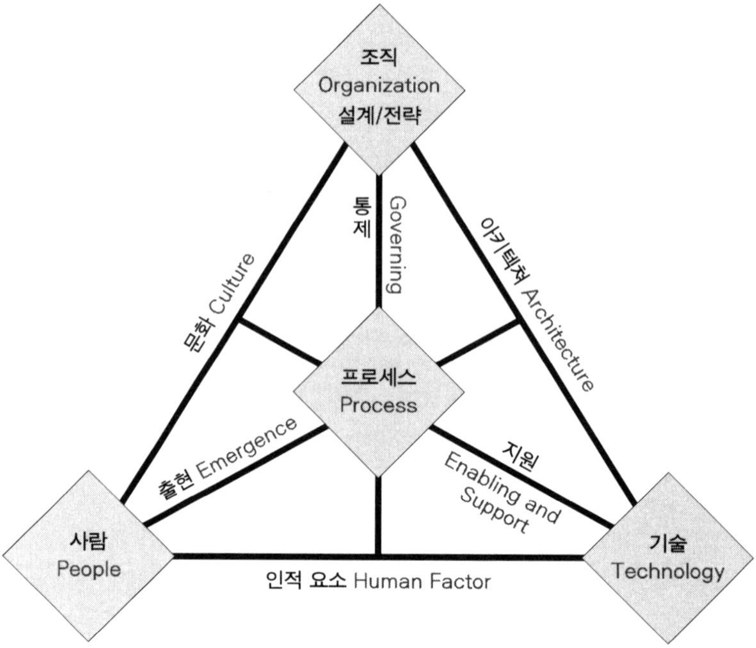

◆ **BMIS의 4개 요소**

- organization design and strategy

- 조직은 공통된 목표를 달성하기 위한 긴밀하게 상호작용하는 인력, 자산, 프로세스 간의 네트워크
- 기업전략은 그들이 추구하는 가치와 사명을 달성하기 위한 사업목적과 목표를 정의하는 것
- 설계는 조직이 어떻게 전략을 구현하는가를 정의하는 것으로, 프로세스, 문화, 구조는 설계를 결정하는 중요한 요소

- people

- 인적자원과 인적자원을 둘러싼 보안 이슈를 포함하는 것으로서 기업전략을 누가 실행할 것인지를 정의하게 됨

- 정보보호 관리자의 입장에서는 고용전략[2], 인력관리[3], 퇴사관리[4] 등은 매우 중요

- process
- 모든 역동적 상호작용을 위한 핵심적인 연결고리 역할을 수행
- 위험, 가용성, 무결성, 신뢰성을 정의, 측정, 관리, 통제하며, 책무성을 보장
- 기업이 보다 많은 이득을 얻기 위해 프로세스는 반드시 기업정책에 부합되어야 하며 돌발상황(emergence)들을 고려하고 수시로 변경되는 요구사항들에 적절히 대응할 수 있어야 함. 또한, 잘 문서화되어야 하며 적절한 인력자원과의 의사소통도 원활할 수 있어야 하며, 효율성과 효과성을 보장하기 위해 정기적으로 검토되어야 함

- technology
- 보다 효율적인 프로세스를 만들기 위한 모든 도구, 애플리케이션, 인프라들을 구성하는 기술 요소
- 일부 기업에서는 기술을 정보보호 위협과 위험들을 해결하는 만병통치약으로 여기는데, 이는 매우 위험한 발상. 기술적인 통제는 몇몇 위험을 감소시키는데 매우 유용하지만 기술을 곧 정보보호 해결책으로 여겨서는 안됨
- 기술은 사용자와 기업문화에 매우 많은 영향을 받음. 기술을 신뢰하지 않는 사람들도 있지만, 해당 기술을 이용하는 방법을 아예 배우지 못한 사람들도 있고 일부는 기술로 인해 업무속도가 오히려 느려진다고 생각하기도 함. 그럼에도 불구하고 정보보호 관리자들은 많은 사람들이 기술통제에 따라올 수 있도록 독려해야 할 것

---

2) 고용전 경력관리, 사전 인터뷰, 역할 및 책임 지정 등

3) 부서 배치, 기업 내 자산에 대한 접근권한 부여, 교육 및 인식제고 등

4) 퇴사원인 파악, 퇴사 후 기업 내 잔류인력에 대한 접근성 파악 등

◆ **6개 역동적 상호작용**

• culture

- 문화는 어떤 일을 하는 행위, 믿음, 추측, 행동 등의 패턴. 기업문화를 이해하는 것은 기업이 어떠한 정보를 취급하는지, 어떻게 해석하는지, 어떻게 사용하는지 등을 결정하는데 아주 많은 영향을 미치므로 매우 중요

• architecture

- 보안 아키텍쳐는 기업의 보안사례를 구성하는 사람, 프로세스, 정책, 기술 등에 대한 포괄적이고 형식적인 구성
- 견고한 비즈니스 정보 아키텍쳐는 보안과 보안 아키텍쳐를 설계하는데 필요한 요구사항을 이해하는데 필수

• governing

- 기업의 조종역할을 말하며, 전략적인 리더쉽을 요구. 거버넌스는 위험이 적절히 관리되고 있음을 확신시켜주며 기업자원이 잘 쓰이고 있음을 증명

• emergence

- 사전에 예측 또는 통제할 수 없이 발생하는 것으로 명확한 원인 없이 나타나는 패턴들을 의미

• enabling and support

- 사람들이 보다 유용하고 용이한 프로세스를 만들기 위해 기술적인 보안조치, 보안정책 및 절차 등에 잘 따르고 있음을 보장하는 하나의 수단
- 기술과 프로세스에 영향을 미치는 많은 행위들이 여기서 발생

• human factors

- 정보보호 프로그램에 매우 중요한 기술 및 사람 간의 상호작용 및 차이를 의미. 기술을 어떻게 활용할 것인지를 이해 못하는 사람은 기술을 포용할 수

없거나 기업의 보안정책을 따르지 못하거나 심각한 보안상의 문제를 발생시킬 수 있음

- 이는 주로 나이, 경험의 정도 또는 문화적 경험 등에서 발생. BIMS 내의 균형을 유지하는 매우 중요한 요소이므로 기업 내 모든 인적자원에 대한 적절한 교육을 실시하는 것은 매우 중요한 활동

부록 4.

국내 정보보호 관련 제도 현황

부록 4는 다음의 보고서를 요약 정리한 것입니다.

▶ 한국인터넷진흥원(2011), 정보보안 공시제도 도입 여건 분석.

현재 우리나라에서는 기업의 정보보안 현황을 알 수 있는 제도로서 여러 가지 인증 및 마크 제도가 있다. 대표적으로, 정보보호 안전진단, 한국인터넷진흥원의 정보보호관리체계 및 전자정부 정보보호관리체계, 영국 BSI의 ISO 270001(국제 정보보호관리체계), 국가정보원의 보안관리실태 평가, 개인정보보호 관련제도인 개인정보보호 인증, 개인정보보호 마크, 개인정보보호 지수, 공공기관 개인정보보호수준, 국내외 금융권 보안강화대책 등이 있다.

〔부록표 6〕 국내외 정보보안 관련 제도간 비교

구분		주관기관	정보보안 정보
정보보호 안전진단		방통위	· 관리적/기술적/물리적 보호조치 (보보호조직의 구성/운영, 네트워크 보안, 출입 및 접근 보안 등)
정보보호관리체계	ISMS	KISA	· 정보보호 정책, 정보보호 조직, 자산관리, 인력자원 보안, 물리적 및 환경보안, 통신 및 운영관리, 접근통제, 정보시스템 구축/개발/유지, 정보보호 사고관리, 사업연속성 관리, 적법성 등
	G-ISMS	행안부	
	ISO 27001	영국 BSI	
공공기관 보안관리실태 평가		국가정보원	· 정책 및 업무수행, 정보자산 관리, 비밀관리, 인적보안, 침해사고 대응체계 구축, 접근보안, 운영관리, 물리적 보안

개인정보보호 제도	PIMS 인증	KISA	· 관리과정(개인정보 정책수립, 관리체계 범위설정, 위험관리, 사후관리) · 보호대책(개인정보보호 정책, 개인정보보호 조직, 개인정보 분류, 교육 및 훈련, 인적보안, 침해사고 처리 및 대응절차, 기술적 보호조치, 물리적 보호조치, 내부검토 및 감사 · 생명주기 준거(개인정보 수집, 개인정보 이용 및 제공, 개인정보 관리/파기)
개인정보보호 제도	개인 정보보호 마크	KAIT	· 개인정보의 수집에 관한 조치, 개인정보의 이용 및 관리, 이용자의 권리, 공개 및 책임, 만14세 미만의 아동에 관한 특별조치, 이용자 권리구제 등
개인정보보호 제도	개인 정보보호 지수	KISA	· 관리(개인정보보호정책, 개인정보보호 조직/교육), 기술/물리(보안기술, 물리적 보안, 개인정보보호정책)
개인정보보호 제도	공공기관 개인정보 보호수준	행안부	· 개인정보보호 정책환경(정책기반, 기술기반), 개인정보 처리분야(수집 및 보유, 이용 및 제공, 파기), 개인정보 침해대응(웹사이트 개인정보 노출방지대책, 개인정보유출 대응절차, 개인정보 침해 구제절차)
금융권 제도	금융회사 IT 보안 강화 종합대책	금융위/금감원	· IT 조직역량 강화 및 보안투자 확대, IT 업무 감독검사 강화 및 제도개선, IT 보안기술 인프라 및 내부통제 개선, IT 아웃소싱 관리 개선, IT 사고대응 및 재해복구 체계 강화
금융권 제도	사이버 보안 사고공개에 대한 가이드라인	미국 SEC	· 기업의 재정적 손실을 야기할만한 수준의 보안사고가 발생한 경우 관련 정보 또는 잠재적인 보안사고의 가능성을 공표

가. 정보보호 안전진단

정보보호 안전진단은 주요 정보통신서비스제공자(ISP), 집적정보통신시설사업자(IDC), 쇼핑몰 등의 정보통신서비스제공자의 정보통신망에 대한 침해사고 예방을 위하여 도입한 제도이다.[5] 안전진단 대상자가 의무적으로 준수해야 할 「정보보호 조치 및 안전진단 방법 · 절차 · 수수료에 관한 지침」에 대한 이행여

5) http://iscs.kisa.or.kr/kor/main.jsp (KISA 정보보호 안전진단)

부를 안전진단 수행기관으로부터 매년 확인받도록 하고 있다.

정보보호 안전진단은 정보통신망 이용촉진 및 정보보호 등에 관한 법률[6]에 근거해 2004년부터 실시되고 있다. 다음의 3가지 조건 중에서 한가지 조건이라도 해당이 되면 안전진단대상이다. 첫 번째 대상은 주요 정보통신서비스 제공자[7]이다. 전국적으로 정보통신망 접속서비스를 제공하는 자로 인터넷접속서비스제공자, 전기통신회선설비 및 네트워크 서비스 제공자 등이다. 두 번째 대상은 집적정보통신시설사업자[8]이다. 타인의 정보통신서비스제공을 위하여 집적된 정보통신시설을 운영 · 관리하는 사업자를 말하며, 네트워크 제공 서비스, 서버임대(서버호스팅) 또는 공간임대서비스(Co-location) 등을 제공하는 자(자사를 제외한 그룹 계열사 지원 포함), 집적정보통신시설을 임차한 집적정보통신시설사업자(재판매사업자 (VIDC)) 등이 이에 포함된다. 세 번째 대상은 전년도 매출액의 정보통신서비스 부문 연간 매출액이 100억 이상이거나 전년도 말 이전 3개월간의 평균 1일 이용자수가 100만명 이상인 정보통신서비스 제공자[9]이다. 정보보호 안전진단에서 제시하고 있는 정보보호 조치는 크게 관리적, 기술적, 물리적 차원으로 나뉜다.[10]

---

6) 제46조의3(정보보호 안전진단) ① 다음 각 호의 어느 하나에 해당하는 자는 방송통신위원회가 안전진단을 수행할 수 있다고 인정한 자(이하 "안전진단 수행기관"이라 한다)로부터 자신의 정보통신망 또는 집적정보통신시설에 대하여 매년 정보보호지침에 따른 정보보호 안전진단을 받아야 한다. 이 경우 안전진단 수행기관은 15명 이상의 정보보호 기술인력을 보유하고 최근 3년 이내에 정보보호컨설팅을 수행한 실적이 있는 법인이어야 한다.〈개정 2010.3.22〉 1.「전기통신사업법」 제2조제8호에 따른 전기통신사업자로서 전국적으로 정보통신망서비스를 제공하는 자(이하 "주요정보통신서비스 제공자"라 한다) 2. 집적정보통신시설 사업자 3. 정보통신서비스 제공자로서 매출액, 이용자 수 등이 대통령령으로 정하는 기준에 해당하는 자

7) 주요 정보통신서비스제공자는 매출액, 일평균 이용자 수와 무관

8) 집적정보통신시설은 정보통신서비스 제공을 위해 자체적으로 시설을 구축(건물을 임차하여 입주하여도 무관함)하여 운영하는 경우를 말하며, 타인에 의해 구축된 집적정보통신시설에 입주하거나 일부를 임차하여 서비스를 재판매하는 사업자는 재판매사업자(VIDC)에 해당됨

9) 예를 들어, 네트워크서비스(회선임대포함), 포털, 쇼핑몰, 교육, 게임, 예약, 음악, 신문/방송, 전자문서교환, 신용카드조회/지불중계 등을 내용으로 하는 정보통신서비스제공자 (위의 예는 2004년 안전진단대상자의 대표적인 역무를 분류한 결과이며 이 외의 기타 정보통신서비스제공자가 위의 기준에 해당할 경우 안전진단대상자가 될 수 있음)

10) 한국인터넷진흥원 (2011), 정보보호 안전진단 해설서.

(부록표 7) 정보보호 안전진단 정보보호 조치

구분			세부조치사항
관리적	정보보호 조직의 구성 · 운영	정보보호 조직의 구성	정보보호책임자, 정보보호관리자, 정보보호담당자로 구성된 정보보호조직을 운영
		정보보호 책임자의 지정	침해사고 발생시 긴급조치 권한을 행사할 수 있는자로 지정
		정보보호 조직 구성원의 역할	정보보호책임자는 정보보호 업무와 조직을 총괄 지위
			정보보호관리자는 정보보호 업무의 실무를 총괄하고 관리
			정보보호담당자는 정보보호 업무의 분야별 실무를 담당
관리적	정보보호 계획 등의 수립 및 관리	정보보호 방침의 수립 · 이행	정보보호 목표, 범위, 책임 등을 포함한 정보보호방침 수립
			최고경영층(임원급 이상)의 승인
		정보보호 실행계획의 수립 · 이행	정보보호방침을 토대로 예산, 일정 등을 포함한 당해 연도의 정보보호실행계획을 수립
			최고경영층이 실행계획을 승인하고 정보보호책임자가 추진상황을 매 반기마다 점검
관리적	인적자원 보안	정보보호 실무지침의 마련 · 준수	정보통신설비 및 시설에 대한 관리적 · 기술적 · 물리적 보호조치의 구체적인 행 방법 · 절차 등을 정보보호 실무지침을 마련
			정보보호책임자가 실무지침을 승인하고 관련 법 · 제도, 설비의 교체 등 변경사유가 발생할 경우 보완하여 관리
기술적	네트워크 보안	트래픽 모니터링	네트워크 모니터링 도구를 이용하여 백본망, 주요 노드 및 외부망의 연계되는 주요회선의 트래픽 소통량을 24시간 모니터링
		무선서비스 보안	무선랜서비스, 무선인터넷서비스를 제공할 경우에는 사용자인증, 데이터암호화 등 보안조치 마련
		정보보호 시스템 설치 · 운영	외부망과 연계되는 구간에 침입차단시스템, 침입탐지시스템 등 네트워크의 안전성을 제고할 수 있는 정보보호시스템을 설치 · 운영

기술적	정보통신설비 보안	웹서버 보안	외부에 서비스를 제공하는 웹서버는 단독서버로 운영하고 DMZ에 설치
		DNS서버 보안	과부하에 대비한 부하분산 대책을 마련
			설정파일 백업 실시
		DHCP 서버 보안	과부하에 대비한 부하분산 대책을 마련
			설정파일 백업 실시
			IP 할당 상황 등에 대한 로그기록 유지 · 관리
		DB서버 보안	내부망에 설치
			외부망에서 직접 접속할 수 없도록 네트워크를 구성
		라우터/ 스위치 보안	ACL 등의 접근제어 기능을 적용할 수 있는 설비를 사용
		정보보호 시스템 보안	이상징후 탐지를 알리는 경고 기능을 설정하여 운영
			정보보호시스템 보안기능(비정상 트래픽 차단 등)의 정상 작동 여부를 주기적으로 점검(월 1회 이상)
		취약점 점검	연 1회 이상 웹어플리케이션, 응용서버, 운영체계, 네트워크 취약점 점검을 실시하고 발견된 취약점을 보완
		접근통제 및 보안설정 관리	인가된 자만 접속할 수 있도록 설정하고, 인터넷 등을 통해 외부에서 접속할 경우 일회용 패스워드 등을 사용하도록 하여 인가 절차를 강화
			불필요한 프로토콜 및 서비스 제거 등 보안설정
	정보통신설비 보안	관리자 계정의 비밀번호 관리	관리자 계정의 비밀번호는 8자리 이상으로 설정. 단, 설정가능 자리수가 8자리 이하일 때는 설정 가능한 최대의 자리수로 설정
			최소 3개월에 1회 이상 비밀번호 변경
		로그 관리	최소 1개월 이상 로그기록 유지 · 관리 (정보보호시스템은 3개월)
		보안패치 관리	보안패치 정보를 주기적으로 입수하고 적용
			주요 보안패치에 대해서는 적용일 등 패치정보를 기록 · 관리

		백업 및 복구	주요 정보를 주기적으로 백업
			백업 담당자, 백업 및 복구 방침 · 절차 · 주기 등을 기록 · 관리
물리적	출입 및 접근 보안	정보통신 시설의 출입 · 접근 통제	비인가자가 출입할 수 없도록 잠금장치를 설치
			출입자의 출입기록을 1개월 이상 유지 · 보관
	부대설비 및 시설 운영 · 관리	백업설비 및 시설 설치 · 운영	주요 정보를 백업하여 보관할 수 있는 백업설비 및 시설을 설치 · 운영

나. 정보보호관리체계(ISMS) 관련 인증제도

정보보호관리체계(ISMS, Information Security Management System)란 조직에서 비즈니스의 연속성 확보를 위하여 각종 위협으로부터 정보자산을 보호하기 위한 위험관리 기반의 체계적이고 지속적인 프로세스 개설 활동을 말한다. 정보보호의 목적인 정보자산의 비밀성, 무결성, 가용성을 실현하기 위한 절차와 과정을 체계적으로 수립 · 문서화 하고 지속적으로 관리 · 운영하는 시스템이다.

- 정보보호관리체계 인증[11]

한국인터넷진흥원의 정보보호관리체계 인증은 의무사항은 아니며 대상 사업자가 자율적으로 신청하는 권고사항으로,[12] 정보보호정보통신망 이용촉진 및 정

11) 정보보호관리체계 인증 등에 관한 고시, 제2010-3호-2

12) 일본은 기업이 정부나 공공기관에 입찰할 경우 ISMS 인증을 필수 사항으로 규정

보보호 등에 관한 법률[13]에 근거해 2002년부터 실시하고 있다. 정보보호관리체계 인증은 조직에 적합한 정보보호를 위해 정책 및 조직 수립, 위험관리, 대책구현, 사후관리 등의 정보보호관리과정을 통해 구현된 여러 정보보호대책들이 유기적으로 통합된 체계에 대하여 제3자의 인증기관이 객관적이고 독립적으로 평가하여 기준에 대한 적합 여부를 보증해주는 제도이다.

정보통신망의 안정성 및 신뢰성 확보를 위하여 기술적 · 물리적 보호조치를 포함한 종합적인 관리체계를 수립 · 운영하고자 하는 기업(조직) 즉 정보보호를 체계적으로 수행하려는 기업은 누구나 ISMS를 수립하고 운영해 인증을 신청할 수 있다.

정보보호관리체계 인증심사의 종류는 최초심사, 재심사, 사후관리, 갱신심사로 구분된다. 정보보호관리체계 인증을 받게 되면 그 인증은 3년간 유효하고 관리체계의 지속적인 유지운영을 위해 1년에 한번 이상 관리체계를 점검하는 사후관리를 해야 한다. 유효기관 내 정보보호관리체계와 관련된 중대한 변경이 있을 경우 재심사를 받아야 하며 이 경우 변경된 유효기관은 재심사 후 3년이다.

인증신청기관 입장의 인증 프로세스[14]는 다음과 같다.

• 인증준비 : 관리체계 및 인증 이해, 전략적 목적의 명확화, 인증 취득계획

---

13) 정보통신망 이용촉진 및 정보보호 등에 관한 법률 제47조, 정보통신망 이용촉진 및 정보보호 등에 관한 법률 시행령 제50조 정보보호관리체계 인증 (제2010-3호)
제47조(정보보호 관리체계의 인증) ① 정보통신망의 안정성 및 신뢰성을 확보하기 위하여 기술적 · 물리적 보호조치를 포함한 종합적 관리체계(이하 "정보보호 관리체계"라 한다)를 수립 · 운영하고 있는 자는 정보보호 관리체계가 제2항에 따라 방송통신위원회가 고시한 기준에 적합한지에 관하여 방송통신위원회나 한국인터넷진흥원이 지정하는 기관(이하 "정보보호 관리체계 인증기관"이라 한다)으로부터 인증을 받을 수 있다.〈개정 2009.4.22〉 ② 방송통신위원회는 제1항에 따른 인증에 관한 정보보호 관리기준 등 필요한 기준을 정하여 고시할 수 있다. ③ 제1항에 따라 정보보호 관리체계의 인증을 받은 자는 대통령령으로 정하는 바에 따라 인증의 내용을 표시하거나 홍보할 수 있다. ④ 제1항에 따른 인증의 방법 · 절차와 그 밖에 필요한 사항은 대통령령으로 정한다. ⑤ 정보보호 관리체계 인증기관 지정의 기준 · 절차 · 유효기간 등에 필요한 사항은 대통령령으로 정한다.

14) 인증을 신청한 기관이 인증심사 신청을 하고 인증서 발급을 받기까지 약 3개월 소요. 인증심사는 기술심사와 문서심사로 구분되며 기본적으로 하루 4명의 심사원이 참여하여 심사를 진행. 인증심사에서 발견된 결함사항에 대해서는 신청기관이 보완조치를 할 수 있도록 한달간의 시간을 주며 보완조치가 완료된 후 인증위원회를 개최하여 심사결과에 대한 최종 심의를 한 후 인증여부를 결정

수립, 경영자의 지원 설득

- 정보보호관리체계 구축 : 관리적, 기술적, 물리적 관리체계 구축
- 정보보호관리체계 운영 : 보안활동에 따른 증적자료 산출
- 인증 신청 및 심사 : 인증신청 및 인증심사원 심사 수행
- 심사 결과 보완조치 : 심사결과에 따른 결함사항 보완
- 사후관리 : 지속적인 운영을 위한 관리체계 점검

〔부록표 8〕 정보보호관리체계 인증취득 혜택

출처 :: 방송통신위원회, 행정안전부, 지식경제부 (2011), 2011 국가정보보호백서.

구분	시행기관	혜택 내용
가산점 부여	지식경제부	공공부문 정보시스템 기획/구축/운영 사업자, SW개발사업자 선정시 평가항목(기밀보안) 만점 부여
	한국인터넷진흥원	정보보호대상, 입찰, 과제선정 평가시 가점 부여
	신용평가 기관	한국신용평가정보의 기업신용평가시 가점 부여
	한국기업지배구조원	상장기업 대상 ESG(환경, 사회, 지배구조) 평가시 소비자항목에 가산점 부여
요금할인	보험사	정보보호관련 보험(배상책임보험 등) 가입사 할인(AIG, LIG, 동부화재 등)
면제	방송통신위원회	인증유효기간 당해 연도(1년) 안전진단 면제
권고	교육과학기술부	원격교육설비기준에 ISMS 인증 취득 권고
	국토해양부	유비쿼터스도시기반시설에 대하여 ISMS 인증 취득 권고
ISMS 인증수수료 할인	한국인터넷진흥원	정보보호 대상 수상 기업의 경우 할인 (대상, 우수상, 특별상 100~50%)
		소규모 기업의 경우 할인 (상시 근로자 수 50명 미만 또는 매출액 50억 미만, 50%)

정보보호관리체계인증의 심사기준은 3개 통제분야에 총 137개 통제항목으로 구성된다. 통제분야는 정보보호 관리과정(5단계, 14개 통제항목), 문서화(3개 통제항목), 정보보호 대책(15항목, 120개 통제항목)이다.

- 정보보호 관리과정 : 정보보호정책 수립, 관리체계범위설정, 위험관리, 구현, 사후관리
- 문서화 : 문서요건, 문서의 통제, 운영기록의 통제
- 정보보호 대책 : 정보보호정책, 정보보호조직, 외부자 보안, 정보자산 분류, 정보보호 교육 및 훈련, 인적보안, 물리적보안, 시스템개발 보안, 시스템개발 보안, 암호 통제, 접근 통제, 운영 관리, 전자거래 보안, 보안사고 관리, 검토, 모니터링 및 감사, 업무연속성 관리

한국인터넷진흥원(KISA)이 인증을 주관하며, 인증을 받은 기업은 ISO 27001 인증에서 요구하는 기준을 모두 만족하면서 국내 정보보호환경에 맞는 관리체계를 수립했음을 정부로부터 보증받게 된다. 정보보호관리체계 인증을 취득하면, 기업의 정보보호 활동을 체계적으로 수행할 수 있어 정보보호 사고를 예방하고, 피해를 최소화할 수 있다. 또한, 객관적인 심사를 거쳤기 때문에 신뢰성을 확보해 기업의 브랜드 가치를 높일 수 있다. 정보보호 안전진단 대상기관의 경우, 안전진단 수검을 1년간 면제받을 수 있으며, 2010년부터는 정보보호관련 보험할인 혜택이 전 보험사로 확대됐고, KISA의 정보보호 대상수상 기업이나 소규모 기업은 인증 수수료 할인을 받을 수 있다.

〔부록표 9〕 정보보호관리체계 통제항목

통제항목	통제목적	통제사항	통제내용
정보보호 정책	정책의 승인 및 공표	정책의 승인	문서화된 정보보호정책은 최고경영자의 승인을 받아야 한다.
		정책의 공표	정보보호정책 문서는 모든 임직원 및 관련자에게 이해하기 쉬운 형태로 전달하여야 한다.

정보보호 정책	정책의 체계	상위정책과의 일관성	정보보호정책은 신청기관의 사업목표 및 정보기술정책과 일관성을 유지하여야 한다.
		정책문서의 유형	정보보호정책을 구체적으로 시행하기 위한 정보보호 지침, 절차 및 표준을 수립하여야 한다. 또한 필요한 경우 특정 시스템 또는 서비스에 대한 상세한 정보보호정책을 수립할 수 있다.
정보보호 정책	정책의 유지관리	주기적 검토	정기적으로 정보보호정책의 타당성을 검토하여야 하며, 중대한 보안사고 발생, 새로운 위협 또는 취약성의 발생, 정보보호 환경에 중대한 변화 등이 발생했을 경우에는 관련된 사항의 타당성을 추가로 검토하여야 한다.
정보보호 조직	조직의 체계	조직의 구성	신청기관내 정보보호관리 활동을 계획, 관리하는 정보보호관리자가 있어야 하며, 필요에 따라 정보보호위원회를 구성할 수 있다.
		외부전문가 활용	정보보호정책 수립, 위험분석 · 평가, 통제사항의 선택과 구현, 보안사고대응 등 중요한 정보보호 관리 활동에 도움을 받기 위하여 외부 전문가의 조언을 받을 수 있다.
정보보호 조직	책임과 역할	정보보호 관리자	최고경영자의 지정을 받은 정보보호관리자는 정보보호정책 수립, 정보보호 위원회의 구성 및 운영, 위험분석 및 관리, 보안사고 대응 및 복구 등의 정보보호에 관한 업무를 총괄 관리하여야 한다.
		정보보호 위원회	신청기관 전반에 걸친 중요한 정보보호 관련 심의 및 승인 기능을 수행하며 필요한 자원할당을 통해 정보보호관리 활동이 적절히 수행될 수 있도록 하여야 한다.

외부자 보안	계약 및 서비스 수준협약 보안관리	위부위탁 계약시 보안요구사항	신청기관의 업무를 외부위탁 하는 경우에는 정보시스템, 네트워크, 인력 및 사무환경 등을 관리 · 통제하기 위한 보안요구사항을 계약서 상에 명시하여야 하고 요구사항을 서비스수준협약(Service Level Agreement, SLA)에 반영하여야 한다.
		제3자와의 계약시 보안요구사항	신청기관이 제3자에게 정보자산에 대한 접근을 허용하는 계약을 체결하는 경우에는 신청기관의 정보보호정책 준수 및 필수 보안요건을 포함하는 공식적인 계약을 하여야 한다.
외부자 보안	외부자 보안 실행관리	외부위탁 보안관리	외부위탁업체가 계약서 및 서비스수준협약에 명시된 보안 요구사항을 충분히 이행하는지 주기적으로 점검하고, 필요시 감사를 수행하여야 한다.
		제3자 보안관리	신청기관의 정보자산에 대한 제3 자의 접근을 통제하여야 한다. 업무상 불가피하게 접근을 허용해야 할 경우에는 접근유형 및 접근사유를 파악하고 위험 요소를 고려하여 관리하여야 한다.
정보자산 분류	정보자산의 조사 및 책임할당	정보자산 조사	신청기관의 정보자산을 조사하고 정보자산별로 신청기관에서의 가치, 업무 영향, 법적 준수사항 등을 고려하여 중요도를 결정하여야 한다.
		정보자산별 책임할당	조사된 정보자산에 대하여 소유자, 관리자, 사용자를 확인하고, 적절한 통제유지를 위해 책임소재를 명확히 하여야 한다.
정보자산 분류	정보자산의 분류 및 취급	정보자산의 분류	정보자산이 신청기관에서 차지하는 가치와 신청기관에 미치는 영향을 고려하여 분류방식을 선택하고 분류하여야 한다.
		보안등급과 취급	중요도에 따라 분류된 정보자산에 보안등급을 부여하고, 물리적, 전자적 보안등급 표시를 부착, 관리하여야 한다. 또한 보안등급의 부여에 따른 취급 절차도 정의하여 이행하여야 한다.

정보보호 교육 및 훈련	분류 및	교육 및 훈련 계획	정보보호 인식제고 및 실제 운영에 필요한 교육 · 훈련 계획을 종합적으로 수립하여 이행하여야 한다
		취급	교육 및 훈련의 대상에는 신청기관의 임직원 및 관련 외부자를 포함하여야 한다.
		프로그램수립	교육 및 훈련은 정보보호정책, 정보보호인식, 보안요구사항, 법적인 책임, 보안사고 대응절차, 업무연속성관리 등을 포함하여야 하고, 교육대상자의 직위 및 담당하는 업무의 특성에 따라 구분하여 실시하여야 한다.
정보보호 교육 및 훈련	시행 및 평가	-	교육 및 훈련은 정기적으로 실시하여야 하며, 정보보호정책이나 절차 및 역할의 변경이 있는 경우에는 수시로 실시하고 이에 대한 기록을 남겨야 한다. 또한 교육훈련 종료 후 검토를 통하여 차기 교육에 반영하여야 한다.
인적보안	책임할당 및 규정화	책임할당	정보보호업무를 이행하는 역할과 책임을 문서화하여야 한다. 문서화의 내용에는 정보보호정책을 수립, 구현, 운영하는 일반적인 책임과 특정 정보자산의 보호와 활동에 대한 구체적인 책임을 포함하여야 한다.
		인사규정	인사규정에는 정보보호에 대하여 직원이 지켜야 할 책임 및 관련 법규상의 책임을 명시하여야 한다. 특히, 정보보호업무를 담당하는 자와 정보시스템 사용자 및 관리자에 대해서는 보다 명확한 책임을 명시하여야 하며, 직원이 책임을 이행하지 않는 경우를 대비한 적절한 처벌규정을 포함하여야 한다.
인적보안	적격심사 및 주요직무 담당자 관리	적격심사	계약직 및 임시직원은 물론 정식직원 채용 시 신원, 업무능력, 교육정도, 경력 등에 대한 적격심사가 이루어져야 한다. 직원들이 용역회사를 통하여 충원되는 경우에는 용역회사와의 계약서에 적격심사에 따르는 책임사항을 명문화하여야 한다.
		주요직무 담당자 관리	정보시스템 접근 권한을 포함하는 업무가 새로이 할당될 때, 특히 재무정보나 비밀정보와 같이 중요한 정보를 처리하는 담당자에 대해서는 별도의 관리를 수행하여야 한다.

인적보안	비밀유지	비밀유지 서약서	직원으로부터 비밀유지 서약서에 서명을 받아야 하며, 임시직원이나 제3자에게 정보에 대한 접근 권한을 부여할 경우에도 그들로부터 비밀유지 서약서에 서명을 받아야 한다. 직원의 고용계약에 변경이 있을 경우, 특히 직원이 퇴사하거나 계약기간이 만료될 때에는 비밀유지 서약서를 환기시켜야 한다.
물리적 보안	물리적 보안대책	물리적 보호구역	특별한 보호가 필요한 시설 및 장비를 권한 없는 자의 물리적 접근 및 각종 물리적, 환경적 재난으로부터 보호하기 위하여 보호구역을 정의하고 이에 따른 보안대책을 수립 · 이행하여야 한다. 이 경우 제한구역, 접견구역, 장비출하구역 등을 별도로 지정하여 각각에 적합한 보안 조치와 절차를 수립하여야 한다.
		물리적 접근통제	보호구역을 출입하는 자를 감시 · 통제하고 권한 없는 자의 출입을 방지하기 위하여 수립된 보안 절차에 따라 필요한 조치를 수행하고 주기적으로 검토하여야 한다.
물리적 보안	데이터 센터	위치 및 구조 조건	데이터센터는 물리적, 환경적 위험이 적은 곳에 위치하고 구조의 안정성을 확보하여야 한다.
		출입통제	데이터센터의 출입은 적절한 출입통제절차에 의하여 이행되어져야 하며, 출입자를 식별하고 기록 · 관리하여야 한다. 또한 출입자 기록 대장은 정기적으로 점검하여야 한다.
		보안	화재 · 수재 등의 각종 재해에 대비한 시설을 충분히 설치하여야 하고, 비상연락장치 및 비상구, 물리적 접근통제 및 시건장치를 설치하여야 한다.

물리적 보안	장비보호	주요 시스템 보호	신청기관내의 주요 시스템에 대한 별도의 출입통제를 실시하거나 이중의 보호장치를 설치하고, 시스템관리자는 주요 시스템 접근에 대한 보안대책을 수립하여야 한다.
		장비의 배치	장비는 환경적인 위협과 위험, 불법 접근에 대한 위험을 감소시키기 위해 적절한 위치에 배치하고 이를 보호하여야 한다.
		전원공급	전원공급 이상이나 기타 전기관련 사고 발생시 전원을 지속적으로 공급하기 위하여 장비 제조업체의 사양에 따라 적절히 관리하여야 한다.
		케이블 보호	데이터를 송 · 수신하거나 정보서비스를 지원하는 전력 및 통신 케이블은 방해되거나 손상을 입지 않도록 보호하여야 한다
		장비의 보수	장비는 지속적인 가용성과 무결성을 위하여 장비 제공자가 지시한 명세에 따라 유지보수를 하여야 하고 유지 · 보수에 대한 기록을 남겨야 한다.
		장비의 안전한 폐기 및 사용	중요한 정보를 담고 있는 저장 매체의 폐기시에는 이를 물리적으로 파기하여야 하며, 중요 데이터나 정품 소프트웨어는 폐기하기 전에 매체에 기록된 내용이 완전히 삭제되어 복구가 불가능한지 확인하고 점검하여야 한다.
물리적 보안	사무실 보호	-	책상 위에 중요한 문서나 저장매체를 남겨놓지 않도록 하고, 통상 근무시간 동안이나 그 외의 시간에 비인가된 자에 의한 정보접근, 손상을 방지하기 위하여 컴퓨터화면에 정보처리에 관한 사항을 남겨놓지 않도록 하여야 한다.

시스템 개발 보안	분석 및 설계 보안관리	보안요구사항 정의	새로운 시스템 개발, 기존시스템 개선시 보안요구사항을 문서로 명확히 하여야 하며, 보안요구사항에는 사용자 접근권한의 부여원칙과 접근통제 유형 등을 포함하여야 한다.
		입력데이터 검증	응용시스템 설계시 입력 요구사항을 정의하고 문서화하여야 하며, 입력 데이터의 정확성, 무결성, 신뢰성을 판단하기 위한 표준을 마련하여야 한다.
		내부처리의 검증	응용시스템 설계시 내부처리 요구사항을 정의하고 문서화하여야 하며, 응용소프트웨어의 처리 작업을 검증하고, 무결성을 회복할 수 있는 기능을 포함하여야 한다.
		출력 데이터 검증	응용시스템 설계시 출력 요구사항을 정의하고 문서화하여야 하며, 출력 데이터의 정확성, 무결성, 신뢰성을 판단하기 위한 대책을 마련하여야 한다.
		인증 및 암호	응용시스템 설계시 반드시 사용자 인증에 대한 보안 요구사항을 고려하여야 한다. 중요한 메시지의 경우 무결성이 요구될 때 메시지 인증기법을 적용하고 비밀성이 요구될 시 암호화를 적용하여야 한다.
		보안기록 관리	응용시스템 설계시 사용자의 인증, 데이터 분실, 수정, 오남용 등을 점검하고 방지하기 위하여 보안에 관련된 로그, 감사증적 등을 확보할 수 있는 기능을 반영하여야 한다.

시스템 개발 보안	구현 및 이행 보안관리	구현 및 시험	응용시스템 구현시 코딩표준에 따라 응용시스템을 구현하고, 보안요구사항에 대한 시험을 수행하여야 한다.
		운영환경 이행보안	운영 프로그램의 수정은 적절한 권한을 지닌 사람만이 시행하여야 하고, 운영시스템은 실행코드만 보유하여야 한다. 실행코드는 성공적인 시험과 사용자 인수 후에 실행하여야 한다.
		시험데이터의 보안	시험 데이터는 운영데이터에 준하여 보호하고 통제하여야 하며, 운영환경에 대하여 적용되는 접근통제 절차를 시험환경에도 적용하여야 한다. 운영데이터가 시험환경으로 복사될 경우 허가절차를 수립하여 이행하고 시험 완료 후 운영데이터는 시험시스템에서 삭제하여야 한다.
		소스 프로그램의 접근보안	소스 프로그램은 실제 운영 환경에 보관하지 않는 것을 원칙으로 하며, 소스 프로그램 관리자는 각 운영시스템 별로 지정하여야 한다. 또한 소스 프로그램 접근에 대한 통제절차를 수립하고 이행하여야 한다.
시스템 개발 보안	변경관리	변경관리 절차	정보시스템의 파괴와 손상을 최소화하기 위하여 공식적인 변경관리 절차를 수립하고 이행하여야 한다.
		운영체제 변경시의 검토	운영체제 변경이 필요한 경우 응용시스템의 운영이나 보안에 미치는 영향을 분석, 검토하여야 한다.
		소프트웨어 패키지 변경	소프트웨어 패키지는 가능한 수정하지 않고 사용하고, 패키지 변경시에는 공급자의 동의를 얻으며, 수정이 가능한지 확인하여야 한다. 모든 변경사항은 시험하고 문서화하여야 한다.
암호 통제	암호 정책	-	암호사용에 대한 정책을 수립하여야 한다.
암호 통제	암호 사용	-	암호정책에 따른 암호 사용시 적절한 알고리즘의 유형, 신뢰성 및 키 길이를 결정하여야 한다.
암호 통제	키관리	-	암호 키에 대한 관리지침, 절차 및 방법을 마련하고 필요시 복구 방안을 마련하여야 한다.

접근 통제	접근통제 정책	정책의 문서화	업무 요구사항에 따라 접근통제의 방법과 범위 등을 정의하고 문서화하여야 한다.
		정책의 내용	접근통제 정책은 데이터, 프로그램, 주요 시스템, 네트워크 등에 대한 접근제한을 포함하여야 하며, 여기에는 보안요구사항, 데이터 및 서비스 접근시의 법적, 계약적 제한, 분산 네트워크상의 접근권한 관리 등을 포함하여야 한다.
		접근통제 규칙	항상 존재하는 규칙과 일정기간이나 선택적으로 존재하는 규칙에 대한 구분, 실행 전에 관리자의 승인을 필요로 하는 규칙과 그렇지 않은 규칙의 구분 등을 포함한 접근 통제 규칙을 명시하여야 한다.
		접근통제 방법	접근통제 방법은 정책 및 절차에 의해 결정된 접근권한을 적절하게 반영하여야 한다.
		접근통제정책 검토	접근에 대한 모니터링을 통해 정책과의 일치성을 주기적으로 검토하고, 접근통제 정책의 적정성을 확인하여야 한다.
접근 통제	사용자 접근관리	사용자 등록	정보시스템 및 서비스에 대한 접근을 통제하기 위한 공식적인 사용자 등록 및 해지 절차를 마련하여야 한다.
		특수 권한 관리	시스템이나 응용프로그램에 대한 통제를 우회할 수 있는 특수권한의 할당 및 사용을 관리하여야 한다.
		사용자 패스워드관리	사용자 패스워드의 관리절차를 수립하고 이행하여야 한다.
		사용자의 접근권한 검토	데이터나 정보 서비스에 대한 접근을 관리하기 위해서 정기적으로 접근 권한에 대하여서 점검을 하여야 한다.
		사용자의 책임	시스템 및 패스워드 관리 책임은 사용자 자신에게 있음을 주지시키고 관리지침을 제공하여야 한다.

접근 통제	접근통제 영역	네트워크 접근	비인가된 접근을 막기 위해 네트워크의 내 · 외부 연결통제, 사용자 터미널과 컴퓨터 서비스간에 물리적 및 논리적 경로의 통제, 사용자 인증, 고장 진단 포트에 대한 접근 통제 등을 포함한 네트워크 접근정책을 수립하고 이행하여야 한다.
		운영체제 접근	안전한 로그온 절차, 식별 및 인증관리, 필요시 터미널 자동확인 등을 포함하여 시스템의 운영체제 접근을 통제하여야 한다.
		응용 프로그램 접근	사용자 접근이 허가되지 않은 응용프로그램의 기능들에 대한 정보제공을 제한하여야 한다. 또한 민감한 정보를 처리하는 응용프로그램의 출력물은 허가된 위치에서만 전달하여야 한다. 민감한 응용시스템은 반드시 일반적인 환경과 분리하여야 한다.
		데이터베이스 접근	데이터베이스의 뷰, 레코드 또는 필드 레벨에서의 데이터에 대한 접근통제, 데이터사전 및 데이터베이스 유틸리티에 대한 접근통제, 민감 정보의 암호화 등을 통해 데이터베이스내의 정보를 보호하여야 한다.

운영관리	운영절차와 책임	운영절차의 문서화	보안정책에 의해 정의된 운영지침과 절차는 문서화하여 관리하여야 한다. 운영관리를 외부에 용역을 주는 경우에도 계약서에 이를 반영하여야 한다.
		정보자산의 변경관리	정보시스템 관련 자산들을 조사하고, 모든 변경사항들을 반영할 수 있는 공식적인 관리책임 및 절차를 수립하여야 한다.
		직무분리	부주의에 의한 또는 고의적인 시스템 오용의 위험을 감소시키기 위해 직무를 분리하고, 직무 분리가 어려운 특수한 경우 별도의 관리감독 대책을 수립하여야 한다.
		개발과 운영 환경의 분리	원칙적으로 개발, 테스트, 운영 환경을 분리하여야 한다. 또한 응용프로그램을 개발환경으로부터 운영환경으로 이전하는 절차를 정의하고 문서화하여야 한다.
		외부운영 설비의 관리	외부계약자가 정보시스템 및 장비를 관리하는 경우 데이터의 손상, 손실 등의 상황을 고려하여 통제방안을 수립하고 계약서에 반영하여야 한다.

운영관리	시스템 운영	시스템 도입	정보시스템의 도입을 위해서 도입계획 및 정책을 수립하여야 한다.
		시스템 인수	새로운 정보시스템의 설치 또는 업그레이드에 따른 인수기준을 수립하고, 시스템 구매 계약서에 반영하여야 한다. 또한 시스템은 이 기준에 의해 테스트 한 후 인수하여야 한다.
		성능관리	조직에서 요구되는 성능 요구사항을 충족시킬 수 있도록 성능관리를 수행하여야 한다.
		용량관리	조직에서 요구되는 용량 요구사항을 충족시킬 수 있도록 용량계획을 통해 적정한 용량을 확보하고, 주어진 용량을 최적으로 사용할 수 있는 관리방안을 수립하여 이에 따른 용량관리를 수행하여야 한다.
		백업 및 복구관리	데이터 및 장비의 무결성과 가용성을 유지하기 위해 백업계획을 수립하여 이행하여야 하며, 사고 발생시 적시에 복구할 수 있도록 관리하여야 한다.
		장애관리	시스템의 장애시 효과적으로 대응하기 위해 탐지, 기록, 분석, 복구, 보고 등 적절한 조치를 취하여야 한다.
		로그관리	시스템 운영의 확인이나 사고조사를 위해 활동에 대한 기록을 남기고 주기적으로 검토하여야 한다.
		보안시스템 운영	보안시스템에 대해서는 그 유형별로 설치, 운영에 대한 절차를 수립하고, 절차이행을 주기적으로 검토하여야 한다.

운영관리	네트워크 운영	네트워크 운영대책	네트워크 운영 보안 유지를 위해 직무 분리, 접근권한 통제, 원격접속 설비 관리, 네트워크 분리 등을 위한 책임 및 절차 등을 포함한 대책을 수립하여야 한다.
		인터넷 접속관리	인터넷망과 접속시 침입차단시스템을 통해 접근통제를 수행하여야 하며, 필요시 침입탐지시스템 등을 활용하여 접근을 모니터링 하여야 한다.
		원격운영관리	네트워크를 통해 시스템을 운영하는 경우 원칙적으로 시스템 관리는 내부의 특정 터미널에서만 할 수 있도록 제한하고, 외부에서 네트워크를 통하여 시스템을 관리할 경우에는 사용자 인증, 암호 및 접근통제 기능을 설정하여야 한다.
운영관리	매체 및 문서관리	매체 취급 및 보관	허가되지 않은 유출이나 오용으로부터 정보를 보호하기 위해, 매체의 취급 및 보관에 대한 절차를 수립하고 운영하여야 한다.
		매체의 폐기	매체 폐기를 부주의하게 이행하여 외부자에게 주요정보가 누출되지 않도록 폐기지침을 수립하고 운영하여야 한다.
		시스템문서의 보안	보안절차, 운영매뉴얼, 운영기록 등 중요 시스템 문서들은 안전하게 보관하고 적절한 폐기절차에 따라 폐기하여야 한다.
운영관리	악성 소프트웨어 통제	-	바이러스 등의 악성 소프트웨어로부터 시스템을 보호하기 위해 악성 소프트웨어들을 예방하고 탐지, 대응하는 대책을 수립하여야 한다.
운영관리	원격컴퓨터 및 원격작업	이동컴퓨팅	휴대용 정보통신기기의 사용 시에 사업 정보를 보호하기 위한 보안 정책을 수립하고, 내부 네트워크로의 연결 및 공공장소에서의 사용에 대한 정책을 수립하여야 한다.
		원격작업	재택 근무와 같은 원격 작업 수행시 이에 대한 물리적, 논리적 보호를 위한 정책과 절차를 마련하여야 한다.

전자거래 보안	교환 합의서	-	조직간의 정보 및 소프트웨어 교환시에는 이에 대한 합의가 이루어져야 하고, 관리적 책임 및 절차, 전송의 기술적 기준, 인증기준, 데이터의 책임성 등을 반영한 교환 합의서를 작성하여야 한다.
전자거래 보안	전자거래	-	전자거래시 사기, 계약 분쟁, 정보의 노출 및 수정 등으로부터 보호하기 위해 신원확인, 무결성, 암호화, 부인방지 등의 대책을 수립하여 운영하여야 한다.
전자거래 보안	전자우편	-	전자 우편 서비스에 대한 가용성, 전자우편 내용에 대한 무결성 및 기밀성과 이에 따른 책임과 위험을 고려한 보안지침 및 대책을 수립하여 운영하여야 한다.
	공개서버의 보안관리	-	웹서버 등에 정보를 공개할 경우 정보에 대한 수집, 저장 및 공개에 따른 허가 및 게시절차가 수립되어야 하고, 공개서버에 대한 물리적, 논리적 보안대책을 수립하고 운영하여야 한다.
전자거래 보안	이용자 공지사항	-	전자거래의 안전한 이행을 위하여 이용자에게 해킹위험, 계정 및 패스워드 관리, 접속관리 등에 대한 공지를 통해 안전거래 준수를 권고한다.
보안사고 관리	대응계획 및 체계	대응계획 수립	보안사고의 정의 및 범위, 긴급연락체계 구축, 보안사고 발생시 보고 및 대응 절차, 사고 복구조직의 구성, 교육계획 등을 포함한 보안사고 대응 계획을 수립 · 시행하여야 한다.
		보안사고 대응체계구축	보안사고의 대응이 신속하게 이루어질 수 있도록 중앙집중적인 대응체계를 구축하고, 대응체계에는 내부직원뿐 아니라 외부기관 및 전문가들과의 협조체계를 반영하여야 한다.

보안사고 관리	대응 및 복구	보안사고 대응교육 및 훈련	보안사고 대응 계획, 절차 및 방법에 대하여 정기적으로 교육을 실시하여야 하며 사고 처리 후 재발 방지를 위하여 필요한 교육 · 훈련을 실시하여야 한다.
		보안사고 보고	사고의 징후 또는 보안사고 발생을 인지한 때에는 보고체계에 따라 가능한 한 신속히 보고하여야 한다. 시스템이나 네트워크의 보안취약점과 소프트웨어 기능장애 또한 신속히 보고하여야 한다.
		보안사고 처리 및 복구	보안사고 보고시 처리, 복구 절차에 따라 처리와 복구를 신속히 수행하여야 한다.
보안사고 관리	사후관리	보안사고 분석 및 정보의 공유	보안사고가 처리되고 종결된 후 이에 대한 분석이 수행되어야 하며, 그 결과가 보고되어야 한다. 또한 사고에 대한 정보와 발견된 취약성들이 관련조직과 인력에 공유되어야 한다.
		재발방지	보안사고로부터 얻은 정보를 활용하여, 유사 사고가 반복되지 않도록 재발방지 대책을 수립하여야 한다. 이를 위해 필요한 경우 정책, 절차, 조직 등의 보안체계에 대한 변경도 이루어져야 한다.
검토, 모니터링 및 감사	법적요구사항	요구사항 명시	정보시스템에 대해 관련된 모든 법, 규제, 계약, 정책, 기술상의 요구사항을 정의하고 문서화하여야 하며, 이들 요구사항을 만족시키기 위해 필요한 특정 통제나 개별 책임 등도 정의하고 문서화하여야 한다.
		준수검토	정보통신망 이용촉진 및 정보보호 등에 관한 법률, 신용정보 등의 보호에 관한 법률 등의 개인정보보호 관련법 및 저작권법, 컴퓨터 프로그램 보호법 등 지적 재산권법 등의 관련법규의 준수여부를 검토해야 한다.
		준수검토	보안사고 처리 및 계약 증빙을 위하여 조직이나 개인에 대한 소송을 지원하기 위한 적정한 증거 자료를 확보하여야 한다.

검토, 모니터링 및 감사	정보보호정책 및 대책준수 검토	검토계획	검토의 대상, 주기, 방법, 범위, 절차, 검토자를 포함한 검토계획 및 정책이 수립되어야 한다. 이를 근거로 보안요구사항에 대한 통제와 책임의 준수에 대한 적정성이 검토되어야 한다.
		정책의 준수	모든 정보보호 정책, 절차의 준수여부를 검토하여야 한다.
		기술적 점검	정보시스템이 정보보호 표준 및 절차에 따라 운영관리되고 있는지 정기적으로 기술적 점검을 실시한다. 이에 따라 취약성들을 발견한 후 필요한 조치를 취한다.
검토, 모니터링 및 감사	모니터링	접근 및 사용 모니터링	사용자의 시스템 및 네트워크 사용 및 접근이 명확하게 허용된 범위 안에 있는지를 확인하기 위해 모니터링 절차를 수립하고 시행하여야 한다. 모니터링 결과는 정기적으로 점검하여야 하고 위험의 정도에 따라 점검 주기를 결정하여야 한다.
		감사기록 분석 및 보관	모니터링을 위한 감사기록을 생성하고, 분석하며 일정 기간 동안 보관하여야 한다.
		시각동기화	감사 기록의 명확성을 보장하고 법적인 자료나 징계 자료로서 효력을 갖기 위해서는 시스템 시각을 정확히 설정하여야 한다.
검토, 모니터링 및 감사	보안감사	보안감사 계획 및 이행	보안 감사 대상, 범위, 주기, 방법, 절차, 감사자, 감사도구를 포함한 보안감사 계획을 수립하고 시행하여야 한다.
		감사결과 및 사후관리	감사의 결과에 따라 감사보고서를 작성하고 적정한 책임자에게 보고하며, 감사 지적 내용이 이행되도록 사후관리 하여야 한다.

업무연속성 관리	업무연속성 관리 체계수립	업무연속성 관리과정 수립	개시단계, 업무연속성 전략 수립 단계, 구현단계, 운영관리단계 등 업무연속성 관리를 위한 과정을 사전에 정의하여야 한다. 개시단계에는 업무연속성관리에 대한 정책수립 및 범위설정, 자원분배를 포함하여야 하며, 업무연속성 전략수립 단계는 업무영향분석을 통해 이루어져야 한다. 구현단계에는 재해복구 및 위험감소 대책, 업무연속성 계획의 문서화를 포함하여야 하며, 운영관리 단계에는 시험, 교육훈련, 검토 및 갱신을 포함하여야한다.
		업무연속성 계획 프레임 워크 수립	업무별 연속성 계획의 이행에 필요한 조건, 응급절차, 대체절차 등을 고려하여 연속성 계획들이 일관성을 유지할 수 있도록 프레임워크를 수립하여야 한다.
업무연속성 관리	업무연속성 계획 수립과 구현	업무영향분석	재난재해별로 업무에 미칠 수 있는 영향을 피해규모와 복구에 소요되는 시간 등을 고려하여 분석하고 그 결과를 기초로 구체적인 업무복구목표 및 복구를 위한 최소한의 요구사항을 설정하여야 한다.
		업무연속성 계획 수립	업무복구목표 및 최소 요구사항을 구현하기 위한 여러 대안들을 평가하여 업무연속성을 위한 전략을 수립하고 대책 구현을 위한 계획을 수립하여야 한다.
		업무연속성 계획 구현	업무연속성계획에서 수립한 위험감소 조치 및 재해복구를 위한 설비를 구현하며 필요한 계획 및 절차 등을 문서화하여야 한다.
업무연속성 관리	업무연속성 계획 시험 및 유지관리	업무연속성 계획 시험	환경의 변화 또는 부정확한 전제 등으로 인한 오류를 제거할 수 있도록 지속적인 시험을 수행하며, 시험 계획에는 시기, 방법, 절차 등을 포함하여야 한다.
		업무연속성 계획 유지관리	업무연속성계획에 대해 정기적인 교육 및 훈련을 실시하고 지속적인 검토와 평가 및 변경관리를 수행하여야 한다.

◆ 전자정부 정보보호관리체계인증

전자정부 정보보호관리체계인증(G-ISMS[15])은 기관이 수립하고 구축한 종합적인 정보보호관리체계를 제3자가 객관적으로 심사하여 인증을 부여하는 것으로 행정안전부에 의해 진행되고 있다.

G-ISMS는 정부 행정기관 등의 조직 및 서비스의 특성에 적합하게 수립된 종합적인 정보보호관리체계로, 행정안전부의 "전자정부 정보보호관리체계 인증업무 지침"에 따라[16] 지자체에 대해 정보보호 관리과정, 문서화, 정보보호 대책 등 정보보호 관리체계가 적절하게 수립 · 관리되고 있는지를 평가하여 인증하는 제도이다. 행정안전부와 한국인터넷진흥원(KISA)이 주관해 인증심사 및 인증서 발급을 추진하고 있다.

◆ ISO 27001

ISO 27001은 국제적인 정보보호관리체계 인증이다. 영국 BSI(British Standard Institute)가 개발한 정보보호관리체계로 2000년 국제표준화기구(ISO)에 의해 국제표준(ISO 17799)으로도 제정되었으며 보안관리 분야의 국제인증이다. ISO 27001은 인증 획득 후에도 정기적인 심사를 통해 운영능력을 평가하고 있다. ISO 27001은 정보보호 경영시스템 요구사항을 정의하며, 적합한 보호관리 시스템을 선택할 수 있도록 고안된 유일한 국제 표준이다. 인증을 위한 심사기준은 정보보호정책, 물리적 보안, 정보접근 통제 등 정보보안 관련 11개 영역, 133개 항목으로 국제 심판원들의 엄격한 심사와 검증을 통과하여야 한다.

11개 영역은 다음과 같다.

- 정보보호정책 : 정보보호관리에 대한 방침과 지원 사항을 제공
- 정보보호조직 : 조직 내에서 정보보호를 효과적으로 관리하기 위한 정보보

---

15) Government Information Security Management System

16) [관례법령] 행정안전부 훈령 178호「전자정부 정보보호관리체계 인증 등에 관한 지침」, 전자정부법 제24조 (전자적 대민서비스 보안대책), 전자정부법 제56조 (정보통신망 등의 보안대책 수립 · 시행), 전자정부법시행령 제 20조 (전자적 대민서비스 보안대책의 범위)

호에 대한 책임을 설정

- 자산관리 : 조직의 자산에 대한 적절한 보안대책을 유지
- 인력자원보안 : 사람에 의한 보안의 중요성을 강조
- 물리적 및 환경보안 : 비 인가된 접근 , 손상과 사업장 및 정보에 대한 영향을 방지
- 통신 및 운영관리 : 정보처리 설비의 정확하고 안전한 운영을 보장
- 접근통제 : 정보에 대한 접근통제
- 정보시스템 구축, 개발 및 유지 : 정보 시스템 내에 보안이 수립되었음을 보장
- 정보보호 사고관리 : 정보시스템과 관련된 정보보호 사건이나 약점 등에 대해 적절한 의사소통체계를 수립하고 신속한 대응책을 강구
- 사업 연속성 관리 : 사업활동에 대한 방해요소를 제거하고 주요 실패 및 재해의 영향으로부터 주요 사업활동을 보호
- 준수 : 조직의 정보보호정책이나 지침 등을 준수

일반적으로, 미국의 기업들은 ISO 27001 인증을 취급하지 않는다. 공인된 정보보호인증체계가 법제도 및 해당 국가의 정책을 준수한다는 것을 보증하지는 않지만, 체계적인 플랫폼을 제공한다는 장점이 있는 것은 확실하다. ISO 27001을 따르는 기업들은 미국의 규제정책[17]에 대한 준수계획을 세워야 한다.[18]

다. 공공기관 보안관리실태 평가

국가 주요 공공기관의 정보보안 관리 수준에 대한 종합평가로서 국가정보원 산하 국가사이버안전센터(NSCS)에서 2007년부터 실시하고 있다. 중앙행정부처 · 광역자치단체 · 주요 공공기관 등 총 100개 국가 · 공공기관 대상으로 정보보안관리수준을 종합평가한다. 정보보안 규정 운영, 전자우편 보안, 악성코드 대응 등 기본항목에서부터 USB 메모리 사용, 노트북 디지털사무기기 등 최신 보안 이슈에 이르기까지 9개 분야 246개 항목에 대한 평가한다.

평가 결과는 각급 기관별 정보통신망 환경을 고려해 취약 분야에 대해 적절한

---

17) Sarbanes-Oxley Act of 2002 (Section 404), SAS/70 requirements, HIPAA requirements, Gramm Leach Bliley Act of 2002, California's privacy laws including SB 1436

18) http://www.iso27001pdf.org/iso-27001-pdf-download-free/

보안대책을 강구 · 지원하는 한편, 국가 정보보안 정책을 수립하는데 활용하도록 하고 있다. 공공기관 보안관리실태 평가의 법적근거는 다음과 같다.

- 전자정부법 제27조 제3항 (정보통신망 등의 보안대책 수립 · 시행)
- 공공기록물 관리법 시행령 제5조 (전자기록물 보안관리)
- 국가사이버안전관리규정 제9조 제4항 (사이버안전대책 수립 · 시행 등)
- 국가정보보안 기본지침 제23조 제1항 (실태평가)

〔부록표 10〕 공공기관 보안관리실태 평가항목

대분류	중분류	소분류	지표수
정책 및 업무수행	정보보안 정책	정보보안 규정	2
	정보보안 계획	계획 수립	2
	정보보안 업무수행	업무수행	3
		기관장 관심도	2
정보자산 관리	정보자산 관리	정보자산 승인 및 관리	4
		정보시스템 수리 및 폐기	2
	시스템 개발 및 운용	시스템 개발	6
		시스템 유지보수	2
비밀관리	비밀관리	비밀취급 인가	1
		비밀문서 관리	5
		비밀발간업체 관리	1
	국가용 보안시스템	보안시스템 운영관리	3

인적보안	정보보안 인력	정보보안 인력 구성	3
		정보보안 인력 운영	3
	내부인원 관리	신입직원 관리	1
		재직직원 관리	2
		보직변경 관리	3
	정보보안 교육	정보보안 인식	2
	외부인력 관리	외부인력 보안	6
		외탁운영 보안	2
침해사고 대응체계 구축	사전 대응	대응체계 구축	4
	사후 대응	침해사고 긴급조치	2
		침해사고 처리	2
		재발방지 대책	2
접근보안	정보통신망 보안	정보통신망 관리	5
		원격근무 보안관리	3
		무선랜 보안관리	2
	정보시스템 보안	정보시스템 관리	2
	정보보호시스템 보안	정보보호시스템 설치	3
		정보보호시스템 관리	6
	사용자 계정 및 인증	사용자 계정 관리 및 인증	2
		비밀번호 관리	2
		로그인 관리	3

운영관리	서비스 관리	전자우편 보안관리	4
		홈페이지 게시물 관리	3
		홈페이지 운영관리	6
	정보통신기기 관리	PC 보안관리	5
		노트북 보안관리	3
		기타 정보통신기기 관리	1
	보조기억매체 관리	보조기억매체 관리	7
		디지털 OA기기 내장 하드디스크 관리	2
	로그 관리	로그 관리	4
	백업	백업	3
물리적 보안	출입 통제	출입 통제	1
	시설 보안	통제구역 지정 및 관리	1
		CCTV 보안관리	2
		작업통제	1
	기반시설 보호	전원 및 통신회선 보호	2
		재난 대비	1

라. 개인정보보호[19] 관련 제도

◆ 개인정보보호관리체계(PIMS, Personal Information Management System)

PIMS인증은 기업이 개인정보 보호활동을 체계적 · 지속적으로 수행하기 위해 필요한 보호조치 체계를 구축하였는지 점검하여 일정 수준 이상의 기업에 인증을 부여하는 제도이다. PIMS인증은 기업 자율제도로 운영되고 있으며, 개인정보보호관리체계를 구축 · 운영하는 기업이 자율적으로 심사를 신청하고, 인증기관이 일정 수준 이상의 기업에 인증을 부여한다.

19) 개인정보란 개인의 신체, 재산, 사회적 지위, 신분 등에 관한 사실, 판단, 평가 등을 나타내는 일체의 모든 정보 (http://privacy.kisa.or.kr). 우리나라의 민간분야 개인정보보호를 규율하고 있는 「정보통신망이용촉진및정보보호등에관한법률」 제2조에서는 개인정보를 "생존하는 개인에 관한 정보로서 성명, 주민등록번호 등에 의하여 당해 개인을 알아볼 수 있는 부호, 문자, 음성, 음향 및 영상 등의 정보를 말한다"라고 규정

PIMS인증은 제도의 객관성 및 신뢰성 확보를 위해 인정기관, 인증위원회, 인증기관을 분리하여 운영하고 있다. 인증제도를 관리 · 감독하는 인정기관을 방송통신위원회가 직접 수행하고 있으며, 산업계, 학계, 정부의 전문가로 인증위원회를 구성하여 인증결과를 심의한다. 또한, 한국인터넷진흥원을 인증기관으로 지정하여 심사의 객관성 확보하고 있다.

PIMS인증 심사기준은 3개 통제분야에 118개 통제항목으로 구성된다. 통제분야는 개인정보보호 관리과정(5단계, 11개 통제항목), 개인정보보호 보호대책(9항목, 79개 통제항목), 생명주기 준거(3단계, 29개 통제항목) 등이다.

- 관리과정 : 개인정보 정책수립, 관리체계 범위설정, 위험관리, 구현, 사후관리
- 보호대책 : 개인정보보호 정책, 개인정보보호 조직, 개인정보 분류, 교육 및 훈련, 인적보안, 침해사고 처리 및 대응절차, 기술적 보호조치, 물리적 보호조치, 내부검토 및 감사
- 생명주기 준거 : 개인정보 수집, 개인정보 이용 및 제공, 개인정보 관리/파기

PIMS 인증을 취득한 기업은 개인정보 유출사고 발생 시 과징금 및 과태료 경감 혜택이 있다.[20] 이 외에도, 방송통신위원회는 PIMS 인증을 활성화하기 위해 개인정보유출배상책임 등 보험료 할인, 기업평가 가산점 부여 등 다양한 인센티브 지원방안을 마련할 예정이다.

◆ 개인정보보호 마크[21]

개인정보보호(ePRIVACY) 마크는 인터넷사이트의 개인정보보호 정책 및 관리수준을 종합적이고 객관적으로 평가하여 일정기준을 충족하는 경우 개인정보보호 우수사이트 인증마크를 부여하는 제도이다. 최근 인터넷을 통한 전자상거래의 이용이 확대된 반면, 개인정보의 침해 무단유출 매매 등 불법적 피해 사

---

20) 2011년 5월 방송통신위원회와 한국인터넷진흥원은 SK텔레콤과 NHN 및 4개 관계사에 PIMS 인증을 최초로 부여. NHN과 함께 인증을 받은 관계사는 개인정보보호위탁업체인 NHN I&S, 그린웹서비스, 인컴즈, 지플러스

21) http://www.eprivacy.or.kr/ (한국정보통신진흥협회 개인정보보호마크 인증위원회)

례도 증가하여 e-BIZ 활성화의 주요 걸림돌로 작용한 데에 따른 조치이다. 주관기관은 한국정보통신진흥협회(KAIT)이며, 후원기관은 방송통신위원회, 지식경제부, 공정거래위원회, 한국인터넷진흥원 등이다. ePRIVACY마크 취득업체가 해외에서도 개인정보보호 우수사이트로 인증받을 수 있도록 하기 위하여 2002년 2월에는 일본 경제산업성 산하 일본정보처리개발협회의 프라이버시 마크와 국제 상호인정을 위한 MOU를 체결한 바 있다.

개인정보보호마크는 정보통신망 이용촉진 및 정보보호 등에 관한 법률, 공공기관의 개인정보보호에 관한 법률, 개인정보보호지침을 근거로 심사하고 있다. 심사대상은 인터넷사이트를 통하여 개인정보를 수집, 취급, 관리하는 국내 사업자 및 일반인(단체)[22] 등이다. 인증의 유효기간은 개인정보보호마크 사용계약서 체결 후 1년이며, 인증 유효기간 1개월 이내 약식 재심사 신청 및 인증기간 연장 등의 조치가 이루어진다.

심사분야는 7개 분야 89개 항목(필수 34개 항목, 선택 55개 항목)으로 구성된다.

- 개인정보의 수집에 관한 조치
- 개인정보의 이용 및 관리
- 이용자의 권리
- 공개 및 책임
- 만14세 미만의 아동에 관한 특별조치
- 이용자 권리구제
- 영리목적의 광고성 정보전송

일본은 2003년 개인정보보호법 통과 후 현재까지 약 1만여 개 이상의 기업이 개인정보보호 마크를 취득하는 등 개인정보보호 분야에서 앞서나가고 있

---

22) 인터넷서비스사업자(ISP), 취업알선, 경매 , 전자상거래 사이트, 금융 의료 사이트, 포탈 및 검색 게임 사이트, 온라인 여행사이트, 사이버학원 교육사이트, 이동통신사업자, 무선인터넷콘텐츠업체, 기타 정보통신서비스제공사업자 등

다. 정보보호관리체계 인증을 획득한 기업은 3,500여개인데 반해 개인정보보호 마크를 취득한 회사는 1만여 개가 넘는 수준으로 활성화되어 있다. 기업이 비용을 이유로 정보보호관리체계 인증을 취득하는데 어려움을 겪는 반면 개인정보보호 마크는 사업을 하는데 있어 반드시 필요한 기본적인 부분이라 생각해 취득하는 경향이 있는 것으로 파악되고 있다.

◆ 개인정보보호지수[23]

개인정보보호지수는 개인정보 관리 수준 제고를 위해 개인정보보호 수준을 체계적으로 진단 · 평가 할 수 있는 프로그램이다. 1년 단위로 사전준비 → 자율진단 → 취약점분석 · 자체개선 → 메타진단 → 결과보고 · 발표 등 총 5단계의 수준진단 사이클을 적용, 개인정보보호지수로 지속 관리해 개인정보보호 수준 향상을 도모할 방침이다. 진단결과는 검증을 거쳐 기관별 특성(조직규모, 개인정보 보유량 등)에 따라 개인정보보호지수로 지속 관리된다. 개인정보보호지수는 기업과 개인 영역으로 분류돼 있으며, 각 영역별로 6개의 세부지표로 구성된다.

〔부록표 11〕 개인정보보호지수 세부지표

부문	대항목	중항목	지표항목
기업	관리	개인정보보호정책	개인정보취급방침 고지율
		개인정보보호 조직 · 교육	개인정보보호조직 구성율
			개인정보보호교육 실시율
	기술 · 물리	보안기술	암호화 통신률
			암호화 저장률

23) 한국인터넷진흥원 (2007), 개인정보보호지수 모델개발 및 활용에 관한 연구.
디지털타임즈 (2009.11.12), "〔IT용어 아하!〕 개인정보보호지수".

개인	관리	물리적 보안	물리적 접근통제율
		개인정보보호정책	개인정보취급방침 확인률
		ID 및 PW 관리	PC 및 웹사이트 비밀번호 관리율
			공인인증서 사용률
	기술 · 물리	보안프로그램 이용	악성코드 제거프로그램 사용률
			인터넷 보안 설정률
			OS 업데이트율

◆ 공공기관 개인정보보호수준[24]

행정안전부가 공공기관의 개인정보보호수준 향상을 위해 매년 실시하는 제도이다.[25] 2010년 9월 시행된 1,023개 기관에 대한 자율진단 결과를 토대로 100개 기관(중앙 40, 시도 16, 시군구 4, 공사 · 공단 18, 교육기관 22)을 선정하여 2010년 11월까지 실시하였다. 진단은 개인정보보호 정책환경, 개인정보 처리, 개인정보 침해대응 등 3개 분야 총 18개 지표에 대하여 내용을 확인하고 그 결과를 우수(90이상), 보통(70이상~90미만) 미흡(70미만)으로 등급화하였다.

〔부록표 12〕 공공기관의 개인정보 보호수준 진단지표

분야		진단지표
개인정보보호 정책환경	정책기반	1. 개인정보 보호 조직 및 인력
		2. 개인정보 보호 예산
		3. 개인정보 보호 교육
		4. 개인정보 보호 방침
	기술기반	5. 개인정보 보호 시스템
		6. 개인정보 처리시스템의 접근 통제
		7. 개인정보 저장 · 전송시 암호화

24〕 행정안전부 (2008), 공공기관 개인정보보호 종합대책.

25〕 행정안전부 보도자료 (2011. 2. 7), "공공기관 개인정보보호수준 크게 개선: 2010년 공공기관 개인정보보호수준 현장진단 결과 발표".

개인정보 처리분야	수집 및 보유	8. 개인정보 수집
		9. 개인정보 파일대장
		10. CCTV
		11. 개인정보 저장 및 출력매체
	이용 및 제공	12. 개인정보처리시스템의 접근 · 이용
		13. 처리정보 이용 및 제공
	파기	14. 개인정보 파기 절차
		15. 저장매체 등 파기
개인정보 침해대응	웹사이트 개인정보 노출방지대책	16. 웹사이트 개인정보 노출방지 대책
	개인정보유출 대응절차	17. 개인정보 침해사고 대응
	개인정보 침해 구제절차	18. 개인정보 침해 구제

마. 금융권의 보안강화 대책

◆ 국내 금융권의 IT보안강화 대책

최근 금융회사에 대한 해킹 등 전자적 침해행위가 증가하여 전자금융거래의 안정성이 위협받음에 따라 금융위원회는 2011년 6월 "금융회사 IT보안강화 종합대책"을 마련하여 발표하였다. 종합대책 내용 중 규정 개정으로 실행 가능한 부분을 "전자금융 감독규정" 개정안에 담아, 입법예고 · 규제개혁위원회 심사 · 금융위원회 의결을 거쳐 2011년 10월 발표하였으며, 관련하여 "전자금융거래법 시행령"도 2011년 11월 발표하였다.

금융회사 IT 보안강화 종합대책의 대략적인 내용은 다음과 같다.

• IT 조직역량 강화 및 보안투자 확대
- IT 보안에 대한 CEO의 역할 및 책임 부여
- 정보보호최고책임자(CISO) 지정 의무화
- IT 보안인력 및 IT 보안투자 확대

• IT 업무 감독검사 강화 및 제도개선

- 금융회사 IT 보안사고에 대한 제재수준 강화
- 금융회사 IT 부문 실태평가 등 확대
- 침해행위 처벌 및 보고체계 강화
- 전자금융사고 고객피해보상 확대

• IT 보안기술 인프라 및 내부통제 개선
- 해킹 피해 최소화를 위한 시스템 개선 유도
- 망분리 등 접속경로 통제 강화
- 노트북 및 휴대용 저장매체 보안통제 강화
- 시스템 계정관리 강화
- 취약점 점검 강화 및 불시점검 실시

• IT 아웃소싱 관리 개선
- 외주업체 및 외주인력 관리 강화
- 외부위탁 업무의 적정성 관리 강화

• IT 사고대응 및 재해복구 체계 강화
- 사이버테러 대응 실시간 경보체계 강화
- 사이버테러 대응 훈련 강화

국내 금융업계 IT보안강화 대책에서 가장 강조하고 있는 것은 CEO의 적극적인 참여유도와 책임할당, CISO(정보보호최고책임자) 임명 및 적정 수준 이상의 IT 보안인력 확보 등의 보안강화를 위한 조직체계를 확립하는 것이라 할 수 있다. 특히, CISO 자격기준으로 유관 학위를 보유한 자격 소지자는 2년 이상 보안경력 또는 3년 이상 IT 경력을 요구하고 있으며, 유관 학위 없지만 자격을 소지한 자는 4년 이상 보안경력 또는 5년 이상 IT 경력을 요구하고 있다. CISO의 역할은 전자금융거래의 안전성 확보 및 이용자 보호를 위한 전략 및 계획 수립, 정보기술 부문의 보호 및 관리, 정보기술 부문의 보안에 필요한 인력관리 및 예산 편성, 전자금융거래의 사고 예방 및 조치 등이다.

◆ **전자금융감독규정 개정**

전자금융감독규정의 개정에 따라 금융회사는 IT보안 예산과 정보보호 인력 확대를 위해 2012년부터 IT보안 예산은 전체 IT예산 대비 7% 이상 확보해야 하고 IT인력은 총 임직원 수의 5% 이상, 보안인력은 IT인력의 5% 이상 확보해야 한다. 자산 2조원 이상의 여신전문금융회사 및 저축은행, 금융협회, 종합신용정보집중기관 등으로 확대돼 기존 120개사에서 146개사로 IT실태평가 대상기관이 확대되었다. 아웃소싱 감독강화를 위해 전자금융보조업자 범위를 확대해 보조업자와 계약한 사업자도 전자금융보조업자로 간주하고 금융회사 등은 전자금융보조업자의 재무건전성, 서비스 품질 등을 연1회 이상 평가하여야 한다.

◆ **미국 SEC의 보안사고공개 가이드라인**

미국의 SEC(Securities and Exchange Commission)는 2011년 10월 기업의 재정적 손실을 야기할만한 수준의 보안사고가 발생한 경우 관련 정보 또는 잠재적인 보안사고의 가능성을 공표하도록 하는 새로운 가이드라인을 제정하여 발표하였다. 이 가이드라인은 강제사항은 아니므로 기업이 공표할 보안사고 관련 내역을 SEC가 심사하거나 승인할 필요는 없으며 따라서 연방법을 따를 필요도 없음을 강조하고 있다. 아직은 적극적인 보안정보공시 또는 보안사고내역공개 등을 강제하는 수준은 아니며, 기업이 이 가이드라인을 검토하여 자율적으로 보안수준을 강화할 수 있도록 하는 일종의 방안을 제시한 수준이다.

SEC의 가이드라인은 디지털기술에 기관의 운영을 전적으로 의존하는 현재의 기관들을 대상으로 사이버 취약성으로 인해 야기될 수 있는 위험이 얼마나 큰지에 대해 알리고자 하는 취지가 강하다. SEC는 사이버상에서의 공격이나 의도하지 않은 사고 등으로 인한 보안사고가 많은 좋지 않은 결과를 초래하여 비용을 발생시킬 수 있음을 강조하고 있다. 이에, SEC는 기관들에게 사이버보안의 위험과 사이버 보안사고와 관련된 사항들을 공개하는 것에 대해 그 적정성과 가능성을 검토하도록 권고하고 있다. 그 필요성에 대해 SEC는 투자자들은 특정 투자위험을 발생시킬 소지가 있는 보안사고의 위험이 있다면 기관이 그것을 공개하기를 기대한다고 하고 있다. 그러한 공개활동에는 보안위험의 속성은 물론 그 위험으로 인해 투자자에게 발생 가능한 위험도 포함되어야 한다. SEC는 그 내용으로 물질적인 사이버 보안사고의 위험을 발생시킬 수 있는 사업을 잠재적인 비용을 그 결과와 함께 공개, 사이버 보안사고의 위험을 발생시킬 수 있는 아웃소싱의 내역과 이것이 발생시킬 수 있는 위험을 공개, 투자자(일반 사용자 등)가 경험한 사이버 보안사고를 사고의 내역과 발생된 비용을 함께 공개, 장기간에 걸쳐 탐지되지 못하고 남아 있을 사이버 보안사고의 위험을 공개, 관련된 보험의 가입내역과 보험의 보장범위 등이다.

부록 5.

국외 정보보호인력 교육 및 양성 현황

1. 민간교육기관

미국의 정보보호 분야 인력 양성은 국가 주도로 이루어지고 있으며, 양성된 정보보호 인력의 질을 매우 엄격하게 관리하고 있다.

1990년 후반 인터넷의 의존도가 급격히 증가하면서 새로운 환경 변화에 대처하기 위하여 1996년 클린턴 대통령이 국가 전체의 기반시설을 보호하기 위해 민간과 정부에 대한 종합적인 대책을 세우고자 1998년 5월 "The Clinton Administration's Policy on Critical Infrastructure: Presidential Decision Directive 63"(PDD 63)이 작성·발표되었다. 2000년에는 PDD 63을 뒷받침하는 종합계획안인 "Defending America's Cyberspace - National Plan for Information Systems Protection Version 1.0 : An Invitation to a Dialogue(NPISP)"가 발표되었다. 이 계획은 미국을 사이버테러 등 각종 위협으로부터 방어하기 위하여 모든 분야를 포괄한 종합적인 정책방향을 제시하고 정부가 추진해 나갈 프로그램들을 10가지로 나열하여 규정하고 있다.

NPISP(National Plan for Information Systems Protection)에 규정된 미국의 정보보호정책과 기술의 개발 및 운영은 기본적으로 국방부(DOD) 산하 연방보안국(National Security Agency, NSA)을 중심으로 관련 부처(국립표준기술연구소(National Institute of Standards and Technology, NIST), 연방인력관리청(Office of Personnel Management, OPM)과 연구소 등이 범부처적으로 참여하는 형태이며, 정부 차원의 정보기술직업 연구, 교육기관 우수활동 지원프로그램, 연방공무원의 정보보호 인식제고 등 다양한 활동을 전개하고 있다. NSA는 연방정부의 관련 부처 및 기관 사이의 정보보호정책을 수립하고 조정한다. OPM과 상무부(DOC)의 NIST는 연방정부의 정보기술관리 영역에 필요한 정보보호 기술직종의 직위분류와 직위별 교육훈련 요구사항을 개발한다. 또한 사회에서 필요한 정보보호 전문인력을 양성하기 위하여 국가보안통신 및 정보시스템보안위원회(National Security Telecommunications and Information Systems Security Committee, NSTISSC)를 중심으로 교육훈련 수요 및 인증 프로그램을 개발하고, 이를 통하여 정보보호 교육훈련 프로그램(National INFOSEC Education & Training Program, NIETP)을 운영하고 있다. NSA에서 이루어지고 있는 NIETP 프로그램와 함께 정보보호 교육훈련 프로그램의 개발 및 보급을 추진하고 있는 CNSS(Committee on National Security Systems) 프로그램도 있다. CNSS는 8개의 워킹 그룹으로 구성되어 있으며 그 중의 하나로서 정보보호 교육훈련 워킹그룹은 교육과정과 자격, KMI(Key Management Infrastructure) 훈련 및 도구와 표준(Tool and Standard)의 하위 위원회를 가지고 있다. CNSS에서 발표한 정보보호 표준 교육과정 제정의 목적은 정보시스템 보호의 포괄적 모델을 이용하여 교육과정이 정보지식의 두 가지 수준인 Awareness 레벨과 Performance 레벨로 나누고 각 레벨을 세분화하여 각각의 내용마다 범위, 제안된 순서와 내용을 제공하는 것이다.

정보보호 표준 교육과정에 관련된 문서는 2000년 12월까지 총 5개가 발표되었으며, NSTISSC에 의해 발표되었다. 이들 5개의 문서는 정보보호의 각 영역에 따른 구성이 된다. 첫 번째 문서는 No. 4011로서 1994년 6월 20일에 제정되었으며 이 문서의 주제는 National Training Standard for Information Systems Security (INFOSEC) Professionals이다. 두 번째는 No. 4012로서 1997년 8월에 제정되었으며 이 때에 No. 4013과 No. 4014가 함께 발표되었다. No. 4012의 주제는 National Training Standard for Designated Approving Authority(DAA)이다. No. 4013은 National Training Standard for System Administrators in Information Systems Security(INFOSEC)이다. No. 4014의 주제는 National Training Standard for Information Systems Security Officers(ISSO)이며, No. 4015는 2000년 12월에 National Training Standard for System Certifiers라는 주제로 발표되었다. 이들 5개의 문서는 정보보호 인력양성에 필요한 구체적인 내용들을 제시하고 있으며, 그 중에서도 특히 No. 4011은 미국의 대학교와 대학원 과정에서 가르쳐야 할 표준 교육과정의 내용을 제시하고 있다.

또한 NSTISSC No. 4011에서 제시하는 모델은 하나의 정육면체 안에 27개의 작은 정육면체가 구성되어 있는 3차원 배열의 형태를 지닌다. 이 모델을 통해 정보 상태와 시스템 취약점을 확인할 수 있고, 정보자산의 위협을 인식함으로서 취약성을 최소화하는데 사용된다. 모델에서 제시하는 기준을 사용하여 감사자나 평가자는 정보보호에 대한 커리큘럼의 적합성이나 정보시스템의 취약점을 평가할 수 있는 가이드라인을 제공받을 수 있다.

NSTISSC No. 4011의 훈련표준의 목적은 통신과 정보시스템 보호를 위한 정보시스템 보호 전문가를 양성하기 위한 최소한의 가이드라인을 제공하기 위함이다. 인식수준(Awareness Level)과 성과수준(Performance Level)에 바탕을 둔 커리큘럼은 통신 개론, 정보시스템 개론, 보안 개론, NSTISS 개론, 시스템 운영체제, NSTISS 계획 및 관리, NSTISS 정책 및 절차로 다시 상세하게 분류된다.

〈표 1〉 No. 4011에서 제시하고 있는 레벨별 커리큘럼 내용

레벨	인식수준	성과수준
1	통신이론 개론	NSTISS 계획과 관리
2	AIS 개론	NSTISS 정책 및 절차
3	보안 개론	
4	NSTISS 개론	
5	시스템 운영 환경	

〈표 2〉 **NSTISSC No. 4011의 모델**

특징	설명
정보의 성질 The Nature of Information	전송(Transmission)
	저장(Storage)
	가공(Processing)
핵심 정보 특성	기밀성(Confidentiality/Secrecy) : 비승인 사용자의 무단 정보 관람을 차단시키는 것을 말한다.
	무결성(Integrity) : 정보가 변조되지 아니하고 원래의 상태를 유지하는 것을 보증하는 것을 말한다.
	(Critical Information Characteristics)
보안 측도 Security Measures	기술체계(Technology) : 임의의 정보상태로 유지되는 핵심 정보 특성을 보증하는데 특별히 사용되는 물리적 형태로 구현된 모든 물리적 장치나 기술을 말한다. 기술체계는 하드웨어, 펌웨어, 소프트웨어로 구현될 수 있으며 바이오 측정 장치, 암호학적 모듈, 보안을 강화한 운영체제 등이 될 수 있다.
	정책과 실행(Policy and Practice) : 정책과 실행에서 정보시스템 보호란 미래의 어떤 데이터를 이용할 수 있게 하는 산출물(product)이 아니라는 사실(fact)에 대한 인지(recognition)를 말한다.
	교육, 훈련, 인식(Education, Training, Awareness) : 교육, 훈련, 인식은 모델에서 가장 중요한 보안 측도이다. 교육, 훈련, 인식을 통해 급격히 증가한 자동화된 정보시스템 (automated information systems)의 위협요소와 취약점을 이해함으로써 다른 통제 측도를 효과적으로 다룰 수 있다.

- 통신이론 개론

- 현대 커뮤니케이션 시스템의 발달을 소개하고 전달수단을 설명하는 것으로 제시하고 있으며, 이러한 교육훈련에 따른 결과로서 학생들은 커뮤니케이션 시스템과 개발 연대를 열거하거나 신호형태 등의 특징과 같은 전송의 특징 등을 알 수 있도록 하고 있다. 주요 교육내용으로는 전송에 대한 과거와 현재 방법론과 다양한 커뮤니케이션 시스템의 특성과 제한점을 제시하고 있다.

- AIS 개론

- AIS(Automated Information System) 개론의 교육내용은 AIS 언어를

제공하고 AIS에 의한 환경을 설명할 수 있도록 하며, AIS의 구성요소인 하드웨어, 소프트웨어, 펌웨어가 정보시스템의 정보보호 요소로 통합되어지는 것으로 구성된다. 이에 따른 결과로서 학생들은 AIS의 용어를 정의할 수 있으며, AIS의 실행 기능 및 AIS 구성요소간의 상호관계를 설명할 수 있다.

- 보안 개론
- 보안 개론은 정보시스템 보안 운용모델을 소개하고 정보의 중요 특성, 정보상태, 보안 평가에 대한 내용으로 이루어져 있다. 교육훈련에 따른 결과로서 학생들은 AIS 보안의 구성요소를 설명하고 목록에 기입할 수 있으며, 정부 AIS를 보호하기 위해 사용했던 보안 이론의 요약, 중요 정보 결정의 예에 대한 제시 등을 할 수 있다. 주요 내용으로는 INFOSEC 검토, 운영체제보안(OPSEC), 정보보안 및 INFOSEC으로 내용이 구성되어 있다.

- NSTISS 개론
- 국가정책, 위협, 취약점, 대응책, 위기관리, 시스템 라이프사이클 관리, 신용, 운영모델, 조직의 규칙 등과 같은 구성요소를 기술하고 정보의 중요 특성, 정보 상태, 보안 평가에 대한 내용으로 구성된다. 이러한 교육훈련 후에는 국가 NSTISS 정책의 개요와 AIS의 위협과 취약점의 예제를 제시할 수 있으며, NSTISS 정책, 실습과 절차에 대하여 설명할 수 있다. 주요 교육훈련 내용은 10가지로 이루어져 있다.

- 시스템 운영 환경
- 산업체에 적합한 정보통신시스템과 AISD(?)의 윤곽, 산업체 AIS와 정보통신시스템의 구매와 유지보수에 대한 조정점 기술 및 산업체 AIS와 정보통신정책에 대한 내용을 포함한다. 시스템 운영 환경에 대한 교육훈련 후에는 산업체 AIS와 정보통신시스템의 운영과 이에 대한 예를 제시할 수 있고 AIS, 정보통신시스템, 유지보수에 대한 산업체 순위에 접근한 순위표를 작성 및 시스템 운영환경에 대한 적당한 정책과 안내를 열거할 수 있다. 시스템 운영

환경의 주요 내용은 AIS, 정보통신시스템, 산업체에 적합한 정보보호 정책, 산업체에 적합한 AIS와 정보통신 정책의 4가지를 제시하고 있다.

- NSTISS 계획과 관리

- 설계된 보안 측정 방법과 프로그램 안에서 실제적인 실행 방법을 논의하고 일반적인 보안계획 가이드라인 및 문서를 소개하는 것으로 구성된다. 이 교육훈련 내용을 이수한 후에는 NSTISS 요소들로 구성된 AIS 정보통신시스템에 대한 설계에 대한 정보보호계획을 수립할 수 있다.

- NSTISS 정책 및 절차

- NSTISS에 대한 교육학적 해결과 기술적, 정책명세에 대한 목록과 기술, 일반적인 보안계획 가이드라인 및 문서를 소개하고 있으며, 이에 따라 교육훈련 후에는 NSTISS 요소들로 구성된 AIS 정보통신 시스템 설계에 대한 정보보호계획을 수립할 수 있다.

미국의 연방정부가 필요로 하는 정보보호 전문인력을 양성하기 위하여 2000년에 발표한 NPISP의 7번째 프로그램인 "Train and Employ Adequate Numbers of Information Security Specialists[26]"는 다음과 같은 다섯 가지 실행계획을 포함하고 있다.

가. 정부내 IT 전문인력 수요의 분석

전문인력 양성의 첫 사업으로 연방정부 내에서 필요로 하는 IT 전문 직종별 인력수요를 정확하게 분석하는 사업을 OPM에서 수행하도록 하고 있다. 이 사업을 통해서는 네트워크 관리자, 보안 전문가 등과 같은 구체적인 전문 직종별 인력수요를 정확하게 산정하였다. 이 사업의 결과물을 활용해서 연방정부는 필요로 하는 직종별 인력을 모집, 선발, 배치하고 훈련하는 기본적인 정책자료를 마련하게 된다.

---

26) www.fas.org/irp/offdocs/pdd/CIP-plan.pdf

나. 우수 정보기술 센터 지원 (CAEIAE)

정보보호 전문인력 양성 및 연방 정부의 정보보호 전문인력의 훈련을 위해 대학마다 우수 정보보호교육센터를 지정하여 지원하고, 지정된 센터에서는 정보보호를 위한 전문인 양성 교육 프로그램을 운영하고 있다. 이 계획의 일환으로 국방부 산하 NSA는 1998년 11월에 NSTISSC가 제정한 훈련 기준을 바탕으로 미국의 각 주마다 대표되는 대학에 Centers of Academic Excellence in Information Assurance Education(CAEIAE)을 지정하여 정보보호 인력 양성에 대한 프로그램을 수행하고 있다. 대학들이 CAEIAE에 선정되기 위해서는 1994년 6월 20일에 발표된 NSTISSC No. 4011의 훈련표준(National Training Standard For Information Systems Security Professionals)에 준하는 어플리케이션을 제출해야 한다. 제출된 어플리케이션은 NSA가 NSTISSC No. 4011의 훈련표준을 만족하는지를 엄격히 심사한 뒤 CAEIAE로 최종 선정을 하게 된다.

다. 연방정부 장학금 제도

연방정부가 필요로 하는 정보보호 전문인력을 양성 유치하기 위해서 정보보호를 전공하는 대학생과 대학원생들에게 장학금을 수여하고 있다. 장학생으로 선발된 학생들에게는 2년간의 등록금 등 학비 일체와 생활비를 장학금으로 수여하고 연방정부의 각 기관에서 여름방학기간의 임시직으로 근무가 가능토록 알선하며, 연방정부의 연구개발 사업에 참여할 기회가 부여된다. 장학금은 졸업 후에 2년간 연방정부 기관에서 정보보호 전문가로 근무할 것을 조건으로 하여 수여된다. 2001년부터 미국과학재단(National Science Foundation)이 약 1,400만 달러의 장학금을 6개 대학의 우수 정보보호센터 학생들에게 수여하고 있다. 이외에도 국방부는 우수 정보보호교육센터 재학생들에게 국방부 산하 기관 근무를 조건으로 한 장학금 혜택을 주고 있다.

라. 고등학생 대상 정보보호 교육

정보보호 전문인력을 어려서부터 발굴하여 육성하기 위하여 중학교 학생과 교사들을 대상으로 한 정보보호에 대한 인식제고 활동을 전개하고, 고등학생들에게 정보보호 전문가로서의 직업을 갖도록 우수한 인력을 유치하기 위한 교육과 홍보를 위한 사업들을 하고 있다. 이를 위하여 각종 회의를 후원하고, 여름캠프 및 봉사활동을 지원하고 있으며, 교사와 학생들에게 정보보호 커리큘럼의 인턴쉽 기회를 부여하고 있다. 이러한 사업활동들을 통해서 우수한 인재들을 고등학교 졸업 후에 곧바로 채용하거나 또는 대학의 연방장학금 제도의 수혜 대상 정보보호 전공 학생으로 유치하기도 한다.

마. 연방정부 직원들의 정보보호 인식제고

OPM 주관으로 연방정부에서 소요되는 네트워크 관리자, 보안전문가 등 연방정부 기관에 근무하는 모든 직원들에게 사이버 위협을 인지하고 이에 대처할 능력을 배양하는 정보보호 인식제고 사업을 전개하고 있다. 이를 위해서는 각종 시청각 교육재료의 제작 · 공급에 역점을 두고 있다. CD-ROM, 비디오, 워크샵, 시연회 등이 개발 보급되고 있으며, 각급 기관에서는 이러한 교육재료와 프로그램을 활용하여 소속 직원들의 훈련을 수행하고 있다.

이러한 시청각 교육훈련재료들의 제작은 앞에서 설명한 CAEIAE들과 긴밀하게 협조하여 수행되고 있으며 인터넷을 활용하는 온라인 교육도 개발 보급되고 있다.

2. 일본

일본은 고도 정보통신 네트워크 사회 형성에 관한 시책을 중점적으로 신속하고 추진하기 위하여 "고도정보통신 네트워크 사회 형성 기본법" 제 29조에 근거, 내각에 고도정보통신 네트워크 사회 추진 전략 본부를 설치하였으며 2001년 1월 22일에 개최된 제1회 전략본부에서 IT 기본전략에 근거, IT국가 전략으로 e-Japan 전략이 결정되었다. 이후, 2005년까지 추진된 e-Japan전략의 성과를 평가하고 차세대 IT전략으로서 2006년 1월 'IT新개혁전략'을 발표하였다. 이와는 별도로 2006년에는 정보보호정책회의를 중심으로 국가 전반적인 정보보호 문제를 중심으로 다룬 제1차 정보보호기본계획(2006~2008)이 책정되었으며 이의 실현성 제고를 위한 단기계획으로 'Secure Japan 2006/2007[27]'을 책정하여 추진하였다. 제1차 계획은 2008년까지 추진하였으며, 2009년 이후에는 제2차 계획(2009~2011)이 추진되고 있다.[28] 또한, 일본의 고도정보화추진본부에서 2008년 6월 IT로드맵의 3대 중심전략으로 안전한 IT 이용환경조성이 포함되는 등 정보보호가 IT전략의 중심축으로 자리잡고 있는 것으로 파악되고 있다.

2001년 3월 29일 발표한 e-Japan 중점계획의 정보보호 인력양성 정책은 다음과 같다.

가. 하이테크 범죄대책에 관한 인적기반 정비

2004년까지 경찰청에 하이테크 범죄조사관 배치, 하이테크 범죄조사에 종사하는 전국 경찰의 연수 실시 등 하이테크 범죄대책에 필요한 인재 확보나 민간과의 협력 체제를 정비하였다. 법무성에는 2001년 내에 지방 검찰청 조사관의 네트워크 및 정보보안에 한 고도 전문적 지식을 습득하여 더욱 고도화되고 있는 범죄에 신속하고 적절하게 대응할 수 있는 체제를 정비하였다.

나. 방위청의 정보보호에 관한 인력 육성

2003년까지 방위청 직원을 미국에 파견하는 등 긴급사태대처 등의 고도 정보보안 기술을 습득하도록 하여 전문요원을 확보한 후 부내에서의 기술요원 교육 및 작전 정보 등의 비밀성 높은 정보를 취급하는 방위청의 네트워크 정보보안 확보를 실시하였다.

다. 정보보호에 관한 자격제도

2001년에 정보통신 주임기술자 시험에 정보보호에 관한 시험과목을 추가하였고, 정보처리 기술자시험, 정보보호 관리자 시험을 실시하고, 정보보호에 관한

---

27) www.nisc.go.jp/eng/pdf/2006_eng.pdf

28) www.nisc.go.jp/eng/pdf/2009_eng.pdf

강의 및 정보보호 평가관계 기술자를 육성하기 위한 연수사업을 실시하였다.

• 정보처리 진흥사업 협회(IPA)

- 정보화 사회에 대응할 수 있는 인재를 육성하기 위해 정보처리시스템에 관한 고도의 지식과 능력을 갖춘 인재, 정보처리에 관한 지식 및 기능의 향상에 관계된 교재를 개발하고 제공하는 '정보 관련 인재 육성 사업'을 실시

• 정보서비스 산업협회(JISA)

- JISA는 경제산업성의 인가에 의해, 일본을 대표하는 시스템통합, 유망 소프트웨어 개발 기업, 고급 두뇌 집단을 중심으로 주요한 정보 서비스 기업 573사로 구성된 업계 단체. 경영이나 기술의 고도화, 국제 교류, 사회 전반에 있어서의 정보화의 추진 등 고도 정보화 사회 실현에 공헌하고 있으며, 정보보호 산업 육성을 위해 연구 개발을 수행하고 제안형 인재 육성, 정보처리 기술사 연수 프로그램 운영

• 정보처리 교육위원회

- 문부성의 위탁 연구 조사 '대학 등에 있어서의 정보처리 교육을 위한 조사연구'를 실시하기 위해서 설치된 '대학 등에 있어서의 정보처리교육 검토 위원회'의 실적과 성과를 유지 · 발전시키기 위해서 1991년에 정보처리 교육과정 조사위원회 설치. 컴퓨터 기술이 급격하게 변화하고 있는 가운데, 장기 전망을 가지고 정보처리 교육과정의 검토를 추진하면서, 조사 위원회를 중심으로 문부성 위탁 연구 조사를 실시. 1998년 '학회 비전 검토 위원회'의 제안으로 상설위원회로 바뀌었음. 정보처리교육위원회는 교육을 위한 지침, 방법, 평가 등을 연구해 학문, 기술 및 관련 사업의 진흥에 기여

3. 국제 정보보호 관련 자격증

현재 전세계적으로 약 20여 개의 정보보호 자격제도가 있다. 이와 같은 자격제

도는 정보보호 정책 및 표준 설계, 감사 및 통제 등 전반적인 이론과 개념을 다루는 것에서부터 침입 탐지 및 분석, 컴퓨터 범죄 수사 등 전문분야의 지식과 실무능력에 대한 것까지 그 종류도 많고 특징 또한 다양하다. 대표적인 보안 분야의 2대 자격증인 CISSP와 CISA에 대해서 간략하게 살펴보자.

가. 공인 정보시스템 보안전문가 (CISSP)

공인 정보시스템 보안전문가(Certified Information System Security Professional, CISSP) 정보보호 전문가 자격증 개발에 관심있는 국제 조직들이 1988년에 컨소시엄 형태로 설립한 국제정보시스템보안자격협회(International Information Systems Security Certification Consortium, ISC2)에서 운영하는 자격으로 현재 정보보호전문가를 위한 최고의 자격증으로 인정받고 있다. CISSP가 수행해야 하는 직무분야 및 내용은 기술적인 보안 솔루션을 제공하는 것뿐만 아니라 보안 정책, 표준 및 지침을 수립하고, 이에 따른 통제 절차를 마련, 관리하는 등의 업무를 포괄하고 있다. CISSP에 응시하기 위해서는 정보시스템 보안과 연관된 지식과 기술을 요구하는 보안업무 종사자, 보안 감시자, 보안 컨설턴트, 보안 제공업자, 컴퓨터 범죄수사관, 보안제품 개발자 등 실세로 보안과 관련하여 정규직원으로 3년 이상 근무한 경력을 가지고 있어야 한다. 시험에 합격하기 위해서는 6시간 동안 전체 250문제 중 70% 이상을 득점해야 한다. 자격증의 유효기간은 3년이며, 갱신하기 위해서는 3년 동안 120시간 이상의 정보보호 관련 교육 및 세미나에 참석해야 한다.

시험 과목은 (ISC)2가 제공하는 공통직무지식(CBK) 10개의 도메인에서 무순으로 다지 선다형 250문항이 출제되며 6시간 동안 시험을 보게 된다. CISSP는 매년 수차례 정기적으로 시행되는데 합격을 하기 위해서는 6시간 동안 전체 250문제 중 70% 이상을 득점해야하며, 평균 합격률은 30% 정도로 알려져 있다. 자격증의 유효기간은 3년이며 갱신하기 위해서는 3년 동안 120시간 이상의 정보보호 관련 교육 및 세미나에 참석해야 한다. 재교육 정도에 따라 전문적 활동의 영역이 달라진다. 만일 120시간의 재교육을 받지 못할 경우, 3년마다 재시험을 통과하여야 한다.

〈표 3〉 CISSP 정보보호 분야 10개 도메인

1	접근제어시스템 및 방법론 (access control systems & methodology)
2	통신망 및 네트워크 보안 (telecommunications & network security)
3	보안관리 (security management practices)
4	응용프로그램 및 시스템 개발 (application & systems development)
5	암호학 (cryptography)
6	보안 아키텍처 및 모델 (security architecture & models)
7	컴퓨터 운용 보안 (operations security)
8	사업연속계획 및 비상복구계획 (business continuity & disaster recovery planning)
9	법, 수사 및 윤리 (law, investigation & ethics)
10	물리적 보안 (physical security)

나. 국제공인정보시스템감사사 (CISA)

국제공인정보시스템감사사(Certified Information Systems Auditor, CISA)는 정보시스템 감사 및 통제협회(Information Systems Audit & Control Association, ISACA)에서 운영하고 있으며 한국에도 지부가 있다.

CISA는 정보시스템 개발과 운영, 비상대책 등 전 과정의 업무절차를 통제할 수 있는 방법론을 제공하는 전문가라고 볼 수 있으며, 가장 효과적인 정보시스템 감사, 통제, 보안실무를 적용할 수 있고 정보기술 환경에서 특수한 요구들을 인식하고 있는 공인된 전문가라 할 수 있다. 이들이 갖추어야 할 직무능력의 범위는 정보시스템의 개발 · 구축 · 운영 · 관리 기능을 감사(감리)하여 보안 기능과 신뢰성, 효과성, 효율성 등을 향상시키는 업무를 포괄하는 것으로 정보 및 자료의 누출 및 해커의 침입 방지를 위한 점검과 확인을 위한 감사 등을 주요 업무 영역으로 한다. CISA 응시에는 특별한 자격 제한은 없지만, CISA 시험에 합격한 후 정보시스템 감사통제재단(ISACF)이 채택한 정보시스템 감사 기준의 준수 등 응시자에게 제공된 ISACA의 직업윤리 강령을 준수하도록 하여야 한다. CISA 신청은 시험 합격 후 5년 이내에 해야 하며, 경력은 자격 신청일 기준으로 과거 10년 이내 또는 최초 시험의 합격일로부터 5년 이내의 경력이어야 한다. 만약 시험 합격 날짜로부터 5년 내에 CISA 신청을 하지 않으면, 시험을 다시 치루어 합격해야 한다. 모든 경력은 고용자로부터 개별적으로 확인 받도록 되어있다. CISA 시험은 다지 선다형 방식으로 200문항이 출제되며, 시험 소요시간은 4시간이다.

CISA시험 과목은 정보보안 감사 프로세스 영역(process-based area)과 정보보안과 관련된 6개의 컨텐츠 영역(contents area)로 구성되며, 100점 만점 중 75점 이상을 획득한 경우 합력으로 처리한다. 그러나 무조건 75점 이상이 아니고 해당 연도 응시생을 기준으로 최저 25부터 최고 99의 스케일 비율로 75점 이상이 되어야 합격이 된다. 다른 자격제와 마찬가지로 CISA도 자격을 유지하기 위해서는 매년 최소 20시간, 3년간 최소 120시간 이상의 직무에 대한 보수교육(Continuing Professional Education)이 요구되고 있다.

〈표 4〉 CISA 시험출제영역

시험영역		내용	비중
process	IT 감사 업무 프로세스	· 기초적인 IT 감사 절차, 지침 및 기준 · 증거요건, 샘플링, CAAT · 감사보고서의 내용 및 후속 조치	10%
contents	IS 관리, 계획 및 조직	· ISO, 아웃소싱, ISO9000, CMM, SPICE · IS 조직 설계 및 성과 평가 · 하드웨어 및 소프트웨어 아키텍쳐 · DB, ISO/OSI 7계층, LAN/WAN, 인터넷	11%
	기술 하부구조 및 운영 실무	· 하드웨어 및 소프트웨어 아키텍쳐 · DB, ISO/OSI 7계층, LAN/WAN, 인터넷	13%
	정보 자산의 보호	· 물리적 보안 및 환경 통제 · 기술적 노출, 컴퓨터 범죄, 바이러스 · 암호화/디지털서명, 바이오 메트릭스, 인증	25%
	재해 복구 및 업무 연속성	· IS의 중요성 평가, 재해등급 분류 · 재해복구/업무연속성 계획 및 테스트 · 재해복구를 위한 업무 분장	10%
	응용 시스템 개발, 구입, 구현, 유지보수	· 전통적 IS 개발 방법론 및 대체 접근법 · 객체지향기술, 각종 테스트 기법 · CASE, PERT, CPM, 기능점수법	16%
	업무 프로세스 평가 및 위험관리	· IT지배, BPR, 전자상거래 및 PKI · 전문가시스템, DSS, DW, 인공지능 · EFT, POS, 이미지처리시스템, EDI	15%

수요중심의 인력계획

저자	김태성
발행처	충북대학교 출판부
발행인	김승택
주소	(361-763)충북 청주시 흥덕구 내수동로 52(개신동)
전화	(043)261-2952, 3014
팩스	(043)274-1256
이메일	presscbu@chungbuk.ac.kr
등록	제1983-2001-7호
초판1쇄	2012.08.31
디자인	design of(김미진, 박슬아)
인쇄처	수덕인쇄사

***이 저서는 2009년도 충북대학교 학술연구지원사업에 의하여 발행되었음**
(This work was supported by the research grant of
the Chungbuk National University in 2009).

ISBN 978-89-7295-194-0 93320
값 15,000원